映画に描かれた疾患と募る想い

安東教授のシネマ回診

安東由喜雄

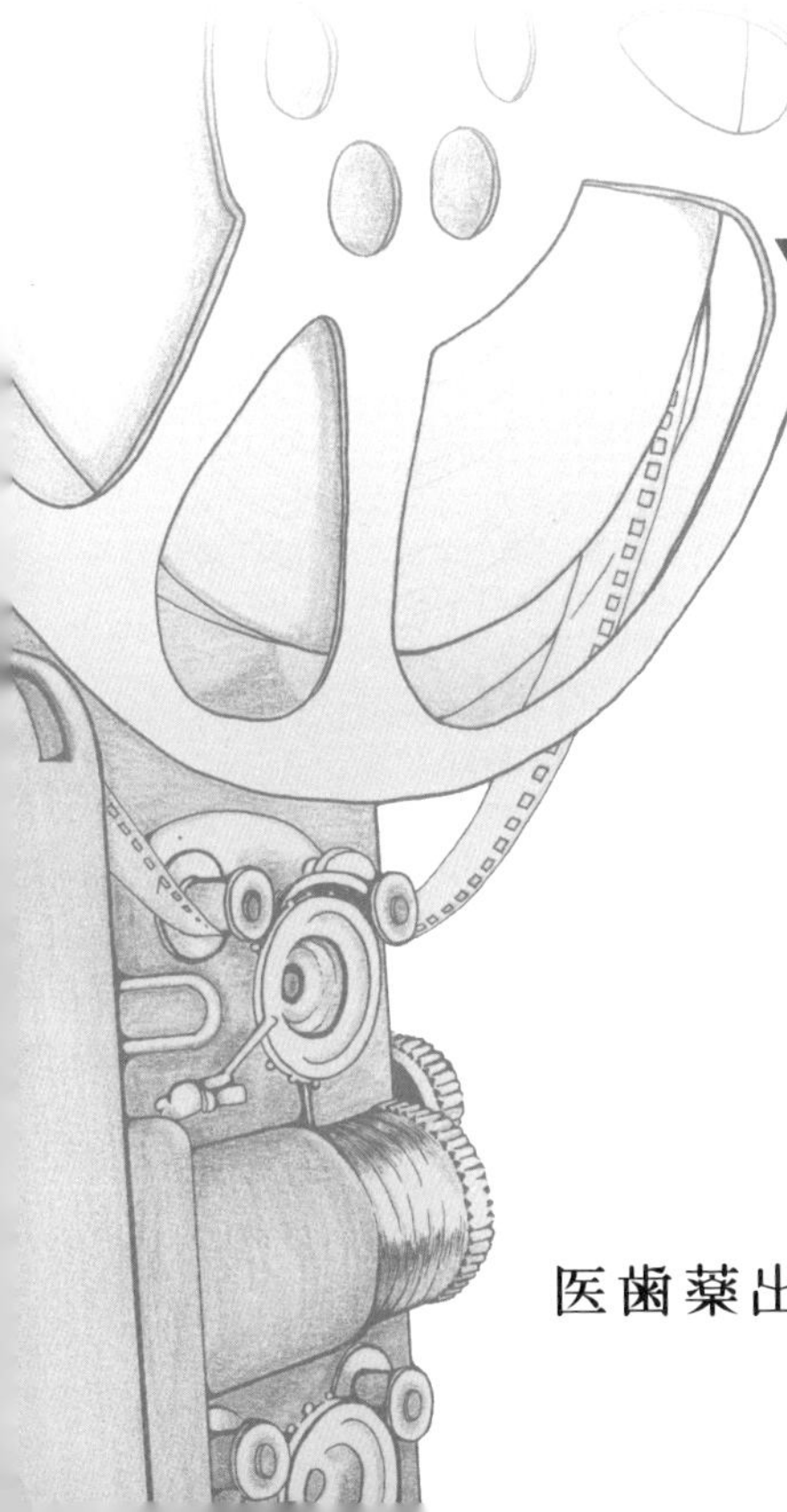

医歯薬出版株式会社

This book is originally published in Japanese
under the title of :

EIGA NI EGAKARETA SHIKKAN TO TSUNORU OMOI
(Various Diseases and Deep Compassion Illustrated in Movies)

ANDO, YUKIO
Chairman & Professor
Department of Neurology, Graduate School of Medical Sciences,
Kumamoto University

ISHIYAKU PUBLISHERS, INC.
7-10, Honkomagome 1 chome, Bunkyo-ku,
Tokyo 113-8612, Japan

本書にみる温かい人間愛のこころ

安東由喜雄先生が映画関連エッセイ集『映画に描かれた疾患と募る想い——安東教授のシネマ回診』を上梓された。このシリーズ第5作目とのことである。編集部より巻頭言を書いて欲しいとの依頼をうけた。文学や映画にはとんと無縁な存在なので躊躇したが、安東先生とは嘗て熊本大学医学部内科学第一講座で共に学んだ仲でありお引き受けすることにした。出版社から送られてきた原稿のゲラ刷りを読んで、まずその文章力の素晴らしさに驚嘆した。医学部学生時代にRKK熊本放送のラジオ番組でパーソナリティーを担当されていたので、弁舌爽やかなのはよく承知していたが、このような豊かな文才があるとは露ほども知らなかった。本書の全編を通して随所に描かれている人間愛の素晴らしさに感銘し、魅せられるように一気に読み終えた。読後にこれまでに経験したことのない爽快感を覚えた。

書名にある「募る想い」には臨床医として病める人々への愛惜の情や、医学研究者として疾病の原因解明・治療法確立への希求が込められていて、如何にも安東先生らしいタイトルであると感じ入った次第である。

本書に掲載されている映画については、残念ながら殆ど観た覚えがない。しかしながら、映画のストーリーが簡潔明瞭でテンポよく描かれているので、あたかも映画を見ているかのように映像が浮かび上がってきて楽しい。先生の趣味は映画観賞、エッセイを書くことなどと記されているが、まさに好きこそ物の上手なれである。

天賦の才にさらに磨きをかけたのは学生時代のラジオ放送の仕事ではないかと思い、安東先生にその契機についてお尋ねした。その返事は「生まれ故郷の別府から熊本に来てテレビを持たず、ラジオと読書中心に生活していた私がある日、ラジオ番組があまりに面白くないので、RKKのディレクターに話に行ったところ「明日から話してみるか」と言われ足掛け5年続きました。10分番組はきわめて難しく、話をまとめるトレーニングをしました。いかに情報を捨てるかが勝負で、ゲーテが言う『今日は忙しかったから短い手紙が書けなかった』という言葉の意味を知りました」とのことであった。先生のチャレンジ精神と向学心を物語るエピソードである。

安東先生は2017年7月、第67回「熊日賞」を受賞された。この賞は学術、文化、などの分野で活躍され、地域の発展にも功労のあった方を熊本日日新聞社が顕彰するもので、県内最高の栄誉と高く評価されている賞である。受賞理由は先生のライフワークである「家族性アミロイドポリニューロパチー（FAP）をはじめとするアミロイドーシスの研究」における永年の功績である。

FAPについては本書でも触れられているが、この研究のプロセスに於いても先生の温かい人間愛をみることができる。FAPは熊本県に世界的患者フォーカスを有する難治性で予後不良な遺伝性疾患である。肝臓で産生される異型トランスサイレチンが末梢神経組織などに沈着して起こる病気で、通常30～40歳で発症し、10～15年で死亡する。先生が本症患者を初めて診られたのは医師になって2年目のことである。何とかして患者を救いたいとの一念から、当時スウェーデンで行われていた脳死肝移植を受けさせるために患者と共にその地に出かけ、わが国のFAP患者では初となる脳死肝移植が行われた。スウェーデンのウメオ大学に留学、帰国後は国内で部分生体肝移植を導入し、多くの患者を救命してこられた。その後、さらに研鑽を積まれ、世界に先駆けて薬剤治療、遺伝子治療、抗体治療などの治療法を開発・情報発信を続ける一方、アミロイドーシスの診断・病態解析・治療の拠点を熊本大学に作り上げた。現在は世界アミロイドーシス学会理事長としてこの分野の発展に寄与されている。これらの功績が認められての今回の受賞である。

安東先生は現在、熊本大学医学部神経内科教授で、医学部長、大学院生命科学研究部長の重職にある。先生の学問、人柄を慕って多くの優秀な若い医師たちが集っている。「医局員は家族だ」がモットーとのことだ。

元熊本大学医学部第一内科教授
現表参道吉田病院名誉院長
安藤正幸

ヒューマンな安東ワールドに「乾杯」

月刊『メディカルクオール』誌での安東由喜雄先生の映画と遺伝性疾患の連載は、この12月号で２００回を迎えた。連載がスタートしたのは２００１年の４月号で、まさに21世紀の初春であったから、もう17年も連載が続いていることになる。当時のバックナンバーをみると「厚生労働省の誕生」という記事が掲載されているから遠い昔のことである。今は熊本大学医学部長となった安東先生だが、最初にお会いした時の肩書きは、まだ臨床検査医学講座の講師であった。スウェーデンのウメオ大学の内科学教室に客員教授として留学された際の体験をまとめたエッセイを片手に訪ねて来られ、本誌での掲載を依頼されたのが初見である。しかしながら、医師の海外留学など珍しいものではなく、またそのようなエッセイを一度でも掲載してしまうと、書評のように、次から次へと依頼者が現れる可能性がある。正直にいえばエッセイを掲載する気持ちはなかったが、一応、原稿を預かって再度、お会いすることにした。エッセイを読んでみると、筆力が凄い。また、医学生時代にラジオで映画番組のパーソナリティを務めていたほどの映画好きで、専門は遺伝性疾患という。映画好きの医師は多い。一般の医師の間ではまだまだ理解が進んでいなかった遺伝性疾患について映画を道具に解説するような記事があれば面白いのではないかと思いつき、件のエッセイは掲載できないが、開業医向けの映画と遺伝性疾患の連載の執筆を打診したところ、研究・教育・診療を受け持つ大学病院の多忙な中堅・中核の医師であるにもかかわらず快諾していただけた（と思っている）。

こうして始まった連載だが、当時、遺伝性疾患についての理解が進んでいなかったのは開業医だけではなかった。実は、編集者も同様で、たとえば最初の頃、原稿は今よりも遺伝子医学の専門用語が多く登場し、最新の医学辞典に掲載されていない言葉も多かった。このため校正で非常に苦労したのを覚えているが、臨床医である読者も気づかないのだからと、開き直って連載を続けた。そうこうするうちに、「あの遺伝子の連載、面白いね」という声があちらこちらから聞こえてくるようになった。評判がいいので理由を調べてみると、「企画もいいが、何よりも安東先生の医師としての姿勢や哲学が素晴らしい。温かい人間性にも共感できる」という声が圧倒的に多い。また、一方では「この連載を続けていて上司に叱られないのか」と心配する意見もあったが、好評の連載を終了されると困るので安東先生に伝えることはしなかった。

他方、安東先生はそんな読者たちの心配を知らず、2004年には連載を単行本化した『臨床遺伝学のすすめ』を出版し、上司に叱られるどころか2006年の9月には病態情報解析学（旧・臨床検査医学）の教授に就任され、就任記念パーティの贈呈品も兼ねて第二弾の単行本『映画と恋と遺伝子と』を出版するなど快進撃を続けた。その後も、2010年には『映画に描かれた疾患と絆』、2016年には『映画に描かれた疾患と喪失感』を出版してきた。それらは、私が編集を担当した著作であったが、シリーズ5作目となる本書は由緒も実績もある医歯薬出版から発行される。仕上がりが大いに楽しみである。

また、過去の著作では安東先生の紹介により素晴らしい名医たちの言葉が巻頭を飾ってきたが、これも読者へのプレゼントの一つであった。安東先生の博学卓識は本書を読めばわかることだが、巻頭言を執筆されてきた先生たちの高い人格や深い識見に触れることができたのは編集者として望外の喜びであった。

さて、本書は基本的に映画と遺伝性疾患のエッセイであるが、遊び心からか安東先生は連載中から時折、映画と関係のない原稿を放り込んできた。テーマはノーベル化学賞を受賞されたばかりの田中耕一先生に対する「手紙」であったり、国際学会でのエピソードであったりするのだが、これがまたポジティブな安東ワールドが展開されていて、「映画編」に負けず劣らずの出来に、思わず引き込まれてしまう。個人的にとりわけ秀逸と思っている作品は、２０１１年に東日本大震災の時、熊本大学を代表して石巻市に駆けつけた際の支援の様子を描いた「ミッション（石巻にて）」と、本書に収録されている「熊本の震災」である。前者は悲惨な災害現場での真摯な支援活動を描いたエッセイなのだが、安東先生の手にかかれば不思議とユーモアを感じるものになってしまう。50年も昔の少年の頃、どくとるマンボウこと北杜夫さんの『航海記』に初めて触れた時のような爽快な読後感が残る。後者についての私見は書かない。映画マニアならではの見事な構成力と本物の医師の思いやりを堪能していただきたい。

最後に一言。やはり17年は長い。一人の秀でた臨床医の講師時代から教授を経て医学部長に至るまでの歳月を、毎月毎月の連載原稿を通じて見続けることができたのは貴重な経験であった。医師の人生というのは常に患者の生と死に向かい続ける辛く厳しい道である。そして、命に対して真摯であればあるほど、治療効果がでなかった場合の自責の念は強く、深い反省の心は研究成果に向けた推進力となる。とりわけ、遺伝子医学は先生がＦＡＰの研究で医学博士を取得した１９９０年にアメリカで初めてＡＤＡ欠損症に対する遺伝子治療が公認されたほどの若い研究分野で、当時はまだ黎明期にあった。連載開始早々、先生は「治らない、諦めない、努力の甲斐がない」という「第三無い科」を他医局の話として紹介していたが、今思えばあれは自己紹介でなかったか。とはいえ、昔から難病患者を中心として遺伝子治療への期待・希望は大きかった。また、多くの関係者の途方もない努力の継続と医学の未来を信じる揺るぎない意思力によって、遺伝子医学は道半ばとはいえ一定の成果を挙げ、今もなお力強く前進している。しかし、この間、「三ない環境」のなかで苦闘してきた医師たちの苦悩はいかばかりであったのだろうかと思わざるを得ないが、その一方で私はヒューマンな安東ワールドの行間にこれまでの途方もない努力の足跡と遺伝子医学の未来への確信、そして「夢」をみる。だから、このエッセイは医療哲学・医療倫理の太い芯が通っていて、しかも温かくポジティブで、苦難に立ち向かい続ける安東先生のタフさが、多くの医療人の共感・支持を得られ続けているのだと思う。私は、このような安東先生との出会いに感謝し、これからもこの連載の継続を通じて、あるいは医療専門誌の編集長として、医学・医療の発展に微力ながら尽力していきたいものである。

月刊『メディカルクオール』編集長

阿部雄二

CONTENTS

CONTENTS

映画に描かれた疾患と募る想い

安東教授のシネマ回診

「メモリー・キーパーの娘」――ダウン症、

議論が尽きないダウン症患者をめぐる諸問題

昨年秋、東尾理子、石田純一夫妻に健常な男子が誕生した。マスコミはこぞって好意的にこれを報じ、なかには不妊治療からはじまって出産までの全行程のドキュメンタリー番組まで作って、これを放送する局まで現われた。しかし、その数カ月前に、東尾が妊娠中に行ったダウン症に関する血液検査で、一／七八の確率でダウン症の赤ちゃんが生まれるとする検査結果が出たことをブログに公開し、果たして出産すべきかどうかまで云々し大騒ぎしたことは記憶に新しい。

ダウン症は決して珍しい病気ではない。この夫婦は何でもかんでも情報をマスコミに垂れ流すが、統計学的な可能性からいえばおなかの赤ちゃんがダウン症である可能性はかなり低いにもかかわらず、あたかも陽性の子供を身籠ったかのごとく公表することが、世の中にダウン症の子供を抱えて必死で生きている家族の気持ちを逆なでするかもしれないということを、どの程度考えていたのだろうか。こんな夫婦を視聴率稼ぎのために追いかけるわが国の放送局はどうかしているといわざるを得ない。

ダウン症候群は常染色体の二一番染色体が三本（トリソミー）になることによって発症する先天性の病気である。そもそもトリソミー症とは一般の遺伝性疾患とは異なり、遺伝子自体に変異は起こさないが、二一番目に限らず、何番目かの染色体の数が一本増えることによって起こる疾患をいう。

一八六六年に英国の眼科医ジョン・ラングドン・ハイドン・ダウン博士がはじめて報告したことからその名前が付いた。分厚いまぶたで、鼻が低く目尻がつり上がっていて頬がまるく、身長は低いなどの身体的特徴から侮蔑的意味を込めてこの病気のことをかつてモンゴリズム（蒙古人症）と呼んだ。確かに洋の東西を問わずこの病気の患者の風貌は一様に似ていて、顔をみただけで一見してダウン症の患者であることがわかる場合が多い。

この病気は、受精時の父親の年齢とは無関係だが、母親の出産年齢が高いほど発生頻度が増加することが知られている。いろいろな報告があるが、二五歳で一／一二〇〇、三〇歳で一／八八〇、三五歳で一／二九〇、四〇歳で一／一〇〇、四五歳で一／四六の頻度で生まれるとされている（四五歳で一／一〇前後というものもある）。東尾が子供のダウン症の可能性を公表した背景には、彼女が高齢出産であったことも関係している。

何故二一番目の染色体が三本になるとダウン症が起こるのかについては不明な点が多い。そもそも遺伝子変異や染色体異常は受精から胎生期前半で淘汰されることが多く死産となる場合が多いし、出産できたとしても短命に終わることが多い。ただ二一番染色体の異常は、その染色体に含まれている遺伝情報が生命を左右するものが少ないためか出産時に淘汰されず、生存するため比較的患者が多いと考えられている。

この病気は、知的障害、先天性心疾患、低身長、肥満、筋力の弱さ、頸椎の不安定性に加え、先天性白内障、眼振、斜視、屈折異常などの眼科領域の異常が認められるため、眼科医であるダウンが最初に報告することになったのかもしれない。重症の場合は新生児期に哺乳不良やフロッピーインファントのような症状を示し、特異的顔貌、翼状頸、過伸展する皮膚などがみられることもある。この病気は、一般的には重症を呈した患者のイメージが強く、患者家族に悲壮感が漂うイメージがあるが、多少の精神発達遅延や軽い臓器障害に止どまり、高齢まで生存する患者もいる。ただ、この疾患では四〇歳以降にアルツハイマー病が高率に起きるため、病気が起こるメカニズムの解析にダウン症の脳の病理変化が示唆を与えてきた。

胎生期にダウン症と診断された家族の中絶率は高い。特にイギリスでは徹底していて、九〇％近い。家族のみならず、患者本人も生きていくのに苦労するだろうという考え方による。ただ、この問題は議論が尽きない。前述のように軽症のダウン症患者も少なからずいるからである。

ダウン症の胎児診断は、これまで羊水診断が確実とされてきたが、羊水を採取するのは、頻度は多くないが流産の誘因になるとしてあまり勧められない方法であった。その後、感度は低いが血液である程度予測できるようになったが、前述の東尾夫婦の子供のように、危険性は指摘されても、実際生まれてみると、まったく正常であった例も多い。最近、さらに感度の高い血液診断法が開発されたので、より正確にこの病気を予測できるようになってきたが、それを活用して、ダウン症患者をこの世の中から淘汰してしまうという考え方には賛同できない。

障害をもつ子供でも幸せになれると教える映画

映画「メモリー・キーパーの娘」は、一九六四年、ケンタッキー州レキシントンの話からはじまる。産婦人科医デイヴィットと妻ノラとの間に子供が生まれた。出産の前、ノラは女の子ならフィービー、男の子ならポールという名前にしたい、とデイヴィットに楽しそうに話していた。今のようにエコー検査などない時代である。予想に反して生まれた子どもは男の子と女の子二卵性の双子だったが、何と二番目に取り上げた女の子はダウン症であることがその風貌で一見してわかった。落胆する暇もなくデイヴィットは男子を出産した後失神状態であったノラに気づかれないように、年の頃三〇歳代の看護婦のギルに「ダウン症の施設にすぐさま連れて行ってほしい。妻には死産だったと伝えるから」と懇願する。ギルは豪雪の中、何時間も運転し、その施設にやっとたどり着くが、あまりに荒廃した施設であったため、自宅に赤ちゃんを連れて行くことにする。

一方、一度は落胆したノラであったが、フィービーの葬式もすませ、平静を取り戻していく。ノラは子供が生まれた記念にデイヴィットに「メモリー・キーパー」という高価なカメラをプレゼントする。罪の意識と心の空白をかき消すようにデイヴィットはカメラに夢中になる。一方、ギルはフィービーとともに街を離れ、やがて結婚して、一生懸命フィービーにわが子以上の愛情を注ぎ育てようとする。彼女は、時折フィービーのスナップ写真を差出人不明でデイヴィットに送るようになる。ノラはどことなく暗い影を落とすデイヴィットと心の隙間ができるようになり、浮気をするようになる。息子のポールは母親が情事にふけるのを目撃してしまったりしたため、家庭は次第に崩壊状態になっていく。

一〇年近い時が流れ、ギルは偶然新聞でデイヴィットがピッツバーグで写真展を開くことを知り、その写真展に行く。ギルはデイヴィットに、彼を本当は愛していたのだということを告げて立ち去る。フィービーを豪雪の中、施設に運んだのも、自宅に連れ帰ったのも、そしてずっとフィービーを育てたのも、ギルのデイヴィットへの愛がなければできなかったことだと告げたかったのかもしれない。フィービーは軽症のダウン症であったのか、その後も順調に成長を続ける。

デイヴィットは「わが子を捨ててしまった」という悔恨の情とともに一生を送った男である。一方、妻のノラはデイヴィットの掌の中で、自由奔放に生きた女である。最後はデイヴィットのもとを離れ再婚し、パリで暮らす時がくる。その頃のデイヴィットはすべてを達観し、ノラのことも許せるようになり、やっと心安らかな日々が送れそうになっていた。今こそそれぞれが幸せに暮らせそうだと思っていた矢先、不幸にもデイヴィットはくも膜下出血で急死する。彼の遺品を片付けるノラとポール。そこでフィービーの成長の過程を記録した写真とギルからの手紙の束を発見する。ノラはフィービーは死産ではなく、実は生きていたことをこの時はじめて知り愕然とする。

ギルは、デイヴィットとの愛に生きた女性といえなくもない。彼女はフィービーを自分の子供のように育て上げ、自分もフィービーも幸せにした。人の一生は愛と環境によって大いに変わる。そのどちらが欠けても人は決して幸せになれないものである。逆にフィービーのように、障害をもってこの世に生まれ落ちた子供でも、この二つが揃えば幸せに生きることができることをこの映画はしっかりと教えてくれる。

（二〇一三年三月）

■「メモリー・キーパーの娘」（2008年／アメリカ／90分／監督　ミック・ジャクソン）

「モリー先生との火曜日」——ALS

最悪の年であった二〇一二年に得られた「宝」

二〇一二年は私にとってはある意味ではこれまでの人生の中で最悪の年であった。二月に八七歳になる父が肺炎をきっかけに呼吸停止、心肺停止まで進み、一命は取り留めたもののそのまま寝たきりとなった。後を追うかのように、今度は八六歳になる母が、便潜血を訴えるようになり、大腸ファイバーの結果、大腸がんであることがわかり手術となった。母の場合、病巣はすべて切除され、リンパ節転移もなかったからよかったが、その後、乳がん騒動もあった。一時期は朝六時半頃、父の病院に行った後、七時に大学病院に着き、母を見舞う生活が続いた。

親を実の子供が看取るのは必然であり、義務のようなものだと思っている。だからあまり苦にはならなかったが、神経内科の所帯を抱え、大学や学会の要職に就くと、改めて時間というものは自分のために使えないものだということが、今回のようなアクシデントで身に染みた。

父が別府で倒れた時、東京である学会の理事会があり、熊本空港に向かう途中に携帯電話が鳴り、病院から「今すぐ病院に来て下さい。お父さんが危篤です」といわれて我を失った。中村勘三郎が食道がんからARDSを併発し死んだ時、ちょうど長男が京都で中村勘九郎の襲名披露公演をしていたが、死んだ時も公演を行い、涙ながらに口上を述べていたのは記憶に新しい。何でも「親の死に目に会えるような役者になるな」というのが中村家の家訓であり、勘九郎はそれを実践したことになる。

わが安東家にはそんな家訓はないが、会議は私抜きにしては行われないものであったので、その時は上京を優先した。幸い父は何とか蘇生し前述のような経過を辿り、声の出せない生活はかなり苦痛のようではあるが、今のところまだ何とか生きている。いつかは訪れるであろう両親との別れがぐっと身近になった一年であった。そもそも両親がともに平均寿命を超える八〇歳代後半まで生きていること自体が有難いことなのかもしれない。

まだ熊本は残暑の真っ只中であった九月の終わり、今度は私が神経内科医として駆け出しの頃、手ほどきを受けた師が大学病院に入院してきた。良性疾患であったが高齢ということもあり、回復は大いに遅れた。最終的には内視鏡手術を受け年末には元気に退院された。これまで病気一つされたことがなく、手術というものを体験したことのなかった師にとって、計四〇日以上の入院はさぞ苦痛であったことであろう。

父母は病気に緊急性がなかったこともあり、何となく病室に足が向かない日もあったが、師は一時期悪性腫瘍の可能性もあるということであったため、緊張感をもって頻繁に病室を訪れた。

最初は意識して病室を訪れていたが、一週間もすると日課となり、日々かけがえのない楽しみとなっていった。結局、思い返してみると、出張以外の日は毎朝欠かさず始業前の七時ちょうどに病室を訪れた。父は気管にずっとカニューレが入っているため、筆談となり、時間のない私には心に余裕がないとゆっくり会話するのはきつい。母はよくしゃべる女で、軽い認知症もあるのか、取り留めもない自分の話ばかりをするため閉口することも多かった。それとは対照的に、師は病状が思わしくない時期もいつも矍鑠としてにこやかで明るく私を迎え入れた。

私は今からおよそ三〇年前、師の主催する母校のナンバー内科に入局した。当時教授であった師は雲上人のような存在で、回診時や教授室に入り話をする時には大いに緊張したことを覚えている。さまざまな薫陶を受けたことを昨日のことのように思い出す。師は「厳しからざるは之師の怠りなり」ということを実践していた教授で、神経所見のとり方から、学会の発表の仕方まで厳しくしつけられた。漫画「研修医なな子」のなかで描かれている名物先生の一人で、品と威厳があり、三尺下がって師の影を踏まず、といった言葉が似合う先生であった。

「財を成す」は下、「人を遺す」が上の人生

それから三〇年余りの歳月が流れたが師は豊かに年を取られ、随分と温厚な名誉教授になられた。病室を訪れると、必ずといっていいほど岩波新書や『文藝春秋』など何か本を読んでおられた。朝の短い会話であったが、一カ月以上にわたり、若い医局員との接し方、そして医局の運営、研究の話、昨今の政治事情、さらにはスポーツに至るまでいろいろな話をした。師が病気を患われたことは不幸なことだったが、私には思いもかけず、貴重な時間が流れた。師との会話のなかで、映画「モリー先生との火曜日」（オプラ・ウィンフリー製作）を思い出した。

ミッチ・アルボムは、売れっ子のスポーツジャーナリストとして活躍していたが、ある日テレビ番組で、偶然大学時代の恩師モリー教授が筋萎縮性側索硬化症（ＡＬＳ）で闘病していることを知る。ミッチは大学

時代影響を受けた教授であるだけにいても立ってもいられなくなり、重要な取材を放り出し先生に会いに出かける。先生は自宅で療養していたが、一〇年以上の歳月が流れていたにもかかわらずミッチのことを覚えており、久しぶりに会ったミッチに友人を迎え入れるように温かく、明るく接してくれた。モリー先生は死を目前にして心が研ぎ澄まされていたのか、物事に対する興味は尽きず、思いついたことは何でもメモして心に迫る珠玉の言葉を発し続けた。モリー先生は火曜日ごとにやってくるミッチに対し矢継ぎ早にさまざまなことを語りかける。「私は君に人生の話をしたいんだ」。死を目の前にして彼の言葉は、見栄や虚飾のない、真実の言葉であった。「必要な時には、まず思いっきり泣く。それから、人生にまだ残っている、いいものに気持ちを集中するんだ」、「いかに死ぬべきかを学べば、いかに生きるかもわかる」、「早々とあきらめるな、しかしいつまでもしがみつくな」、「文句をいっている相手に、君は一番依存しているんだ」などなど、力みのない自然な言葉が次々にミッチに向かって発せられる。その矛先は文化論にも及ぶ。「この国では一種の洗脳が行われている。財は多いほうがいい。何もかも多いほうがいいと皆それをくり返し口にし、くり返し聞かされて洗脳され、最後には自分の考えかのように思ってしまう。多くの人はただボーとして、何がほんとうに大事なのかわからなくなっているんだ」。

「先生が死んだら、あなたの話がもう聞けなくなってしまう」というミッチに対し、先生は「今度は君が話をする番だ。私が聞く」と答える。ヒトは遺伝子を遺すのは簡単だ。「すること」をすれば多くの場合、子孫が誕生する。一方、研究やフィロソフィーの遺伝子を弟子に残していくのは確かに難しい。しかし、モリーは死をもってそれを成し遂げた。ミッチ・アルボムは、毎週火曜日に繰り広げられた『人生論の補講』を本にまとめ出版し、ノンフィクション部門のベストセラーとなるとともに、モリー先生との火曜日の記録はこのように映画化もされ、いくつかの賞を受賞し、後世にモリー先生の「遺伝子」を遺すことができたからだ。

豊かに老け、爽やかに死んでいくことなど不可能に近い。人は認知症になったりすれば、自分の醜態すら認知できなくなる。「財を成すは下、仕事を遺すは中、ヒトを遺すは上となすべし」という言葉がある。武田信玄も「人は城、人は石垣、人は堀」といい、人を信じ、人に自分の命を託し終生城をもたず、石垣や堀のない館で暮らした。少し格好良すぎる言葉のようにも受け止めることができるが、実際、お金がいくらあっても助けてくれる人がいなければ生きていけない。いくら医学が進んで治療や予防の展望が開けても、きっと病気はなくならないであろう。予期せぬ感染症や、ますます高齢化が進んでいくと、これまで問題にならなかった「加齢病」が新たに問題になっていくであろう。人は泣きながら生まれてきて、泣きながら死んでいく運命にある。決して一人では死んでいけない。医者も事実上安楽死など提供できないとなると、今際の際に駆け付けてくれる家族や「人」が頼りということになる。

（二〇一三年四月）

■「モリー先生との火曜日」（1999 年／アメリカ／ 89 分／監督　ミック・ジャクソン）

「アルバート氏の人生」――性同一性障害

性同一性障害を説明する「ホルモンシャワー説」

触れるまでもなく先の事が／見えてしまうなんて／そんなつまらない恋を／随分續けて來たね／胸の痛み　直さないで／別の傷で隠すけど／簡単にばれてしまう／どこからか流れてしまう／手を繋ぐ くらいでいい／並んで歩くくらいでいい／それすら危ういから／大切な人は友達くらいでいい…

中村中の「友達の詩」の歌詞である。何年か前に彼（彼女）のドキュメンタリー番組があったが、思春期の頃、この歌に歌いこめられたように、性同一性障害で悩んでいた頃のことを彼が淡々と語っていたのを思い出す。「母が、こんな感性をもった子供に生んでしまったことについて、自分（中村）に申し訳なさを感じながら生きていた。母もずいぶん悩んだはずだ」というようなことを語っていた。「普通と違う」ということに対し、人間社会はいくら進化を遂げても寛容になれず、排除しようとしてしまう悲しい現実がここにはある。

中村の母は男の子として生んだはずの中村が、男として生きることを拒み、矯正しても女装を好み、女性よりも男性を好きになる姿がきっと悲しかったに違いないが、それ以上に「障害」をもって生きなければならないわが子にいいようのない、実の母としてやるせない責任を感じながら生きていたのであろう。それだけに「友達の詩」などがヒットして歌手として立派に独り立ちしている中村をみて、今は誇りに思ってほしいものだ。どうしても好きな男の子がいる、相思相愛になりたいのはもちろんだが、せめて恋人ではなくても、友達でもいいと自分に言い聞かせ付き合おうとする。でも、それすらなかなか成就せず心は傷つく、というような気持ちをこの歌は素直にそして切々と歌っていて心に迫る。

人は、自身がどの性別に属するかという感覚、男性または女性であることの自己の認識をもっており、これを性同一性（性の同一性、性別のアイデンティティ）という。大多数の人々は、身体的性別と性同一性を有するが、稀に、自身の身体の性別を十分に理解しているものの、自身の性同一性に一致しない人々もいる。そうした著しい性別の不連続性（Disorder）を抱える状態を医学的に性同一性障害という。

何故、一部の人だけが性同一性障害になり、それが矯正できないのかはいまだにわかっていないが、こう説明すると何となくわかったような気になるというのが「ホルモンシャワー説」である。

受精卵が誕生した後八個の細胞が作る桑実胚ができる。さらに、子宮内で分化が進み全身の器官の原器ができていくが、胎生七週目ぐらいまでは男女の性別はない。八週目くらいからY染色体をもった胎児は睾丸が形成されはじめ、Y染色体のなかにあるSRYという精巣決定遺伝子によって精巣ができ、男性ホルモンが働きはじめ男性へと分化していく。もともと胎児に両方備わっていた女性、男性性器の原器がこの時期に男性ホルモンにより女性原器は退化する一方で男性原器は発達するようになる。

この時、性染色体の数や性状に異変があると、時として男女両方の一次性徴の判定ができない半陰陽となる。女性の場合は胎生一一週目に性腺の分化がはじまり卵巣ができる。胎生二〇週目あたりから外性器ができる。したがって、超音波検査でしっかりと男女の区別ができるのは、この時期以降ということになる。この時期から同時に脳における性分化がはじまるが、男性ホルモンをシャワーのように浴びた脳は人格的に男性に、浴びなければ女性へとなっていくという。gender（雄雌）とsex（男女の性）は使い分けるが、sexは生殖器からみた身体的表現型、genderは内面で区別する男女の性ということになる。

この時期に睾丸が形成されていても、脳が十分な男性ホルモンの「シャワー」を受けていないと脳が女性の脳になり、生後性同一性障害になるという説は説得力がある。この障害は漠然と母胎のストレスやさまざまなホルモン関係の薬の内服などが原因といわれているが、実際にはどのようなメカニズムで「障害」が引き起こされるのかはわかっていない。

一九世紀、男として生き死んだ一人の女性の物語

映画「アルバート氏の人生」（ロドリゴ・ガルシア監督）は性同一性障害ではないが、男として生き、そして死んでいった一人の女性の物語である。舞台は一九世紀、アイルランドのダブリン。ヨーロッパの当時の女性は上流貴族に生まれれば、同じ階級の男性に守られ、幸せな人生を送ることができたが、下層の家庭に生まれた場合、家政婦、ウエイトレス、掃除洗濯婦などしか仕事がないといってよかった。いよいよ食うに困ると、娼婦に身をやつすしかない。それはパリを舞台にして描かれた「レ・ミゼラブル」のフォンティーヌと同様である。

アルバートは、上流貴族の私生児として生まれる。間もなく里子に出されるが、本当の父親は不憫に思っ

たのか、十分なお金を預け先の女性に与え、育ててもらうようにした。実の父がどんな人なのか、自分の本当の名前は何なのか、育ての親からはいっさい教えてもらっておらず、ずっとアイデンティティがないような人間として育ってきた。そのうちその父が死亡し、育ての親も一四歳の時死亡し、アルバートは天涯孤独になる。そこから彼女の生きるための格闘がはじまる。彼女は女性が女性として独りで生きていくのは困難であると考え、男として生きていくことを決意する。なけなしの金でタキシードを買い、ホテルの男性ウエイターとしてあるホテルで雇われるようになる。きっと彼女はまじめに働いたのであろう。転職するたびに少しずつホテルのランクを上げ、上流階級の人々にも人気のホテルであるダブリンの「モリソンズ」で働くことになって久しい。アルバートは本性を隠すため他の人とのかかわりを極力もたないようにしてお金をため、いつか独立して店をもつことだけを夢みて働き続けた。彼女は泊り客からのチップなどを少しずつため、その金は今や店を買い取ることのできる寸前までになっていた。

そんなある日、偶然泊まり込みで仕事に来たペンキ職人ヒューバート・ペイジ（ジャネット・マクティア）と知り合う。驚いたことに彼女もまた男と偽り堂々と生きているではないか。しかも「妻」と一緒に貧しいながら幸せそうに逞しく生きている。アルバートは、自分と同じように女を捨て生きている女性がいたことに加え、生きがいをみつけ前向きに生きている姿をみて心が大いに揺れた。

そんな折、若くて可愛いメイド、ヘレンに関心を寄せるようになっていくが、彼女がボイラーマンのジョーと恋仲になり、その恋のゆくえとともに、ますます彼女にご執心となっていく。一方、ジョーはそのことに気づき、ヘレンを通じてアルバートから少しでも金を巻き上げ、アメリカに渡航する元手にしようとする。映画の最後は、妊娠してしまったヘレンと、そのことを快く思わなかったジョーとの諍いのなかで、アルバートが頭部を強打し、そのまま息を引き取って終わる。

なんという彼女の生涯であろうか。女性にとって圧倒的に不利な時代のなかで、女性としてのアイデンティティをあえて捨て、男として生きていくうちに、抑圧された環境のなかで「男の脳」が働き、若い女性に思いを寄せるようになったのかもしれない。その気持ちは映画にみる限り、セクシャルなものでは決してなく、父親のような思いであったのかもしれない。映画に共感したものとしては、捨てられたヘレンと自分の店をもち、最後は幸せに暮らすアルバート氏を描いてほしかった気がする。

アルバートを演じた主演のグレン・クローズは、アイルランド人作家ジョージ・ムーアが描いたこのアルバート氏のキャラクターに大いに興味をもち、まずは舞台で演じ続け、ついには昨年映画化に至った。製作・主演・共同脚色・主題歌の作詞の四役を務めるほどの熱の入れようである。グレン・クローズの物の考え方や半生を知らない私には少し理解に苦しむところがある。

この映画はまた、一九世紀のアイルランドは表の豊かな顔はほんの一部で、圧倒的に貧困が支配していたことを思い知らせてくれた映画である。人の社会はいつの時代も少数の恵まれた人々と圧倒的に多くの恵まれない人々とのバランスのなかで成り立っているように思えてならない。

（二〇一三年五月）

■「アルバート氏の人生」（2011 年／アイルランド／ 113 分／監督　ロドリゴ・ガルシア）

「愛、アムール」――脳動脈塞栓症

長年連れ添った老夫婦がもつ「二人だけのバリア」

傍からみるとそれほど仲のよい夫婦とはみえず、普段お互いに不平不満を漏らしているような夫婦であっても、四〇年、五〇年と連れ添ってきた二人には簡単には切り離せない絆と阿吽の呼吸があるものだ。その絆、結束は時として親子であっても付け入る隙がないほどのものだ。こうした老夫婦の一日の流れは、まるで鋳型のようにできあがっていて、その鋳型からはみ出るものは本質的に受け入れ難いものとなっている。遺伝学的には五〇%の遺伝子に相同性をもつ親子より、まったく違った遺伝子をもつ配偶者同士のほうが圧倒的に結びつきが強いのは不思議な気がするが、長年伴侶と連れ添って生きてきた街には旧知の友人がおり、目をつぶっていても歩けるような道路があり店があり、住み慣れた環境があり、こうした夫婦は、まさに「バリア」のなかで生きている。

私自身、父の入院をきっかけに、母を郷里の別府から引き取ったが、はじめて、父と母の間には実の子供といえども付け入ることのできない絆と信頼関係（?）が構築されており、明らかにこうしたほうがよいと思われることでも彼らにとっては受け入れる余地がないことを思い知らされている。大学生となり家を出たのち、彼らのことをいつも思いながらも、実際に顔をみて話をした時間は微々たるもので、彼らの生活様式

や思考パターンの理解という点ではどれ程できていたのかと愕然とする毎日である。私にとって少し離れた故郷にはまったく理解できないもう一つの生活があった。田舎から子供を頼って都会に出てきた老人がしばしば鬱になったり、生活の要領を得ず、うつろな瞳をして毎日を送ることも少なくないのは、必ずしも子供夫婦が冷たいからではなく、こうした状況のなかでお互いを理解することができなくなっていることに起因するのであろう。

映画「愛、アムール」(ミヒャエル・ハネケ監督)は、そうしたことを痛切に感じさせてくれる佳作である。パリのシャンゼリゼ通りからそれほど遠くない場所に住むジョルジュとアンヌの老夫婦。二人は時折楽しそうに音楽会に出かけるようなおしどり夫婦であった。「今夜の君はきれいだったよ」。ジョルジュはきっとことあるごとに妻にこう語りかけていたに違いない。彼はクラシックが好きで、アンヌは以前ピアノ教師をしていたようだ。彼女の愛弟子がピアニストとして成功していることを二人は誇りにしている。アパートのなかはこぎれいに整頓されているが、台所やトイレはとても近代的とはいえない。きっとこの夫婦にとっては、近代的なオール電化のキッチン・トイレより、使い慣れたこのアパートのほうがより合っているのであろう。

年を取るとそもそも足腰が弱るため閉じこもりがちになる。さらに、仲睦まじい老夫婦ほど夫婦の閉鎖空間は居心地がよいため内向的となり、外からの情報、刺激に対して排他的になる。音楽を愛するこの夫婦にとっても、音楽があり、衣食住が保証されてさえいれば、別段困ることはなかったのかもしれない。

この夫婦は幸せな小家族を作ってきたのであろう。一人娘の話では、昔垣間見たこの老夫婦のセックスのシーンまで懐かしい思い出だという。ある日、アンヌは一過性の意識消失発作を起こすが、その後、段階的に脳梗塞の症状が進行し、右片麻痺と言語障害、認知症を来たすようになっていく。一過性の意識消失は、てんかんや心疾患、起立性低血圧などによっても起こるが、高齢者の場合もっとも多いのは、脳梗塞によって起こる一過性脳動脈虚血発作（TIA：transient ischemic attack）である。

アンヌの場合、朝の食事中、夫の会話に数分間まったく反応がなくその後回復しているが、その後右半身不随になったところをみると高脂血症や高血圧症などによる脳動脈硬化症がベースにあり、段階的に脳梗塞が進み、病像が完結したものと考えられる。このケースではTIAの段階で脳のMRI検査や血管造影をし、頸動脈の狭窄部位を同定して、頸動脈内膜剥離術（CEA：carotid endarterectomy）や、頸動脈ステント術（CAS：carotid artery stenting）を行うことにより悲惨な状況が回避できた可能性がある。

一方、遺伝性脳梗塞には、常染色体劣性遺伝形式をとるCARASIL（cerebral autosomal resessive arteriopathy with subcortical infarcts and leukoencephalopathy）や常染色体性優性遺伝形式をとるCADASIL（cerebral autosomal dominant arteriopathy with subcortical infarcts and leukoencephalopathy）が知られているが、こちらのほうは診断できても今のところ治療法がない。

老老介護の行き詰まりの先にある「悲しい現実」

アンヌは一度入院し治療を受けようとするがうまくいかなかった。きっと前述の頸動脈ステント術か血管内膜剥離術を行おうとしたが、失敗に終わったと思われる。彼女はジョルジュと二人で家で闘病することを強く希望し、「二度と病院に戻さないで」と懇願し、ジョルジュもそれに抵抗することなく自然な形で受け入れた。彼らはとても強い絆で結ばれていた夫婦だったのであろう。

アンヌの病状は確実に悪化し、夫婦の会話すら満足にできなくなっていく。歩くことは不可能で移動は車いすとなる。娘は母の病状を心配しているが、ジョルジュは娘といえども妻の看護は任せず、娘が来る日には、妻の部屋に鍵をかけて無断で入らせないようにしたりする。はじめは管理人からもサポートを受け、時折看護師に加えヘルパーも雇っていたが、妻へのぞんざいな扱いに耐え切れず、解雇してしまう。次第に夫婦は娘からも社会からも孤立するようになり、まさに老老介護が行き詰まり、如何ともし難い状況となる。

ついに水さえ飲むことを拒否するようになったアンヌにジョルジュはある日手をあげる。結婚以来これまで彼は決して手をあげたことはなかったのであろう。インテリジェンスのある人間にとって暴力は人間が踏み越えてはならない最低のラインであると考えている。「もうだめだ」とジョルジュは思ったに違いない。ある日アパートの静かな部屋で二人きりになったところで、万策尽きた彼は大きな決断をする。昔のアルバムをみせながら、懐かしい楽しかった日々の思い出を語りはじめる。そしてついにその時がやってくる。ジョルジュは枕を顔の上にかぶせ、最愛の妻を窒息死させるのであった。

この映画はみるものに「あなた達だって、こんな日々を必ず迎える。その日々はいくら夫婦が愛し合っていても、決して美しくも、ロマンチックなものでもなく、とても惨めで耐え難いものである。現実を受容しながら決断していく覚悟が必要である」と訴えかけているようだ。

前述のように夫婦には独自の生活のリズムと子供たちといえども簡単に入れない世界がある。今、日本のみならず世界で核家族化が進み、老老介護が大都会のパリでも存在するのは、子供たちや親戚縁者が自分の生活に追われ、老いた親を捨てているといった局面も確かにあるかも知れないが、個々の老人たちがかたくなで新しい環境に適応できない（適応しようとしない）現実がある。考えてみると、多くの子供達は成人を待たずして大学進学や就職で親元を離れてしまう。休みで時折帰省しても親子で共有する時間・空間は夫婦のそれと比べ微々たるものだ。親が病気になってはじめてクロストークするようになり、親独自の生きてきた歴史や、習癖、ジェネレーションギャップにはじめて気づくのである。

人間誰でも避けて通ることのできない老いと死。人間とは愚かな存在である。確かに年を取りやっとみえていくものもあり、物事を分析する能力が長けてくる部分もあるが、行動半径が小さくなり入ってくる情報も圧倒的に少なくなっていきやがて適応できなくなる。要するに、この映画のジョルジュのように、時代とともに変わっていく広い世界がみえなくなっていく。老いによって確実に死が近づいていることを自覚し、精神不安、肉体的苦痛、それに場合によっては経済的困難が加わるため、老人の精神状態は複雑である。

「築きあげられた閉鎖空間から解放されるのは死によってもたらされるしかない」、というこの映画の最後のシーンは絶望的ではないが、悲しい現実である。

（二〇一三年六月）

■「愛、アムール」（2012年／フランス・ドイツ・オーストリア合作／127分／監督　ミヒャエル・ハネケ）

「リンカーン」――マルファン症候群

奴隷を解放した頃のリンカーンの複雑な家庭環境

映画「リンカーン」（スティーヴン・スピルバーグ監督）は、エイブラハム・リンカーンが奴隷制解放の法案成立に向けて格闘する最後の四カ月の苦悩に満ちた日々を描いた秀作である。

このストーリーは、アメリカでもっとも愛された大統領を描いていることもあり、アメリカでヒットし、演じたダニエル・デイ＝ルイスが二〇一三年度アメリカアカデミー賞の作品賞主演男優賞、そして、当時のアメリカをスクリーンのなかにうまく再現したとしてアカデミー美術賞を受賞しており、アメリカの歴史をあまりよく知らないものにも見応えのある物語となっている。

アメリカ合衆国第一六代大統領リンカーンの、ゲティスバーグの演説「人民の人民による人民のための政治を地上から決して絶滅させないために、われわれがここで固く決意する…」という言葉は、アメリカ合衆国が拠って立つ自由と平等の原則をもっとも端的に表現していることから、世界中誰もが知っている名演説とされているが、リンカーンは実際はそれほど演説の名手であったわけではない。しかし、誰にでもフランクに接し、ユーモアがあり、人を引き付けるカリスマ性をもっていた。

そのリンカーンが一八八五年、大統領に再選された。四年前、奴隷制の廃止を掲げて以来、アメリカは二

つに割れ、南北戦争も未だに続いている。同じ建国の志を抱いて頑張ってきたアメリカ人の二世、三世同士が南北に分かれて殺しあう姿は、当然多くのアメリカ人にとって耐えられない状況であり、人々の間には厭戦気分が漂うようになっていた。

その四年前の宣言により奴隷は解放されたかにみえたが、実際はほんの一部の黒人が解放されたにすぎず、再び奴隷に戻った者もいて、リンカーンは、奴隷制にかかわる憲法第一三条を改正して、議会でそれを可決させ、奴隷を恒久的に解放することを決意し、それに政治生命のすべてを賭けていた。一方、劣勢を強いられていた南軍の中枢部は、これ以上死傷者を増やしたくないという思いもあり、戦争を終結する方向を模索していた。

奴隷を使い生活していたのは南部が中心で、もし第一三条が国会に提出される前に戦争が終結すれば、南部の各州に奴隷制の解放を強いるのは難しくなり、どこの国にも存在しないこの理不尽な奴隷制解放は不可能になると考えられていた。リンカーンは内心は焦っていたはずであるが、それを表には出さない懐の深さがあった。

リンカーンは前年に一度、修正第一三条を議会に提出していたが、下院では三分の二以上の賛成を得ることができず否決され、今回は最後のチャンスと心に決めて、不退転の決意で臨む覚悟であった。ところが、与党の共和党の内部でも奴隷制解放よりも一日も早く和平に応じるべきだという考えが一部で強くなっていたため、状況は予断を許さなかった。いつの時代の政治も、政治家が一丸となってことに当たるなどということはあり得ない。個の利害、権益が複雑に絡み状況は混沌としていた。

一方、家庭内では三男のウィリーが心臓病で死亡して以来、精神状態が不安定になった妻・メアリーは絶えず頭痛を抱えており、リンカーンとの関係はぎくしゃくしていた。さらに長男のロバートは、軍隊に入隊すると言い出して、これ以上子供の命を失いたくないメアリーの思いもあり、まさにリンカーンは内憂外患といった状態であった。唯一心が安らぐのはまだ幼い四男タッドとともにすごす時間だけだった。

そんななかでリンカーンは英知を尽し、憲法改正にこぎつけ、アメリカ史、というよりは人類の歴史に大きな足跡を残すことになるが、その直後、演劇場で凶弾に倒れることになる。

日本にも二～三万人存在するマルファン症候群の患者

リンカーンはマルファン症候群であったという説があるが、これに加えてうつ病も患っていたといわれている。こんなストレスフルな状況ではうつ状態になるのは当たり前である。さらに死の直前、がんも患っていたとする解析まである。リンカーンは現代アメリカのシステムができあがる前の混沌としたアメリカ社会にあって、まさに満身創痍のなかでアメリカ史上歴史的な奴隷制解放を果たした大統領である。

マルファン症候群は、体の結合組織に影響する遺伝子疾患で、背が高く、細長い手足、指や関節の変形といった特徴的な身体的な変化に加えて、水晶体亜脱臼、大動脈瘤、大動脈解離といった重篤な症状を呈することのある常染色体優性の遺伝性疾患である。大動脈の変化が起こっていても解離に至るまで症状を呈さないことも少なくなく、突然死した後、剖検が行われてはじめてこの病気であることがわかることも少なくない。遺伝性疾患は遺伝するものという意識が強いが、マルファン症候群の場合、約七五％が親から遺伝するが、約二五％は突然変異によって起こる。常染色体優性遺伝の場合、結構突然変異が少なくない。

たとえば、フォン・レクリングハウゼン病の場合、五〇％は突然発症である。マルファン症候群の発生頻度は比較的多く三〇〇〇〜五〇〇〇人に一人であるので、日本全土に二〜三万人はマルファン症候群の患者が存在することになる。リンカーンの場合は、両親の病気に関する記載は少ないが、マルファン症候群を患っていた可能性はほとんどないと考えられる一方で、三男が一八歳で心臓病で亡くなっていることを考えると、リンカーンが突然変異によってこの病気の遺伝子を抱え込んだ可能性が高い。

マルファン症候群は、イタリアのバイオリニスト、パガニーニ、ロシアのピアニスト、ラフマニノフも患っていたとする分析もある。パガニーニやラフマニノフの場合、マルファン症候群による長い指が弦や鍵盤を操るのに役に立った可能性が高いが、リンカーンの場合は執務に幸いしたことは少なかったであろう。マルファン症候群の臨床病型は多彩で、人によりかなり症状の軽重に違いがある。一部の患者はマイルドで、高学歴、高知能で社会に貢献している者も少なくないとする記述もある。

この病気はフィブリリン1遺伝子の異常により、体に必要な結合組織を作るフィブリリンという物質に異常が起こるため、正常な蛋白質を生産できなくなり、結合組織が弱くなり、前述のような多彩な臨床症状を引き起こす。特殊なところではＴＧＦβＲ2遺伝子の異常による家系もみつかっている。この二つの異なる蛋白質がどうしてマルファン症候群という同じ疾患を引き起こすかは不明であるが、病気発症のメカニズムを考えるうえで極めて重要なヒントになると思われる。

リンカーンがなぜここまで奴隷制解放に執念を燃やしたのかは映画でも語られていないし、伝記を読んでも決定的なエピソードはあぶりだすことができない。リンカーンがたぐいまれな人道主義者かというとそうではない。彼は奴隷制廃止を口実にそれまで対立構図にあった南北を統一しようと考えており、奴隷に対しての共感は少なかったとする分析もある。
実際、アメリカインディアンに対しては、在任中挑戦的政策をとり続けており、いくつかのインディアン大量虐殺にゴーサインを出している。これは彼の祖父がインディアンに惨殺されたことに理由を求めることができそうだが、本当のところはわからない。西部開拓の歴史はインディアン虐待の歴史とする歴史学者もいるが、リンカーンの心の中にはそうした大量虐殺を正当化できる理由があったのであろう。リンカーンが一時期、奴隷の国外退去も考えていたとする史実も残っており、「アンクル・トムの小屋」に描かれたような、悲惨な奴隷の状況に対する共感が彼を動かしたのではないことだけは確かなようだ。

ヒトは、というより動物には、進化の過程で、自分を守るために、仲間でないもの、自分と違ったもの、理解できないものを受け付けようとしない遺伝子が備わっている。多民族国家のアメリカにあって、アメリカ建国の担い手となった北西ヨーロッパ人はＷＡＳＰ（White Anglo-Saxon Protestant：アングロサクソン系の白人でプロテスタント）と呼ばれ特別視されてきたが、ＷＡＳＰであったリンカーンがどの程度他民族の人々の気持ちがわかっていたかは不明である。

（二〇一三年七月）

■「リンカーン」（2012年／アメリカ／150分／監督　スティーヴン・スピルバーグ）

「フェイシズ」―― 相貌失認

脳の障害により顔や表情の識別ができなくなる病気

ヒトの顔については奥が深い。顔は前頭筋、眼輪筋、口輪筋、広頸筋などの筋肉が表情を作っている。喜怒哀楽というが、人間の感情の表現はこの四つだけではなく、これらが複雑に絡まり合った表情がある。映画「テルマエ・ロマエ」では、日本人は「平たい顔族」と揶揄されるが、そうした顔をした日本人であっても、複雑な表情があるのはいうまでもない。阿部寛やキムタクの顔は、明らかに日本人の顔の2SDから外れているが生粋の日本人である。キムタクの顔は目鼻立ちが一級品であることに加えて、その配列が優れている。眼の間隔がたった数ミリずれただけでも美男子ではなくなるし、つけ睫毛をしただけでまるで別人のようになる。またサングラスをかけただけで誰かわからなくなることもある。

確かに口髭一つにしても大きく印象が変わる。大リーガーとなった日本のプロ野球選手が、こぞってあご髭を生やすのは「平たい顔族」である日本人の顔に威圧感をつける一つの方法論なのかもしれない。顔はヒトの体の数分の一を占めるにすぎないが、「目は口ほどに物を言う」という言葉があるように、特に顔面の形、目や鼻などのパーツの配列に加え、表情筋を中心にした筋肉の動きがコミュニケーションや危機管理（相手が怒っているのか、攻撃してくるのかなどを察知する）に重要である。たとえ眉間にしわが寄っていなくても、長年連れ添った妻のことを、「今日の女房は手ごわい」と思うのは、こうした表情筋の微細な変化による。

頭部の外傷、脳血管障害や脳腫瘍など、脳の障害により顔の識別を認識する側頭連合野が障害されると相貌失認と呼ばれる病態が起こる。眼、鼻、耳、口など顔のそれぞれの「部品」は認識できるが、顔全体として認識できなくなる状態をいう。意外なことに病気や事故によらなくても、先天的に相貌失認を発症する確率は二％程度と推定されている。これには程度の差はかなりあるが、「何度会っても人の顔を覚えられない」という人も確かにいるようで、そうした人がこの範疇に入るのかもしれない。逆に顔の認識力の極端に秀でた人もいる。私の大学病院のクリーニング屋のおばさんは、名前をいわなくても私が受付に立っただけで洗濯物が出てくるくらい、顔の認識力が素晴らしい。企業の受付嬢に二回目の来訪なのになぜ自分を覚えているのかと時々驚くような能力をもった者がいたりすることがある。

相貌失認になった患者は、声や着ているもの、体格、振る舞いなどの情報を総合して判断することはできるため、軽い症状の場合は、顔の認識に障害があっても他の機能で代償し、日常生活を何とか送ることができる場合もある。相貌失認の場合、喜怒哀楽などの顔の表情がわかりにくい場合があるため、時としてＫＹ（空気が読めない）といった存在になってしまうこともある。

映画「フェイシズ」（ジュリアン・マニャ監督）は、この相貌失認を扱ったユニークなサスペンスドラマである。アンナはニューヨークのイーストサイドに住む年の頃三〇代半ばの小学校の先生である。付き合っている恋人（プライス）はいるが、本当に愛しているのか確信がもてず、結婚に踏み切れないでいる。同世代の友達二人と時折ホストクラブに通ったりして男を値踏みしたりしている。ある夜、いつものようにホストクラブからの帰路、ほろ酔い加減で人気のない道を歩いていたアンナは、偶然にもニューヨークを近頃震撼させていた、女性を殺してレイプしたあとは涙を流す、という〝涙のジャック〟と呼ばれる犯人がまさに女性を殺すところを目の当たりにしてしまう。〝涙のジャック〟ともみあいになり、間一髪のところで逃れ川に落ちるが、その時運悪く頭部を強打してそのまま意識を失ってしまう。何日か生死をさまよった後、九死に一生を得たアンナであったが、意識を取り戻した後、恋人のプライスや女友達の顔の鑑別ができないことに愕然とする。恐らく、側頭連合野を強打して相貌失認の状態になってしまったのであろう。しばらくして退院、小学校に復職を果たすが、何と二〇数名いる子供たちの顔の鑑別ができないことに驚く。困り果てた彼女は生徒一人ひとりに名札をつけて何とか凌ごうとするが、さまざまな問題が起こり、校長からこの状態で教師をするのは無理だと休職を言い渡される羽目になる。

顔を判別できないことがもたらす混乱やストレス

プライスとの関係も次第にぎくしゃくしていく。とにかく彼の顔が判別できないのだ。相貌失認の状態が理解できない彼は、次第にイラついていく。二人で行ったホストクラブの騒音のなかでは、アンナがプライスと間違えた男に馴れ馴れしく話しかける姿を目撃し、彼に激怒されてしまう。彼への不信感が募るが、ネクタイの色で識別しようとしたり、必死で日常生活を送ろうとする姿は痛々しい。

結局アンナは顔を判別できないことを受け入れてくれない狭量のプライスと別れ、親身になり何としても〝涙のジャック〟を捕まえようとする担当警察官のケレストに惹かれ、恋に落ちる。

〝涙のジャック〟の捜査は難航する。なぜならアンナ以外の被害者の女性は全員死んでいるし、アンナ自身も確かに犯人の顔をみているのだが、相貌失認のため犯人がわからない。逆に顔をみられた犯人は彼女を抹殺しようと考えるはずだが、犯人が近づいてきてもそのことがわからない。アンナは、事件のことが新聞で紹介されたりしたこともあり、犯人から命を奪われる危険性が増し、緊迫感は高まっていく。アンナは精神的に追い詰められ、ノイローゼに近い状態になっていく。ケレストらの懸命の捜査もむなしく、手がかりは一切なく、迷宮入りしかけていた頃、六件目の犯行が行われる。

ドラマはクライマックスを迎える。結局、犯人は事件の情報をもっとも知るケレストの同僚の刑事であったが、この犯人にかつて川に落ちた橋に追い詰められた時、何と追いかけてくる犯人の刑事と守ろうとするケレストとの顔の判別がつかない。最後は犯人と撃ち合いとなり、犯人は息絶えるが、ケレストも犯人の凶弾を受け、帰らぬ人になる。

その後しばらくしてアンナは、かつて危険を回避するためケレストが連れて行ってくれた小さな村で教師をはじめる。少し病状も好転し、生徒も少なく住民も少ないため、彼女にはそこの人々が判別できるようになっていた。そしてそこにはもう一人アンナを守ってくれる心の支えがいた。ケレストとその村で愛をはぐくんだ時誕生した女の子であった。

ヒトの顔が判別できないというのは大変なストレスだ。相貌失認の患者の判定には、喜怒哀楽の顔の判別をさせるが、重度の患者はこれができない。ヒトは他の動物と比べ表情筋の動きが複雑で、進化の過程で眼輪筋、口輪筋などさまざまな表情筋の動きを読み取り、他人の心を読み取ってきた。相貌失認はこういう観点から考えると、盲目に近いことがわかる。

「ブラインドネス」という映画は、突然目がみえなくなり、パニックになるとヒトは時として羞恥心を失いそれまで制御できていた性欲、食欲、社会欲が一気に噴き出すことを教えてくれる。この映画では、病原ウイルスの同定できない感染症で盲目となりそれがパンデミックとなり、精神病院の廃屋に収容された人々の間で、羞恥心を失った少数の男たちが、政府から差し入れられた食料を管理し、金品を差し出させたのち、婦女に体を差し出させる映画である。

人はいつ何時事故に巻き込まれるかわからない。考えてみると、インターネットでの誹謗中傷もこの映画に描かれた状況に似ている。誰がその記事を書いているのかわからない。もしかしたら、隣に犯人がいるかもしれないという緊迫感は同様である。いずれもどこか心が荒廃した精神状況のなかで、犯人自体がブラインドネスになっているのであろう。

ヒトはついつい誰かをいじめてやろうという精神状況に陥りがちだが、自己抑制のカギを握るのは教養と呼ばれるブレーキだ。そのことを旨として生きていきたい。

（二〇一三年八月）

■「フェイシズ」（2011年／アメリカ・フランス・カナダ合作／102分／監督　ジュリアン・マニャ）

天国の兄さんへ

あなたの突然の死から一二年経った家族の現状

兄さん、あなたがこの世の中から突然いなくなって一二年の歳月が経ちました。あれは僕が研究している神経難病の患者会が終わり、緊張の糸が解け心がくつろいでいた六月の梅雨の中休み、土曜日の夕方でした。他界した年を一回目に数えるため、一三回忌とは一二年目のことになることを今日はじめて知りました。今日はちょうどあなたの法事で、東京に急いだあの日の朝と同じように、早起きをして飛行機に乗りました。あなたが死んだ翌日も日曜日で、家内と当時二歳の息子とともに、取るものもとりあえず、あなたが眠っている自宅に急ぎました。その後三回忌を経て七回忌が今日と同じ錦糸町のお寺であり、それから六年、あっという間に時が流れ、僕はもうじき還暦を迎えようとしています。あなたの愛した義姉も少し年を取り、あなたの娘はあっという間に大きくなって成人式を迎えました。先日、記念に撮った成人式の写真が送られてきましたが、まさに今が旬の女性という感じでした。あなたの長男はもう少しで中年男の域に達し、少し太り、あなたに代わって社長然としてきました。

この一二年間、僕にとっては、それまでの人生とはまったく違ったいろいろなことが慌ただしく起こり続けました。僕には息子に加えて娘が生まれ（これがなかなかの美人です）、検査医学講座の講師だった僕が、教授選を勝ち抜いて熊本大学の教授となった後、数年して神経内科の教授選にも出て、無事にもっとも専門である神経内科教授に就任しました。一時期病気を抱えて闘病生活を送ったりしましたが、今はとても元気にしています。

何よりも報告しなければならない大事なことは、あなたが大好きだった父が、ちょっとした肺炎をこじらせ、ＩＣＵ管理になり、心停止を二度も経験し、今は寝たきりの入院生活を送っていることです。最初の出来事が昨年の二月でしたから、一年半も闘病生活を送っています。あなたのもとにいつ旅立ってもおかしくない状態が続いています。一日の大半は眠っていますが、時々諦めきったような顔をしながら、天井をぼーっと眺めたりしています。最近、何もかもわからなくなっているのかと思っていましたが、昨日あなたの一三回忌に行ってくると報告に行ったら、顔をくしゃくしゃにして泣いていました。

父はあの日もずっと泣いていました。彼の頼りは何といっても長男であるあなたで、大学生になったあなたのことを「ナマズみたいだった（仮死状態でぐったりして生まれてきたあなたの印象が強烈だったみたいですね）修があんなに立派になった」と喜んでいました。

嚥下が困難ですぐ肺炎を起こすため、ずっと挿管した状態が続いており声が出ません。父には苦しい日々を強いており、声が出ないことに対して、ずいぶんと焦りや苛立ちを露わにした時もありましたが、今はあきらめの境地に達しているのかもしれません。最初に心停止した後すぐに挿管し、人工呼吸器管理、そして気管切開と延命治療を繰り返してきましたが、本当にそれがよかったのかと思い悩む毎日です。

父のもとに見舞いに行くと、時折安楽死のことが頭をよぎります。父がいなくなったら喪失感に耐えられるのかと思ったりもしますが、このままずーっと今の状態が続くと、僕ら夫婦にもしものことがあった場合、大変なことになるのではないかといった漠然とした不安に襲われることがあるのも事実です。まさに日本の社会は、今や老老介護が当たり前になり、多くの家族がこうした問題を抱えているのかもしれません。これからはあまり積極的な医療はしないながら、行けるところまで行くしかないと思っています。

「地獄の沙汰も金次第」になった日本の医療の現状

母は相変わらずで、会うたびに父の今の状態を嘆きながら、自分の体の不調を訴えて「生きている甲斐がない。死にたい」とばかりいうので閉口してしまいます。昨年の秋、早期の大腸がんがみつかり手術し、事なきを得ています。少し耳が遠くなり、認知症の傾向があるのか、長い会話が成り立たなくなってきました。

あれほど矍鑠として強かった母が、気づかないうちに、腰が大きく曲がって、人の話の聞けない老婆となってきました。母とはうまく付き合っていくしかない、という悟りの境地になってきました。

兄さん、あなたの不在は僕ら家族にとってあまりに大きいのです。僕は一二年前から長男の役割を担い、年老いた両親のケア、弟のこと、自分自身の進むべき道などなど、あれこれと悩みながら面倒をみています。あなたに相談できなくなって、あなたをずっと恨んできました。

兄さん、なぜ、何の相談もなく突然旅立ったのですか。

兄さん、今思い出すのは、まだ幼かった僕が、いじめられそうになると必ずかばってくれたあなたの姿です。海でおぼれそうになった時も、四歳年上のあなたは一生懸命救ってくれました。洋画をみる楽しさを教えてくれたのもあなた、本を読む重要さを諭してくれたのもあなたでした。

東京に行ったら、きっと一二年間の出来事や溜まりに溜まった文句や不安をいっぱい聞いてもらおうと思ったのに、日蓮宗のお坊さんのお経が終わり、東京の墓地らしく狭い墓の間を潜り抜け、あなたの墓の前に立ったら、頭が途端に空っぽになり、こみ上げて来るのは、ただただ涙ばかりでした。結局、僕が今日あるのはあなたのお蔭だということを思い知り、感謝の気持ちが沸き起こってきました。

東日本大震災では、二万人近い東北の方々が帰らぬ人となっています。僕はまだ激しい余震の残る震災後二週間目に現地に飛びましたが、突然永遠に帰らぬ人となった肉親、友人、恋人の不在に呆然と立ち尽くす人々の姿を目の当たりにしてきました。「なぜ身代わりになってやれなかったのか、なぜ自分の肉親が神に召されたのか、もしかしたらどこかで生きているのではないか」など、その思いはまちまちですが、二〇一一年三月一一日の午後を境に、突然いなくなった肉親や友人、愛しい人の喪失感という点ではみんな同じ思いを共有しています。昨年の夏は僕が主催した国際学会で集めた募金をもって娘とともに石巻に行き、ボランティア活動もしてきました。

あなたがなぜ死を選んだのか、どんな思いだったのか、どんな辛いことがあったのかなど、両親と恋女房に残された遺書だけでは窺い知ることはできません。あれだけ仕事もうまくいき、夫婦仲もよく、子供たちも成長してきていたのに、何ということでしょう。

姉さんの話では少しうつ状態であったとのこと、そして抗うつ剤を飲んで少し状態がよかったとのこと、神経内科医である僕がなぜ力になってやれなかったのか、無念でなりません。

これからの日本社会は大変です。多くの家族が身体も心も弱っていく高齢の両親を抱え、右往左往しながら送り出さなければなりません。その間、社会のなかで要職に就き、仕事との兼ね合い、子供の教育や受験を乗り越えなければなりません。地獄の沙汰も金次第とは本当で、公務員であった父は今は金銭面ではうまく乗り切ることができそうですが、お金のない老人はいったいどうやって人生の最終章までたどり着くのか見当もつきません。

今後、中国をはじめとした東南アジアの国々も急激な高齢社会を形作っていきますが、政治家は一体どういった国家づくりをするのか、超高齢化社会の先頭を走る日本の政治をきっと戦々恐々としながら見守っているのでしょう。

いずれにせよこのまま何も手を打たないと、富裕層と低所得者層に、より一層二分化された社会構造に拍車がかかり、いびつな社会が形作られていくことだけは確かでしょう。いつも世相を斬ることに長けていたあなたは、今の日本をみて大いに嘆いたことでしょう。

いつまでたっても拭い去ることのできない喪失感のなかで今思うのは、天国までも駆けて行ってあなたともう一度心のいくまで話をしたいということです。

兄さんに会いたい。

（二〇一三年九月）

「フライト」「東ベルリンから来た女」――医師というもの

意外なほど多い「ペイシェントハラスメント」

医師という職業は因果なものである。患者がどんな素性の人でも一応診なければならないことになっている。世の中にセクシャルハラスメントに代表されるたくさんのハラスメントがあるなかで、これまで患者が医師をいじめる、いわゆるペイシェントハラスメントは、ドクターが患者をいじめるドクターズハラスメントの陰に隠れてあまり注目されて来なかった。しかし、われわれ医師の立場からすると、最近、とみに強気な患者が増え、これが医師の大変なストレスとなっている。

ちょっと外来で待たせると怒鳴る、ちょっと採血に失敗するとすごむ患者が圧倒的に増えている。これは、個人的には医療にも接遇ということが大きく取り上げられ、患者のことを「患者様」と言い出した十数年前からの現象だと思っている。金田一春彦は、「患者様」というのは、「日本語としておかしい」とはっきり書いていていて胸がすく思いがするが、確かに氏がいうように、多くの患者はわざわざ「様」をつけられても有難がったりはしないであろう。

こともあろうに東北のある県で、患者である自分を診察室に呼び出すのに番号で呼んだといっては文句をいい、診察料の支払いで待たされたといっては文句をいい、挙句の果てにそれをブログで書いたところ、良識のある市民からいっせいに非難を受けた県議会議員がいる。さらにそのバカな振る舞いがマスコミで取り上げられたので、そのブログは国民の知れるところとなり、さらにバッシングを受け、最後は自殺に追い込まれてしまった。自殺自体は痛ましいことであるが、この議員は勘違いも甚だしい。われわれ医療人は個人情報保護などますます複雑化する医療現場のなかで、少しでも患者にストレスを与えないようにするため、努めて名前を隠し番号化し、医療をしていることをあまりに知らない一群の人々がいる。彼らは世の中の常識から取り残されていることを知らず、お山の大将として生きているのであろう。

当然のことながら患者はインテリジェンスの高いものから低いもの、品のよいものから態度の悪いもの、千差万別である。風俗産業のお姉さんもいれば、ヤクザもいる。統合失調症などで精神を蝕んだ患者もいる。それを迅速に感知し、それ相応の対応を考えなければ大やけどをすることになるが、忙しい外来ではこれがなかなか難しい。私自身大やけどは負っていないが、苦労したケースはある。

ある神経難病を患った患者であるが、医療費軽減も必要と考え国が認定する難病特定疾患の手続きをしたが、それがきっかけで彼氏と別れる羽目になったという。慰謝料を払えと凄んできた。家に火をつけるだの、訴えるだの執拗に脅迫まがいの手紙が大学に不定期に来るようになった。わが家にも来るようになったところで、家族が迷惑を蒙っては大変と考え、警察に通報した。経験を積んだ今だったら、もっと早くに統合失調症であることを察知し、もっと適切な対策を講じることができたような気もするが、こういう事例は、神経内科の教授になって全体を統括する立場にいると結構あることがわかる。結局、自分一人で処理しようとして、抱え込んで、金などで解決しようとモラルを失ってしまうと、袋小路に入り込んでしまうケースが少なくない。

私は毎年必ず医学部の学生講義で、パイロットと医師の違いについて話すことにしている。どちらも人の命を預かる職業だが、大きな違いがある。ミスをしても医師は死なないが、パイロットのミスは自分の命を失う事態に直結してしまう。車の運転はわき見運転をしてガードレールに当たっても、(そのことは大変なことだが) 命を失わないことのほうが多いが、飛行機の操縦ミスはパイロット自身と即乗務員も含む全員の死を意味する。したがって、航行中は一〇〇パーセントの安全を提供しないといけないし、乗客はばく然と墜落の恐怖感があるため、多少の揺れが避けられない飛行にあっては、乗客のストレスを少しでも和らげるため、音楽やビデオ上映をしている。

だから、パイロットは事故につながり得る体調不良がある場合、操縦桿を握ってはならないし、事故につながり得るアルコールの摂取などは、搭乗一二時間前から厳禁となる。また風邪薬であっても、乗務前、乗務中の服用は認められていない。航空会社の健康管理室より乗務前に影響を与えるおそれのある薬品リストが発行されていて、搭乗前に少し身体の具合が悪いからといって、軽々しく市販の薬を服用するわけにはいかないシステムになっている。さながら、ドーピング検査に引っかからないように自己管理しているオリンピック選手のような生活を強いられている。

一方、医師は次の日手術であっても飲酒厳禁などといったルールはどこにもなく、自己判断にゆだねられる。では、それでいいのかというと多くの人はノーを突きつけるであろう。医師こそ、自分の命とは無関係の患者に対し、共感と厳しいモラルをもたないといけない最たる職業であろう。

医師の職業意識を考えるのに格好の二つの物語

「フライト」（ロバート・ゼメキス監督）という映画は、乱気流のなかで飛行困難に陥り、絶体絶命の状況のなかで、ウィトカー機長（デンゼル・ワシントン）のとっさの機転で、背面飛行で急場をしのぎ、最後は胴体着陸を敢行し、全員死ぬべき運命にあった百数名の乗客の命を最小限の犠牲に抑えた、勇敢かつ辣腕パイロットの話である。

彼は事故後、多くのベテランパイロットでも、こうした操縦はできないであろうと称賛され、マスコミの注目を浴びるが、実は彼はアルコール漬け、麻薬漬けのパイロットであったことが判明し、刑務所に入り、更生の道を探るところで映画は終わる。実際の航空会社の管理体制ではまずあり得ない話である。そもそもパイロットは航空学校に入った時から厳しい自己管理を求められているし、それを励行しているからである。医者の不養生という言葉があるように、返す返す、医師の自己管理ルールは甘い。

映画「東ベルリンから来た女」（クリスティアン・ペッツォルト監督）は、医師という職業を選んだものに課せられた職業意識を考えるのに格好の物語である。

ベルリンの壁が崩壊する前の一九八〇年代の東ドイツの話である。西ドイツへの移住申請を却下され左遷された小児科医のバルバラ（ニーナ・ホス）は、東ベルリンの大病院からバルト海沿岸にある小さな町の病院に左遷される。きっと圧政下では、西ドイツに住みたいなどと考えること自体不遜なことであったのであろう。当然、彼女は東ドイツ当局のブラックリストに登録されており、特別警察の監視下に置かれた。いきさつははっきり語られていないが、どうも西ドイツに愛する男がいるらしい。厳しい監視の目をかいくぐって彼はバルバラに会いに来たりしていた。

彼女の表情は硬く、上司のアンドレにも笑顔一つみせず、同僚とも打ち解けようとはしなかった。アンドレは彼女の魅力に次第にひきつけられていくが、バルバラのほうも、医師として誠実に生きるアンドレに尊敬のまなざしを向けるようになっていく。しかし、西ドイツに住む彼に対する思いは絶ちがたく、漁師を買収してバルト海沿いにボートで脱出し、デンマークに渡ろうと計画していた。買収のためにはひとかどのお金もいるが、バルバラはせっせとその費用をためていた。

そんなある日、矯正収容所から逃げてきた少女ステラが病気になり彼女の病院に運び込まれてくる。ステラを手厚く介護するバルバラであったが、ステラは再び収容所に収監される。いよいよデンマークへ脱出決行しようとした夜、再び収容所を逃げ出し、瀕死の重傷を負ったステラがバルバラのアパートの前で倒れているのを発見する。このまま放置して逃げれば必ず死んでしまうと察したバルバラは、自分が乗るべき一人乗りのボートにステラを乗せ、送り出す。一生懸命ためたお金を漁師に渡して。

病人を目の前にした医師は自分の私生活をたとえ犠牲にしても、患者を救わなければならない、というのは決してこの映画のメインテーマではないが、医師の一人として身につまされるラストのシーンであった。

（二〇一三年十月）

■「フライト」（2012年／アメリカ／138分／監督　ロバート・ゼメキス）

■「東ベルリンから来た女」（2012年／ドイツ／105分／監督　クリスティアン・ペッツォルト）

「太陽がいっぱい」——青い瞳

メラニンの微妙な差が生む「目の色や大きさ」の違い

こんにちは　あかちゃん　あなたの笑顔　こんにちは　赤ちゃん　あなたの泣き声　その小さな手　つぶらな瞳　こんにちは赤ちゃん　私がママよ

はじめて赤ちゃんをもった母親のはじけるような喜びと感動をデビューしたばかりの梓みちよが歌い、その年のレコード大賞を見事に手にした。そもそも作詞した永六輔は、「上を向いて歩こう」などの数々のヒット曲を作曲し、コンビを組んだ中村八大にはじめて子供が生まれた時、お祝いにこの歌を作詞したが、最初は「私がママよ」の部分が「俺がオヤジだ」になっていた。梓みちよが歌うことになり、急遽、歌詞が変更されたが、高度成長経済期のまだ日本人に夢と希望があった時代と相まって、昭和を代表するヒット曲となった。一九六三年のことだ。

当時、子供は年間二〇〇万人も生まれた。ところが昨今、それが一二〇万人となり、何も有効な手立てを打たないでいると一〇五万人まで低下し、二〇五〇年には日本の総人口は一億人を下回るらしい。われわれの世代は今のままでいくと、年金納税者数が足りなくなるのは自明の理である。

われわれが医学生だった頃、医学部の一学年の総数は六〇〇〇人前後で、国家試験で多少淘汰され、五〇〇〇人前後が医師になった。今は一学年九〇〇〇人を超える。医師が足りないのではない。その分布がおかしいだけなのだということを国は早く気づくべきである。そうしないと今度は本当に医師受難の時代がやってくる。

赤ちゃんの瞳は本当に綺麗で、どの子も例外なく白目に当たる眼球結膜は海の色が混ざったように青みがかった白色をしており、大人の眼にみられるような充血や濁りはなく、虹彩の（黒目）の眼球結膜（白目）に占める比率が大きい。赤ちゃんの目をみていると、時が止まり、この世の雑事をしばし忘れてしまう。この白目と黒目の比率がわずか一～二ミリ違っただけでまったく顔の印象が異なってくる。白目の部分が多いと「冷たい顔」になるし、その逆はおっとりした可愛い癒し系の顔になる。日本人は美人より可愛い人を好む傾向にあるため、ＡＫＢの「総選挙」などで高得票を上げるアイドルは、なべて黒目の比率が大きい。

これを利用して、最近カラーコンタクトなる小道具が若い女性に浸透しているらしい。黒目の大きさをほんの少しだけ大きくし、茶色い瞳を黒色に変えて、眼から印象づけられる可愛さを強調しようとしている。海外では、青いカラーコンタクトも汎用されている。先日も驚くほど目元の綺麗な外国人女性に会ったが、明らかにカラーコンタクトであった。よくみると、人間の眼は黒目から白目が自然な形で溶け合っているが、カラーコンタクトの場合は、境界がくっきりしているので何となく違和感を覚える。メラニンは紫外線を吸収し、皮膚や網膜を守る役割を担うため、眼を傷害から保護するという点では青い目より黒い色調が強い眼のほうが圧倒的に有利であるが、われわれ日本人は映画でハリウッドスターの青い目をみると異次元のスーパースターと思ってしまうし、何となく青い目は「格好良い」という印象をもってしまうのはハリウッド映画の影響であろうか。

虹彩の色も人をみる時の重要なポイントとなる。人間の虹彩の色には、澄み切った海の色のような青い色から茶色、そして黒まで大きなバリエーションがある。「目の色」の決定にかかわる遺伝子の数やそれらの調節機構はまだ完全にはわかっていないが、明らかに遺伝子によって調節されている。メラニンの発現が少ないと青い目となり、多いと茶、黒色系になるが、これは虹彩のなかのメラノサイトが作り出すメラニン色素の割合に加えて、虹彩には複雑なひだがあり、メラノサイトの分布も一様ではないため、メラニンの発現量や分布のパターンの微妙な違いが個人差を生み、瞳の色の多様性を作る一因となっている。こうしたメラニン発現の調節遺伝子としては、HERC2遺伝子とOCA2遺伝子が注目されている。

瞳のコントラストが心理描写に厚みを与えた「名作」

「太陽がいっぱい」（ルネ・クレマン監督）は、登場人物の瞳のアップが盛んに映し出され、それぞれの心理描写の重要な役割を担っている。ニーノ・ロータの甘くてほろ苦いテーマ・メロディとともに、アラン・ドロンの演技が脚光を浴び、彼を映画俳優として不動のものにした名作であるが、アラン・ドロン、モーリス・ロネの青い瞳と、マリー・ラフォレのブラウンの瞳の対比が心に焼き付いて離れない。

息子フィリップ（モーリス・ロネ）が、定職にもつかずイタリアで遊びまわっていることに業を煮やしたアメリカの富豪の父親が、何の縁なのかトム・リプレィ（アラン・ドロン）という貧しい家庭に育ったアメリカの青年に、フィリップを連れ戻すように依頼をする。どうも二人は知己の関係らしい。フィリップは父親から買ってもらった豪華なヨットをもち、婚約者のマルジュ（マリー・ラフォレ）と地中海でクルージングを楽しんでいる。トムもヨットに乗り込み、洋上の三人の奇妙な生活がはじまる。フィリップはわがまま放題に育ったためか気持ちの抑制がきかない。

一方、貧しく育ったトムはやるせない思いを抱きながらもはじめのうちは金目当てにフィリップの使用人のような生活を受容する。マルジュは若いトムの性欲を掻き立てるような魅力的な女である。フィリップにマルジュとの決定的な場面をみせつけられるのにもストレスが溜まっていく。トムは端正なマスク、引き締まった肢体をしているが、出自は隠しようがなく、食事のマナーも知らず、狭いヨットのなかの生活のなかでも、貧相な姿を晒してしまうところが悲しい。

フィリップのトムに対する横暴な振る舞いはどんどんエスカレートし、まるでいじめのようになっていく。ある日ヨットの救命ボートに乗せられて、炎天下の地中海に何時間も放置され、熱射病となり、熱傷を受ける羽目になる。こんな横暴なフィリップに愛想をつかせたマルジュは、ついに船を降りるが、フィリップはトムとクルーズを続ける。二人きりになったトムはフィリップに対し、ついにはっきりと殺意を抱くようになっていく。フィリップを地中海の底に葬り、できることなら彼に成りすまし、彼の財産を自分のものにして、可愛いマルジュもものにしたい。まさに若気の至りであるが、悪魔のささやきにトムの欲望が反応する。

犯行の日がやってくる。ヨットのデッキでトランプをしながら気を許させ、トムは遂にフィリップの胸にナイフを突き刺し地中海に遺体を遺棄する。その後、トムは人が変わったように鋭い目つきの悪人と化し、フィリップに成りすます計画を確実に実行に移す。フィリップが失跡したようにみせかけ、自分もアリバイ工作をする。また、プロジェクターにフィリップのサインを大きく映し出し、幾晩もそれをなぞり、サインを偽造できるまでになり、自分の顔写真を貼ったフィリップのパスポートも作る。そして銀行口座から金を引き出すことにも成功する。さらに、遂にフィリップの行方がわからず悲嘆に暮れる憧れのマルジュまで自分のものにするではないか。トムの青い瞳、マルジュのブラウンの瞳のコントラストが地中海の海の青に映えて悲しい。

映画はクライマックスを迎える。トムは完全犯罪を成功させたかにみえた。地中海に面したどこまでも明るい日差しが降りそそぐ浜辺の木陰で、椅子に横たわり、安心したようにくつろぐトム。沖にはもしかしたらフィリップの亡霊が乗っているかもしれないヨットが一艘走っている。「太陽がいっぱいだ」。トムはつぶやく。それは貧しく育った彼が、太陽が燦々と輝く世界を手に入れた瞬間であった。しかし、その頃すでに警察は捜査を開始していることを知らないトムは哀れである。

アラン・ドロンは中流家庭に生まれたが、四歳で両親が離婚し、親戚の家に預けられたことなどをきっかけに不良少年となり、手に負えない問題児となり感化院に入れられた経験をもつ。アラン・ドロンといえば日本では美男子の代名詞となっているが、この映画では、彼の少年期の蹉跌がうまく融合し、心理描写に厚みを与えている。

（二〇一三年十一月）

■「太陽がいっぱい」（1960年／フランス・イタリア合作／118分／監督　ルネ・クレマン）

「25年目の弦楽四重奏」——パーキンソン病の治療

飛躍的に進歩したパーキンソン病の治療薬開発

　パーキンソン病患者が増えている。これは単純に老人の数が増えていることによる現象で、認知症患者が増え、社会問題になっているのとルーツは同じものである。パーキンソン病の診断は簡単なようで結構難しい。典型的なものは、振戦、寡動、固縮、姿勢反射障害の四大症状がそろっているが、発症初期には不全型も少なくない。また、パーキンソン症候群という、病態は似ていても疾患の成り立ちが違う疾患群もある。さらに、薬剤性パーキンソン症候群を引き起こす薬剤が数十知られているし、脳炎や脳血管障害の後遺症としてパーキンソン病様症状が起こることもある。通常固縮が全景に出て、振戦を欠き、何より抗パーキンソン病薬がほとんど効かない点がパーキンソン病との鑑別となる。また、進行性核上性麻痺、大脳皮質基底核症候群、レビー小体型認知症などで発症初期に歩行障害や固縮が起こり、パーキンソン病と間違われやすいので注意を要する。

　この疾患は遺伝子異常が原因で起こるものが三〜四％ほどある。パーキン、ＰＩＮＫ１、ＤＪ１などの遺伝子変異で起こる。多くの場合発症年齢が通常のパーキンソン病より早くなり、若年性パーキンソン症として分類される。

パーキンソン病は発症初期に治療をすると体の動きが格段によくなる。神経内科に精通していなくても、抗パーキンソン病薬を投与すると効果が認められるため、固縮、寡動が改善し日常生活の行動半径が大きくなるため、医師は大いに感謝される。発症初期から五年ぐらいはこうした状況が続くので、この時期をハネムーン期と呼ぶ。しかし、抗パーキンソン病薬による治療は対症療法でしかないため、確実に黒質・線条体系の神経細胞の変性は進み、発症後数年経った頃からさまざまな症状が出て来る。

ジスキネジアと呼ばれる不随意運動、消化器症状、幻覚、不眠、イライラなど、ここからが神経内科医の経験と知識が問われるステップといえる。さらに、オンアンドオフ現象という、ある時間帯から突然薬が効かなくなる現象、ウエアリングオフ現象という薬の効き目が悪くなる現象、そしてノーオン現象といって、まったく薬が効かなくなる現象まで、患者はさまざまなパーキンソン病症状や薬の副作用に悩まされる。

この病気は一八一七年、ロンドンの開業医ジェームズ・パーキンソンが、手や足が震えて、あちこちの筋肉が固くなり、何年か後には体が動かなくなる原因不明の不思議な病気として報告したのがはじめである。彼は、パーキンソン病患者を「幸福感を感じにくい人」と記載している。その後この病気は、他の難病と同じように、治療法の開発もなく一〇〇年以上の歳月を経過するが、エリック・カンデルがニューロトランスミッターの概念を提唱した頃から治療への胎動がはじまる。

続いてアービド・カールソンが、ドパミンが神経伝達物質の一つであり、脳の快楽の物質であるとする報告を行う。さらに彼は、脳でドパミンが減少すると体の動きが悪くなり、それを補充すると改善することを発見した。一九五〇年代の研究だ。

それからおよそ半世紀を経た二〇〇〇年に彼はこうした研究の功績を評価され、ノーベル生理学・医学賞を受賞することになる。蛇足だが、ノーベル賞を受賞するには、優れた業績をあげることに加えて、健康で長寿でなければならない。

パーキンソン病の治療薬開発は飛躍的に進歩した。不足するドパミンの補充（Lドーパ）、ドパミンの受け皿を刺激（ドパミン受容体刺激薬）、ドパミンとバランスをとる物質の抑制（抗コリン薬）、ドパミンの放出の促進（ドパミン放出促進薬）、ドパミンとともに不足する物質の補充（ノルアドレナリン補充薬）、神経内でのドパミン分解の抑制（MAO-b阻害薬）、血中でのドパミン分解の抑制（COMT阻害薬）などがある。

さらに近年、脳深部刺激療法（deep brain stimulation：DBS）がこの病気の治療にも取り入れられるようになった。これは脳深部に留置した電極に刺激を与え、その部位の活動性を抑制し、従来行われていた脳外科治療として行われていた脳深部破壊術と同様の効果を期待するものである。パーキンソン病患者の視床下核や淡蒼球に電極を留置し、前胸部の皮下に刺激発生装置を挿入し、皮下を通して脳の電極を刺激する。ＤＢＳは可逆的で、これまで行われてきた脳外科手術にみられるような合併症が少なく、刺激強度も調節できることから、特に振戦の強いパーキンソン患者に行われるようになってきた。これらをうまく組み合わせながら、ハネムーン期をすぎた患者の治療に当たらなければならないが、根治療法はないため容易なことではない。

かつて胎児脳を移植し、ドパミンの不足を補おうとした方法がスウェーデンで考案されたが、胎児四人分の脳が必要とされるうえ、生着率も思わしくなく、現在は実際の治療には用いられていない。ｉＰＳ細胞を黒質・線条体細胞に分化させ移植する方法も考えられているが、細胞が正しい機能をもって生着するのか、発がんの問題はないのかなど克服しなければならない問題も少なくなく、その有効性のほどは現時点では未知数である。

リーダーがパーキンソン病になった楽団を描いた秀作

映画「25年目の弦楽四重奏」（ヤーロン・ジルバーマン監督）はチェリストでありリーダーであるピーター（クリストファー・ウォーケン）がパーキンソン病に罹患したことに端を発したこの楽団の不協和音を描いた秀逸な作品である。ダニエル（マーク・イヴァニール）：第一バイオリン、ロバート（フィリップ・シーモア・ホフマン）：第二バイオリン、ジュリエット（キャサリン・キーナー）：ヴィオラ、ピーター（クリストファー・ウォーケン）：チェロから成る弦楽四重奏団は、ニューヨークに拠点を置き世界で公演を行う一流の楽団であり、結成二五周年を迎えようとしていた。

さて、記念のコンサートを行おうとリハーサルがはじまった矢先にピーターのチェロの音がうまくハーモニーを醸し出さない。彼の指が動きにくいのである。ピーターは神経内科を受診するが、パーキンソン病であると宣告される。二五周年コンサートの演目は、ベートーヴェンが耳が聞こえなくなった後、渾身の力を込めて作曲した名作「弦楽四重奏曲第一四番」である。アタッカ、すなわち全七楽章（通常は四楽章）を休みなく奏でる難度の高い曲だ。

もう初老の域を超えつつあり、病気を患ったピーターはここが引き時だと悟り、三人に引退を申し入れるが当然のようにメンバーは動揺する。ずっと第二バイオリンに甘んじてきたロバートは、これを機に第一バイオリンの役目もやってみたいと言い出すが、第一バイオリンのダニエルは反対し、妻であり、ヴィオラ役のジュリエットもそれに同調する。それまでピーターのもとでうまく統制がとれていたと思っていた四人の感情や葛藤が一気に噴出し、ロバートとジュリエットの夫婦仲までおかしくなっていく。

夫婦関係も人の付き合いも四半世紀といえばさまざまな人間関係の軋轢や社会の荒波を乗り越えて、安定した関係を築いている時期である。しかしこの楽団の人間関係は、リーダーの引退宣言をきっかけにあわや解散かという事態にまで発展する。一般に弦楽器は弾いているうちに微細な音程が狂いはじめる。この映画で重要な役割を果たす「弦楽四重奏曲第一四番」という曲では、ひとたびコンサートがはじまると最後まで休みがないため、途中で弦が狂っても修正は叶わず、四人で協力しながらハーモニーを奏でなければならない。同じように人間関係も一度狂いだすとその歪み、不具合を抱えながら歩んでいくものだということをこの映画は教えてくれる。

結局、この四人は賢明な音楽家たちであった。映画の最後ではラストコンサートのシーンが描かれる。さまざまな軋轢を乗り越え、ピーターが途中で演奏を止め、うまく後任のチェリストとバトンタッチし、新たな楽団は新たなハーモニーを奏ではじめるではないか。いつか人には最期が来る、それでも残った人々は生き続けなければならない。音楽を通して人生を改めて考えさせてくれる、静かな感動を呼ぶ作品である。

（二〇一三年十二月）

■「25年目の弦楽四重奏」（2012年／アメリカ／106分／監督　ヤーロン・ジルバーマン）

「50／50フィフティ・フィフティ」――神経線維肉腫

実際にがんを克服した脚本家の〝言葉〟が胸を打つ

酒もたばこもやらず、健康に日常を送ってきた二七歳のアダム（ジョゼフ・ゴードン＝レヴィット）にはキャサリンという恋人がいる。何となくしっくりいかない部分はあるものの関係はそれほど悪くはない。そんなアダムが腰痛を覚えるようになる。いつまでたっても治らない症状に、彼は病院に行って検査を受けるが、告げられた病名はなんと腰髄の部分に発生した神経線維肉腫であった。映画「50／50フィフティ・フィフティ」（ジョナサン・レヴィン監督）の話である。五年生存率は五〇％というではないか。アダムはとりわけ何かに格別のこだわりやモーティベーションをもって生きてきたわけではないが、この宣告にはさすがにこたえた。

こんな時は恋人の支えが必要だが、最初はともにがんと闘う姿勢をみせ、頼もしい存在のように思えたキャサリンだが、しばらくして看病の重圧と病気の恐ろしさに耐え切れず去っていく。無理は長くは続かない。彼女には最初からどこか得体のしれないものに対する拒否反応があったようだ。

親身になってくれるのはただ一人、悪友のカイルだったが、アダムが死ぬかもしれないというのに、口にするのは相変わらず女性のナンパの話やセックスのことばかりで閉口してしまう。急がなければ状況がどんどん悪くなるため、主治医の勧めで迅速に抗がん剤の投与をはじめるが、当然のことのように薬の副作用で髪が抜け、嘔吐やめまい、全身倦怠、発熱などが日常茶飯事のように起こるようになっていく。何に対しても意欲がわかなくなったアダムだが、それでもカイルは執拗にかかわり合おうとし続ける。

一方、アダムは抗がん剤の点滴を受けに来る仲間と友達になるが、しばらくすると櫛の歯が抜け落ちるように一人、また一人と死んでいく。彼は心がどんどん荒み、やりきれなさから時として感情が爆発してしまうが、どんな状況でもカイルはアダムを普通の健常人として接しようとし続ける。

しばらくしてアダムを診察室に呼んだ主治医は、非情にも結局抗がん剤はまったく効かなかったことを告げる。残された治療は、腰髄のがんの塊を手術で摘出するしかない。難しい手術だという。ほかに方法がないことを理解しているアダムは家族の同意を得て、結局一縷の望みをもって手術台に上がることを決意する。手術では無事に腰髄の腫瘍、骨盤の転移部位を摘出でき、アダムがひとまず生還するところでこの映画は終わるが、その後の闘病の道のりはかなり厳しいのではないかと推測される。

この映画の題「50/50」は実に含蓄がある。「五年生存率は五〇%？　それはいい数字じゃないか。カジノでも五〇%はすげーいい数字だぜ」と語るカイルの言葉に、この数字の妙が集約されている。

ある日、彼の部屋を訪れたアダムは、「がん患者との向き合い方」という本をみつける。カイルは彼なりに、いかにして親友と向き合い、心を楽にしてやることができるのかに腐心していたのだ。確かに、すい臓がんの五年生存率二〇%や、脳にできる神経膠芽腫の五年生存率一〇%と比べると五〇%の生存率は悪い数字ではないが、同時に死亡率も五〇%ということになる。これを前向きに受け止め希望をもって戦ってほしい、というのが親友カイルのメッセージであったのだ。

フィフティー・フィフティーという状況は常染色体優性の遺伝子が受け継がれる確率と同じだ。遺伝する確率も、しない確率も五〇%という事実に、こうした遺伝形式の疾患をもつ患者、家族は苦しめられてきた。この遺伝形式の疾患の多くは、成人発症である。結婚し、子供がいる場合も少なくない。自分が遺伝子陽性であるという結果を突きつけられると、今度は子供が半分の確率で遺伝子を受け継いでいる可能性が生じる。自分はともかく、子供にだけは遺伝子が受け継がれていないでほしい、と願うのは世の親の常である。しかし、こうした状況でもこの数字の妙をあるものは前向きに受け止め、積極果敢に遺伝子診断を受けてきた。しかし、当然のことながら半分の遺伝子診断希望者に、われわれ医師は非情な宣告をしてきた。

二一世紀の到来とともに、こうした難病の一部は治療法が開発されてきたが、多くの疾患が、未だに治療法がなく、遺伝子診断で陽性と知らされることの恩恵は実際は小さい。私は「異常遺伝子の有無を知ると将来の設計ができます」と説明してきたが、本当にそうなのかと思いながらのインフォームド・コンセントとなる。

「先生、私はどんな結果が出ても絶対に大丈夫です」と胸を張ってくれた遺伝子陽性患者の一部は、大いに落ち込み、遺伝子カウンセラーなどの手厚いフォローが必要になってくる。通常、常染色体優性遺伝の疾患の多くは二〇歳から高齢までかなり発症年齢はばらつくため、話はさらに複雑になる。

恐れるのではなく笑い飛ばすことで救われるがん患者も

がん患者との付き合い方もまた難しい。私が入局した第一内科は、呼吸器内科もあったため、多くの肺がん患者が入院してきた。医師になった頃は、決して患者にがんであることは話すべきではないし、悟られてはならない、というような教育を受けた。先輩の医師のなかには、「自分はがんではないのか」、と執拗に食い下がる患者に対して、実際にがん腫が映っている胸部レントゲン写真をみせながら、「この塊のどこががんですか。結核腫の名残ですよ」と大芝居をしてみせて、患者を納得させていた人もいた。

今は当然のことながら、原則として患者にも家族にも本当のことをいわないと訴えられる可能性がある。これはがんのターミナルケアを含めて治療の選択肢が増えてきたことや治療薬の開発が進み、五年生存率がアップしたがんが増えてきたことによる部分が大きい。

この映画は、脚本を書いたウィル・レイサーが実際にがんになり、それを克服した経験に基づいている。カイルやアダムの言葉に、表面的な共感や感傷などではない、皮膚音が感じられる言葉がちりばめられているのはそのせいであろう。

脊髄腫瘍は、脊髄内、クモ膜、硬膜、神経鞘などに発生し、脊髄自体や神経根が圧迫される。したがって、脊髄が支配している領域の末梢神経が刺激され、筋力の低下やしびれ、痛み、感覚低下などの症状を引き起こす。また、脊髄の自律神経機能をつかさどる中間外側核が圧迫障害されると、自律神経障害の一環として、下痢や便秘、排尿障害なども起こってくる。さらに、上位頸髄に腫瘍ができると、横隔膜の運動を支配する横隔神経の機能障害を来たし、呼吸障害が起こり、これが原因で死亡することがある。

アダムのように、腰髄の部分に腫瘍ができるとしつこい腰痛を訴えることもある。

脊髄原発の腫瘍のタイプとしては脊髄周囲の硬膜より発生する髄膜腫、神経を保護するくも膜、軟膜から発生する神経鞘腫、脊髄実質から発生する神経膠腫の三種類が代表的なものであり、通常良性腫瘍が多い。アダムが罹患した神経線維肉腫とは悪性の神経鞘腫のことである。比較的若年者に起こることが多く、化学療法や放射線で縮小する確率は他の脊髄腫瘍と比べて小さく、手術により摘除した場合も完全に摘出するのは困難である。五年生存率は五〇%であることから、何とか治療を駆使して生還するのも、がんそのものに屈するか、治療の副作用で死亡するのも五〇%ということになる。

神経線維腫症（レックリングハウゼン氏病）は、一七番染色体の上に存在するニューロフィブロミンと呼ばれる蛋白質を作る遺伝子に異常があることがわかっているが、この病気に神経線維肉腫が合併する確率もこれまた五〇%で、比較的若年にみられる。

レイサーはこの映画を通して「患者のみならず、家族や友人ががんを恐れることなく語れるようになってほしい。場合によっては病気の不合理さを笑い飛ばしてもいいのではないか。そうしたほうが時としてがん患者は救われることがある」というようなことを訴えかけている。がん患者のなかには、ともに寄り添ってほしい、一緒に泣いてほしいと思う人もいるであろうが、レイサーの言葉も実際の一人の患者の生の声である。

（二〇一四年一月）

■「50／50フィフティ・フィフティ」（2011年／アメリカ／100分／監督　ジョナサン・レヴィン）

「痛み」――先天性無痛無汗症、神経性疼痛

遺伝子の変異が原因となる先天性無痛無汗症

痛みはヒトが獲得した体の最大の危機警報装置の一つであり、これによりさまざまな病気が発見されるきっかけとなるが、ヒトはそれと引き換えに耐え難い苦痛を獲得した。齲蝕による歯の痛み、子宮外妊娠、尿管結石、炎症部位の疼痛などは、発熱、発赤、腫脹などと並んで病気の存在に気づく重要な警告症状であるが、これがとにかく耐え難い。神はもっと控えめな警告症状を与えてほしかった。

しかし一方で、痛みを抑えたいと消炎鎮痛剤などをうかつに使うと、警告症状が和らぐ反面、症状の重症化を見逃すことになるので要注意である。重篤な基礎疾患のない患者のペインクリニックは積極的に行うべきだが、患者のためにまず除痛を優先しようとする考え方は危険である。また、さまざまなタイプの進行性の末梢神経障害では、進行すると痛みを伝える神経が変性し無痛となってしまうので、褥瘡などに併発する感染症がわからなくなってしまい注意を要する。

「手足のしびれ、痛みに関しては四〇歳以上の日本人の実に一〇～三〇%が苦しんでいる」とする驚くような統計があるが、実際神経内科の日常診療に携わっているものとしては確かにそうかもしれないと思う。手術適応のない軽症の頚椎症、腰椎症に伴うしびれや痛みは薬剤によってある程度軽減できるし、治療法と

して無理はないが、こうした訴えを呈する者のなかに頻度はそれほど多くはないががんに伴う疼痛（がん性疼痛）が潜んでいたりする。一方、抗がん剤服用の副作用としてのしびれや痛みは七〇％以上もあるとされているが、あまり神経内科にそうした主訴の患者が来ないのは、生命を左右するがん自体との闘いで手いっぱいだからであろう。

ところで、手術や事故で四肢を失ったにもかかわらず、存在しない手や足の痛みを感じることをファントム・ペインと呼ぶが、日本語では幻肢痛と訳されている。この場合、特に失った手足の先端に激痛が走る場合が多いが、切断部分の神経断端にはなくなった部分につながっていた交感神経と感覚神経の誤った融合が起こり、交感神経を伝わる刺激が、感覚神経（特に痛覚を伝える神経）に誤って伝わり、激しい痛みとなって感じる。これをカウザルギーという。こうした患者が疼痛を契機にあるはずのない手足の先端があるように感じるのは、脳にとっては、長らく存在していた失った部分の手足がしっかりと記憶されており、未だ失われておらず、その部分がまるで機能しているかのように感じるためだ。この痛みは困ったことにさまざまなタイプの鎮痛剤がほとんど効かない。サイコセラピーなども用いられ、有効であったとする報告も散見されるが、多くの場合あまり有効性は認められていない。

生まれた時から痛みも感じず、汗もかかない常染色体劣性の遺伝性疾患がある。先天性無痛無汗症という疾患である。この病気では、末梢神経の感覚神経、自律神経の機能不全が起こる。遺伝性感覚性自律神経性ニューロパチー（hereditary sensory and autonomic neuropathies：ＨＳＡＮ）に分類されており、わが国でも数十名の患者が確認されている。ＴｒｋＡという遺伝子の変異が原因となることが明らかにされ、この遺伝子がコードする蛋白質はＮＧＦ（nerve growth factor）のレセプターの一つで、広く神経系の細胞の分化、増殖に働いていることが知られている。この病気では全身の感覚神経、自律神経系の異常が起こる。

この病気では痛みや熱さ、冷たさの感覚がまったくない人から、少しは感じる人までかなり個人差がある。重症例では、感覚がないため、知らないうちに自分の舌を噛み切ってしまったり、思いもかけない外傷を負ったりする。知能発育異常も必発である。全身の汗腺からの発汗がないため、高温下での体温調節がうまくいかず鬱熱状態となる。感染症などをきっかけに産生される汗腺に対する自己抗体によって起こる後天性全身性無汗症と同じように、特に夏場、屋外での活動は困難を極めるが、この病気の場合は何故か寒冷に対しても体温調節がうまくできない。かなり日常生活に適応するのが難しい病気である。

ヒトが痛みとの戦いのなかで獲得した「麻酔薬」

韓国映画「痛み」（クァク・キョンテク監督）という映画は、子供の頃、交通事故で同乗した家族が死んでいくさまを目の当たりにして以来、そのショックがトラウマとなり痛みを感じなくなった青年ナムスンを描いている。どんなに殴られ出血しても、顔が腫れてもまったく痛みを感じない。彼は独り身で社会の荒波にさらされ、生きていくためにやくざまがいの生活をしている。瑞々しい感覚も失われているのか彼はいつも無表情である。

そんなナムスンは仕事に困り、強引な借金の取り立て屋の仕事に手を染めるが、得意技は、相棒が金を取り立てられる者の前で、「金を取り立てられないお前が悪いんだ」とナムスンを怒鳴り、彼に殴るけるの乱暴を働き、血だらけの状態にする。相手に恐怖心を煽り、借金をしている者をいても立ってもいられない状態に追い込み、最後には借金を払おうという気持ちを起こさせるものである。こういう仕事は結構な収入になる。だからナムスンも嫌々ながらなかなか足を洗うことができない。そんなナムスンが親の借金を背負いながらも明るく生きている女性、ドンヒョンのもとに借金の取り立てに行く。彼女は血友病だ。この映画は、無感動、無表情のナムスンが、彼女のもつ可愛さや優しさにほだされ、恋の痛みを感じるようになり、再生しようとする物語になっている。

ヒトが拷問を受け続けると、ある時期をすぎると痛みを感じなくなることがあるという。繰り返す痛み刺激により、脳から内因性モルフィンが産生されるためだと説明されている。ナムスンは中枢性の痛みを感知する経路が交通事故に遭い麻痺してしまったのかもしれないが、こうしたことが実際に起こるのかどうか私は知らない。

ヒトの歴史は、有史以来、痛みとの戦いであったといっても過言ではない。ヒトが久しい以前から麻薬を利用するようになったのも痛み、苦痛を和らげようとする生活の知恵であった。医学が飛躍的に進歩したのは、麻酔の登場がきっかけであった。これにより外科手術やペインクリニックがめざましく進歩したのはいうまでもない。日本では江戸時代にはすでに事故やがんで患部を切除する外科治療は行われていたようであるが、麻酔薬は開発されていなかったため、患者は手術の痛みに耐え切れず失神したりしていた。

華岡青洲は、今でいう救急医療を中心に行う総合診療医であったが、どうしても麻酔薬の開発を手掛けたいと願って独自の研究を続けていた。一八〇四年、通仙散という麻酔薬を用い全身麻酔を世界ではじめて成功させる。アメリカで行われたジ・エチルエーテルを用いた全身麻酔より実に四二年も早いことになる。画期的なことだ。

有吉佐和子の小説、『華岡青洲の妻』は、そうした麻酔薬の開発に至る経緯、青洲自身の心の葛藤や青洲の母と妻加恵との「嫁姑女の心の対立」という観点を主軸に据え、それぞれの登場人物の心理描写を絡めながら、家族の献身的な協力なくしてはこの偉業は達成されなかったものとして、この出来事を描いている。妻は最終的には自ら進んで実験台にのぼることを申し出て失明に至る様子が描かれているが、実際には、親族が次々とこの未知の実験に自分の体を使ってほしい、と申し出たらしい。この小説ではそうした事実は描かれていない。

炎症に伴って起こる、発赤、熱感、腫脹、疼痛、機能障害を炎症の五兆候と呼ぶ。今は末梢血の白血球の数、CRP、SAAなど炎症に伴って上昇する検査可能なバイオマーカーはいくつもあるため、炎症や感染症を早く察知することができるようになってきている。しかし、そうした検査医学の発展の恩恵に浴すことができなかった古の医療人は、炎症の五兆候を頼りに患者の臨床所見をよく観察しながら重篤な疾患を患っているかどうかを判断してきた。いずれの兆候も患者が苦しむようにできているのはヒトの進化の過程で獲得しなければならなかった止むを得ない代償であったのであろうか。

（二〇一四年二月）

■「痛み」（2011年／韓国／104分／監督　クァク・キョンテク）

「桃（タオ）さんのしあわせ」

——病いで倒れた身寄りのない高齢者の看取りの物語

映画「桃さんのしあわせ」（アン・ホイ監督）は、この映画のプロデューサーであり原作者のロジャー・リーの実話に基づいている。香港の映画プロデューサーであるロジャーの家政婦をしている桃さん（タオという中国語名はどうも日本語の桃に当たるらしい）は十代に両親を亡くし、爾来六〇年、裕福な梁家に仕えてきた。どういういきさつだか知らないが、今はプロデューサーとして忙しく世界を股にかけて飛び回るロジャーのマンションに住み込みで生活しながら、彼の身の回りの世話をしている。若い頃から住み込みで家政婦をしなければならなかったのはきっと生活のためであったであろうが、祖父の時代から六〇年も続いたのは梁家の人々が優しく受け入れてきたからに違いない。

桃さんは、ロジャーにとってかけがえのない人だ。実の母は今も元気にしていて、彼との関係もよいが、忙しかったのか幼い頃から桃さんは母親の役割もしてくれていた。桃さんが持っている大きな段ボール箱の中には、ロジャーの小さい頃からの写真が大事にしまわれている。桃さんは彼が生まれた時から家にいてずっと母親のように彼のことを見守っていたのだ。一緒にいなかったのはロジャーがアメリカ留学をした二〇歳からの一〇年だけだ。二人の間では普段はこれといった会話はなく、桃さんが作ってくれる食事を、新聞を読みながら当たり前のように黙って食べている。「桃さん、この頃は牛タンをだしてくれないよね」、などとメニューに文句をつけたりするが、それはまるで親子のような会話だ。ロジャーにとって桃さんは空気のような存在で、そこにいるのが当たり前であったに違いない。

そんな桃さんが何の前触れもなく脳卒中で倒れ、左半身の不全麻痺になる。食事も、洗濯も、出張の準備もすべて桃さんがしてくれた。その桃さんが突然倒れて入院した。家政婦を失ったロジャーはさぞ不自由なことだろうと思いきや、慌てて代わりの家政婦を雇うわけでもなく、自分の仕事を淡々とこなしながらも桃さんの幸せを考えるようになっていく。要するに母の替わりはいないのだ。

身寄りのない桃さんの残りの人生をどう看取っていくのか。ロジャーはまず介護病棟に桃さんを委ねる。香港も日本と同様、老人が急激に増え介護病棟が盛んに作られている。でもピンからキリまであり、コネと金の世界である。偶然運よく友達が経営者である病院に桃さんを入れることができた。部屋は相部屋ではなく一番料金の高い個室を用意してもらった。しかし、桃さんは病気になったことも、個室に入れられたことも隔離されたようで当初受容できなかったに違いない。それが入所者とのかかわりや、アメリカからやってきたロジャーの母親の励まし、そして何よりロジャーのさりげない優しさを受けてリハビリに励むようになる。

なんだかんだと理由をつけて病院から桃さんを連れ出すロジャー。桃さんも嬉しかったに違いない。時にはロジャーに手をつないでもらい、少女のような笑顔で、不自由な足を少し引きずりながらも彼の後をついていく。遠目には仲の良い親子のようだ。

少し時が流れ努力の甲斐もあり、不自由だった左半身はだいぶ動くようになっていった。ロジャーの桃さんへの思いやりは押しつけでも強要でもない。「気がついたら桃さんのことを考えている」。そんな自然体の彼の姿がこの映画のなかにちりばめられている。一方、桃さんはというと、ある時はかたくなに、またある時は少女のように可愛らしく、むくれたり照れたり表情がクルクル変わる。この役を演じたディニー・イップの演技が素晴らしい。彼女はこの映画でヴェネチア国際映画祭、主演女優賞を受賞している。

介護病棟で最期まで生活させるのはやはりかわいそうと考えたロジャーは、桃さんをいったん家族がもっているマンションに引き取るが、そこで再び桃さんは脳卒中を発症し、ついに昏睡状態になる。医師から延命処置をするかどうかの決断を迫られたロジャーは、もう桃さんの命の蝋燭が消えようとしていることを悟り、積極的な治療を行わず死を迎える道を選択する。

この映画は「桃さんのしあわせ」という邦題がついているが、英題は「A simple life」だ。桃さんの人生はまさに梁家の住み込み家政婦というシンプルライフであったかも知れないが、ロジャーをはじめとする梁家の人々の愛を一杯に受けて幸せだったに違いない。

日本人の心房細動発症にかかわる四個の遺伝子

「遠くの親戚より近くの他人」という言葉があるが、親戚縁者は結構複雑な利害が絡まりあい、仲良くは暮らしていない場合もある。そのことを私は移植医療を通して学んだ。

肝移植は、わが国では未だにドナー肝が不足しており、移植の大多数は家族がドナーになる部分生体肝移植で行われている。移植を希望する患者を救うため、親・兄弟・親戚の誰かが自分の肝臓の一部を提供することになるが、時としてドナーがなかなか決まらないことがある。「実は兄には肝臓はやりたくない」、「弟からはもらいたくない」といった話は決して稀ではない。夫婦の間でも「夫から借りを作りたくない」といった発言に戸惑うこともある。

だから人間関係が複雑な親戚・縁者より、純粋な関係を築くことができる他人の優しさに救われることがある。ヒトは太古、飢餓から命を守るために助け合いながら生きてきた。利害が錯綜しない環境では人間は素直に福祉の心をもてる生き物なのかもしれない。

脳梗塞は、アテローム血栓性と塞栓性に大別される。前者は糖尿病や高脂血症などの生活習慣病により動脈硬化が進み血栓が形成される。後者は心原性の場合が多いが、そのなかでは心房細動により心房内にできた塞栓が脳の血管を詰まらせ閉塞させるケースが多数を占める。

巨人の長嶋茂雄氏は、突発性心房細動により脳梗塞になったといわれている。桃さんの場合、ロジャーにうまいものを食べさせ続けたおこぼれで、高カロリーの食事ばかりを食べて動脈硬化が進み、アテローム血栓性の脳梗塞を起こした可能性もあるが、特発性心房細動による可能性も否定はできない。

心房細動には、発作性のもの、持続性のもの、そして慢性のものの三つのタイプがある。発作性のものは、一週間内に自然と症状がおさまるものとそうでないものがある。持続性のものは、除細動ができない。多くの心房細動の原因は老化が関係していることは歴然としている。またアルコールの多飲、喫煙、過労や過度なストレス、睡眠不足などが誘因となる。生まれた時から何十年も規則正しくリズムを刻み続けたペースメーカーがむしろおかしくならないほうが不思議な感じもする。

理研の研究グループは、欧米人の集団から六〇〇〇人を超える心房細動患者と五万人を超える正常者の遺伝子を用いて、ヒトゲノム全体に分布する約二六一万個の一塩基多型（ＳＮＰ）と心房細動との関連を調べた。

解析の結果、欧米人でピックアップされた九個の関連遺伝子のうち四個の遺伝子（ＰＩＴＸ２、ＰＲＲＸ１、ＣＡＶ１、ＺＦＨＸ３）が日本人の心房細動発症にかかわることを見い出した。

前述のように老化やさまざまな要因により、これらの遺伝子の発現が誘導され、心房細動が起こるようである。これらの遺伝子がどのようにしてペースメーカー細胞のリズムを乱すかについては今後の研究が待たれる。

この映画をともに観た私の妻の実家にも、生まれた時から一緒に暮らしてきた身寄りのない家政婦さんがいた。家業は開業医であり母親もその運営に深くかかわっていたので忙しく、妻にとってもロジャーのように、ある時はこの家政婦さんが母親の役割を果たしたようだ。その家政婦さんが、妻が大学生時代、がんに侵され、自分で身の回りのことができない状態になった。その時、血のつながった娘のように看護したのは妻であった。

妻の母はミッション系の高校に通ったが、「愛は寛容にして慈悲あり」を座右の銘とした。忙しくなると私に対しては「慈悲」が薄くなることがある妻だが、この話は誇りに思っている。

（二〇一四年三月）

■「桃（タオ）さんのしあわせ」（2011年／中国・香港合作／119分／監督　アン・ホイ）

「逢びき」――恋愛遺伝子

マウスで発見された、げっ歯類初の「恋愛遺伝子」

芸能人をみても文学者をみても、恋多き人は「現役」を引退したと思われる年齢になっても懲りないし、変わらない。「老いらくの恋」を貫いてひどい目に合ったものがいる一方で、「合わない」と思いながらも我慢しながら何十年も夫婦を演じているカップルも多い。結果的に目立つからなのか、「思い切って」決断し、幸せな老後を送っている有名人は枚挙に暇がない。

洋の東西を問わず、一度神の前で永遠を誓ったカップルの何割かは神に背いた行動をとる。浮気のレベルから離婚、心中までその愛の形はさまざまである。そうした多種多様で捉えどころのない愛の形を遺伝子で捕まえることができるのであろうか。この研究は意外なことにげっ歯類を用いて明らかにされた。

ネズミというと二十日ネズミの名前があるように、雄雌を同じケージで飼うとすぐに妊娠し、二十日足らずで出産に至る。彼らをみていると相手を選んだりはしないように思えるし、別段恋心も生まれず、また次の異性が同じケージのなかに入って来ると何のこだわりもなく雄雌の営みを行っているように思える。

ところが殊勝なことに、アメリカ大陸に生息するプレーリーハタネズミは生涯一夫一婦制を貫くことが知られている。この雄ネズミは生涯律儀にも一穴主義を貫き、生まれた子供の世話までする、アメリカのファミリードラマに出てくるようなネズミである。これに対して類似した種のサンガクハタネズミは浮名を流し続け、絶えず相手を変える。当然のようにこのマウスには家族と呼べるつながりはなく、子供の世話など一切しない。

この違いはどこから来るのか。この二種類のネズミの脳を使った遺伝子レベルでの研究が行われた。脳内での性行動に関連するバゾプレッシンの受容体関連遺伝子を調べてみると、このホルモンを制御する上流部位のマイクロサテライトDNAと呼ばれる繰り返し配列に両マウスで差異があり、この違いが二種類のマウスの恋愛パターンの違いを左右しているらしいことがわかってきた。げっ歯類ではじめて恋愛遺伝子と呼べるものが発見されたのである。

映画の重要なテーマの一つは男と女の愛であることはいうまでもないが、一組の男と女がどんなに愛し合っているかをひたすら描いたところで物語にならない。浮気や不倫といった「寄り道」を描きながら愛の形を浮き彫りにするとみるものの心に迫る。

人間はプレーリーハタネズミとサンガクハタネズミの要素をともにもち、その微妙なバランスのなかで生きている生き物であるため、程度の差こそあれ、伴侶以外の異性に興味のないものなどいるはずがない。だから純愛ドラマと並んで不倫ドラマは胸を打つ。不倫を英語ではimmoralityという言葉で表現するが、adulteryという言い方もある。要するに不倫は成熟した大人のすることである、と英語圏の人々は思っているのかもしれない。カサノバ、ドンファン、光源氏、世之助、坂田藤十郎など根っからのプレーボーイの情事は別世界の出来事であるが、映画のなかには、別段夫婦仲も悪くないのに、何らかのきっかけで会話をするようになった男と女が、運命の赤い糸にでも惹かれあうように逢瀬を重ねるようになっていく様子が描かれている。

デヴィッド・リーン監督の「逢びき」はこうした類のドラマの秀作である。

ローラは二人の子供をもちサラリーマンのフレッドと、とあるイギリスの町で幸せに暮らしていた。田舎町なので大きなスーパーなどはないのであろう。毎週決まって木曜日に、隣の比較的大きな町であるミルフォードへ朝から汽車（一九四〇年代の映画なので電車ではないが、これがこの映画で重要な役割を果たすことになる）で出かけ、一週間分の食料や生活必需品の買物をし、本屋に寄り、昼食を取り、町を散策し、夕方に帰ってきていた。そんな彼女に運命の瞬間が訪れる。

男の「恋愛遺伝子」の二つの行動パターン

ある木曜日の夕方、帰途に就こうとミルフォード駅に着いた彼女の目に汽車の煤が入りどうしても取れない。運よくそこに居合わせた開業医、アレックスにそれを取ってもらうことになる。どうもアレックスはミルフォードで医療をしているらしい。不思議なことにローラは次の木曜日にもミルフォードでアレックスに偶然めぐり会ってしまう。その次の木曜日、今度は二人は昼食のために寄ったレストランでまた会うではないか。混んでいたため、相席となり、この時はじめてお互いの生活環境がわかるようになる。

アレックスはミルフォードを挟んで反対側の町に住んでおり、毎週木曜日にミルフォード病院に勤めている友人の代診のために来ているという。熱っぽく医療の夢を語るアレックスに惹かれていくローラ。アレックスの恋愛遺伝子にも火がともる。昼食を終えた後、アレックスはローラを大胆にも映画に誘う。そして駅での別れ際、次の木曜日も会いたいと懇願するのであった。こうなるとローラの心の恋愛遺伝子にも飛び火する。しかし次の木曜日、ローラは心待ちにして待っていたが彼は来ない。アレックスの心は気まぐれだったのではと思い、帰途に就こうとした瞬間、彼が駆けつけてくる。手術に時間がかかったという。

会えない時間がちょうど細菌を培養器で増やすように愛を育てる。そしてまた二人にとって待ちに待った次の木曜日がやってくる。今度は二人は植物園を散歩しボートに乗り、ついに愛していることを伝え合うのであった。神はローラに警告を発したに違いない。この日夜家に帰ると、息子が遊んでいて頭にけがをしていた。

それでも毎週逢瀬を重ねているうちにお互いの友人に会ったり、次第に、このいけない恋が噂になってくる。悩みに悩んだアレックスは、結局妻子ある身であることに対し自責の念に耐えきれず、イギリスからははるかに遠い南アフリカのヨハネスブルグの病院に転勤することを決断する。最後の別れの木曜日がやってくる。締め付けられるような恋心を封印しようと努力すればするほど思いは募るものだ。それでも彼らは別れる。それはadultery（大人のやること）という分別が彼らの支えになったからに違いない。二人の間に肉体関係があったのかどうかは、この映画では描かれてはいない。

きっとそうではないピュアな恋であったに違いない。だからなおさら別れはつらい。ローラは最後は自宅に帰り、また夫と子供たちとの平和な生活に帰ることができるだろうが、それぞれの配偶者は一生心に傷を負うことになる。

恋愛遺伝子（これはフェロモンともいうべきものかもしれないが）が発現しやすい者でも、その行動パターンは二つある。浮気をしながらも絶対に妻を捨てようとしないもの、一度浮気をしてしまうと本気となり、もう二度と後戻りできないもの。どちらの行為も罪深いものであることはいうまでもないが、どちらかというと後者は子供たちまで巻き込み、家庭を破壊してしまう（もちろん浮気ばかりして家庭を顧みない男も家庭破壊者であることはいうまでもない）。

看過できない数字がある。犯罪発生率である。父子家庭では一二・九%、母子家庭では七・二%、父母家庭では一・四%の発生となっている。このなかには病死や不慮の事故により片親となってしまった家庭も含まれてはいるが、離婚という、子供たちにはどうしようもできない「不慮の出来事」が影響を与えたケースが少なくないことは明らかであろう。離婚による子供の心の傷は環境を整備しても如何ともし難いものがある。

南アフリカのヨハネスブルグは、ちょうど日本とブラジルの位置関係と同じでイギリスからもっとも地理的に遠い地球の裏側である。アレックスという男の決断は、きっと妻やローラへの優しさの表われであったことはいうまでもないが、それくらい遠い距離を設定してしまわないと諦め切れない深い恋心であったのかもしれない。

「許してくれ」「何を」「何もかも、君と出会ったことも、愛してしまったことも、つらい思いをさせたことも」「私も、許して」。中年の恋らしい、実にいたわりに満ちた別れの言葉だ。

（二〇一四年四月）

■「逢びき」（1945年／イギリス／86分／監督　デヴィッド・リーン）

「鑑定士と顔のない依頼人」――強迫性障害

男性の強迫性障害を利用した詐欺ミステリー

「ニュー・シネマ・パラダイス」をはじめて観た時から、私はジュゼッペ・トルナトーレ監督作品には大いに注目してきた。「鑑定士と顔のない依頼人」はこれまでの作品とは趣を異にして、シリアスなミステリー映画ではあるが、初老の絵画鑑定士の深層心理をうまく描きながら、最後のどんでん返しまで見事なストーリー仕立てとなっており、観る者の心を最後まで掴んで離さない映画となっている。

絵画鑑定士でありオークショニアのヴァージル・オールドマン（ジェフリー・ラッシュ）は、うだつの上がらない画家であったビリーと上手く組んで、オークションで掘り出し物の絵画、特に美女を描いた絵画を廉価で落札していた。ビリーはかつては画家であったが、ヴァージルから「君の絵には心と神秘がない」といわれ画家の道を閉じた。今は詐欺の片棒を担ぐ役目に身をやつしていた。心の中にヴァージルに対して好ましくない感情を抱いていたのかもしれない。ヴァージルの秘密の部屋には、おびただしい美女を描いた名画が所狭しと飾られており、仕事を終えるとその部屋にこもり、「美女たち」と会話しながら至福の時間を送っていた。

ある時、資産家の両親が死んだあと残した絵画や家具を査定してほしいという依頼が舞い込む。興味津々、屋敷に調査にやってきたヴァージルは、依頼人のクレアが対人恐怖症に陥り、大きな屋敷内のどこかにある隠し部屋にこもったまま姿を現わさないことに興味を抱く。「きっと依頼人は若い女性で、訳ありの過去をもち、絵画の女性たちのように美人かもしれない」。鑑定に訪れるたびに、ヴァージルの興味は募る。

屋敷のなかの骨董品も吟味しているうちに、高価な値打ちのありそうな一八世紀の壊れた機械仕掛の人形がみつかる。ヴァージルは、そうした骨董品の修理工であるロバートに見積もりを依頼するが、プレイボーイらしい彼にクレアのことも相談するようになっていく。あまりヴァージルのことを知らないロバートが、積極的に介入し、彼の背中を推すのはみているものに奇異に映る。ある時、ヴァージルはこの屋敷から帰ったふりをして、物陰に隠れてクレアが現われるのを待っていると、何と年の頃二〇歳前後の美しい女性が現われるではないか。ヴァージルの、この女性に対する好奇心はますます募っていく。

彼はそもそも特殊な人間であった。思春期以降この方、女と交わったことがない。いつも小奇麗にしてはいるが少し禿げており、とても若い女性の心を掴みそうな風貌はしていない。女性を受け付けない理由はわからないが、それは彼の異常なまでの不潔脅迫観念（いわゆる不潔恐怖症）が関係しているのかもしれない。彼には行きつけのレストランがあるが、いつも手袋をしてナイフ、フォークをもち、「マイ食器」でなければ食事がとれないでいた。女性と性的関係をもつことにも不潔感を覚えていたのかもしれない。対人恐怖症のクレアとは同じ心のルーツを感じ、どことなく親近感をもっていたこともあるのか、ヴァージルはさらにのめり込むようにクレアに近づいていく。

あるきっかけがあった後、ぎこちない、断片的な会話からはじまり、次第に心を開いていくかにみえるクレア。いくつかの諍いの後、ロバートの指南やビリーのプッシュもあり、二人は遂に打ち解け、一夜をともにするところまでこぎつける。この年にして遂にヴァージルは童貞を失うことになる。心が舞い上がる哀れなヴァージル。

強迫性障害とＮＭＤＡ型グルタミン酸受容体との関連

ミステリー小説や映画の世界では、男が謎めいた美女と恋に落ちることは決まって破滅のはじまりを意味する。恋の歓びが高まれば高まるほど、その先に待つ破滅の落とし穴は深くなる。彼はすっかりクレアの虜となり、結婚することにする。「オークショニアなどといった姑息な仕事はやめにして、老後はクレアと今までの蓄財をもとに、悠々と暮らしたい」。彼はきっとそう思ったに違いない。

最後のオークションにストックホルムに出かけ、有終の美を飾る。満足のうちに仕事を終え、愛妻の待つ愛の巣へ帰る。ところが何ということであろうか、クレアがどこにもいないではないか。ビリーも、ロバートも一切連絡が取れない。そして何より、秘密の部屋に飾っていたおびただしい「美女」の数々がすべて持ち出され、一枚の絵も残っていないことに愕然とする。何が起こったのか理解できないでいたヴァージルは、一縷の望みをもって、クレアの屋敷が一望できるカフェに長く居座り、数字の記憶力抜群の女性にクレアのことを尋ねてみた。何たることか、クレアが対人恐怖症で外出できないというのは真っ赤な嘘で、何百回も外出する彼女の姿をみているというではないか。

ヴァージルはこの時はじめて、ビリーもロバートもクレアもグルで、自分が巧妙に仕組まれた罠にはまり、すべてを失ったことを思い知ったのであった。おそらくかつて自分の絵を貶めたヴァージルに対し積年の恨みが募っていたのだろう。首謀者は間違いなくビリーだ。

トルナトーレ監督の周到に練られたストーリーの構成、配役が素晴らしい。神秘性をあおるため、廃墟となった古びた屋敷を探し、そこに初老の無垢な男性がころりとまいるような妙齢の女性をあてがう。しかもその女性には心の障害を背負わせ、接触の機会を与えず、好奇心と同情心を煽る。またロバートという、若い女性の心を知り尽くしていると思わせる存在を用意し、当初躊躇するヴァージルの背中を押させる。ただ、中心となるクレアが、絶世の美人というほどではない「小娘」で、みているものに「こんな女性と恋に落ちるのか」と思わせる点も、トルナトーレ監督が周到に用意したトリックといえるのかもしれない。

前述のように主人公のヴァージルもクレアも共通点をもっている。それは強迫性障害である。もっともクレアのほうは詐病である。この病気は強迫観念と強迫行為の二つの要素からなる。前者は、本人の意思と無関係に頭に浮かぶ不快感や不安感を生じさせる観念を指す。多くの人が、外出の折、鍵を閉め忘れたのではないか、石油ストーブを消したかなど気になった経験をもつが、一般人が、「たまにそういった経験がある」といった程度のものであるのに対して、強迫性障害患者の場合は、こうした観念に常に苦しめ続けられる点が異なる。

強迫行為のほうは、不快な存在である強迫観念を打ち消したり、振り払うための行為で、強迫観念同様に不合理なものだが、それをやめると不安や不快感が伴うため、簡単には止めることができない。その行動は患者や場合によって異なるが、いくつかに分類が可能で、周囲からみているとまったく理解不能な行動でも、患者自身には何らかの意味づけが生じている場合が多い。加害恐怖、被害恐怖、自殺恐怖、疾病恐怖、縁起恐怖、不完全恐怖、恐怖強迫などありとあらゆるものがある。

最近、こうした強迫性障害が脳のＮＭＤＡ型グルタミン酸受容体を介した代謝経路と関連しているのではないかとする研究が確からしいものとして受け入れられつつある。この受容体はグルタミン酸受容体の一種で、中枢神経の過敏現象にかかわっている。また、記憶や学習、脳虚血後の神経細胞死などに深くかかわって、さまざまな病気の成因にこの受容体を介した経路が関与していることがわかってきた。最近の研究では、メマンチンや麻酔薬として広く使われるケタミンがＮＭＤＡ受容体に拮抗作用をもつことから、筋萎縮性側索硬化症（ＡＬＳ）やアルツハイマー型認知症の改善薬として使われつつあるが、これを強迫性障害の治療薬として投与する試みがはじまっている。

ヴァージルは物言わぬ優れた美術品を観る目は卓越していたが、結局女を観る目がなかったことが災いしてすべてを失った。失意のあまり病院に入院するシーンでこの物語は終わる。

最近、私の息子が親もとを離れて男子ばかりの進学高校に通うことになった。女をほどほどに知ることが心の成長につながるのだと思っていた私は、この選択にある程度抵抗したが、後の祭りである。ヴァージル二号にならないことを祈る。

（二〇一四年五月）

■「鑑定士と顔のない依頼人」（2013年／イタリア／131分／監督　ジュゼッペ・トルナトーレ）

「舟を編む」――言葉の獲得と進化

「辞書」の編纂は担当編集者の人生を賭けた大仕事

言葉の意味を説明するのは難しい。このことは子供を育てていくと痛感する。「パパ、○○ってどんな意味？」。子供が小学校の低学年の頃からこの手の質問は急増する。運よく子供が知っている同義語がみつかれば事なきを得るが、そうでない場合はゼロからの説明となるので四苦八苦してしまう。

たとえば、右という言葉を説明するのはどうするか。どんな言葉を用意すれば「ミギ」という言葉をわかってもらえるか。いくつかの辞書をひも解いてみるとさまざまな表現がみられる。「西に向かって立った時の北側をいう」、「アナログ時計の文字盤の一時から五時の側をいう」など、この言葉一つを説明するのにもエネルギーがいる。また、ダサい、ウザいなどに代表される若者言葉を説明するのも難しい。

東京の大手出版社・玄武書房の辞書編集部では、現代を生きていくうえで必要な言葉を網羅した国語辞典「大渡海」の編集を進めていたが、これを企画していた荒木公平（小林薫）の定年退職が間近になっていた。映画「舟を編む」（石井裕也監督）の話である。この辞書編集部の構成は、荒木に加えて正社員の西岡正志（オダギリジョー）、女性契約社員の佐々木、荒木とともに「大渡海」の編集を進めてきた学者の松本先生（加藤剛）の四名で、若者言葉を含む見出し語の数で二四万語を予定する一大国語辞典の編集をスタートすることになっていた。一九九〇年台前半のことだ。

荒木の後任としては、寡黙で名前のように真面目だが、言葉のセンスがあると認められた馬締光也（松田龍平）が配属されることになる。馬締は大学で言語学を専攻した後この会社に務めるようになる。まず配属先は営業部であったが、これが完全なミスマッチ。自社の本を店頭に置いてもらう交渉を小売店とするだけで四苦八苦している。しかし、編集部への移動後、彼は言葉への強い執着心と持ち前の粘り強さを生かして、徐々に辞書編集者として才能を発揮してゆくことになる。

馬締は会社の近くにある、古びた早雲荘という屋敷に間借りをしていたが、部屋にはちょっとした図書館のように学術書が所狭しと並んでいた。そこは、タケさん（渡辺美佐子）というお婆さんが家主だが、下宿人は馬締一人で、学生時代から世話になっていた。

辞書編集部に異動して三カ月ほどが経ったある日、ふさぎこみがちな馬締にタケさんがしみじみいう。「みっちゃん（馬締）は、言葉を大事にしながら職場の人と仲良くなりたいんだね。仲良くなって、いい辞書を作りたいんだ」。馬締は、心の中に渦巻いていたもやもやが晴れる思いがして、これを契機に辞書作りに邁進していくことになる。

ある時から早雲荘に板前修行中のタケの孫、林香具矢（宮﨑あおい）が住み込むことになる。馬締は、恋に落ちる。ある日香具矢から「ねえ、どこか遊びにいかない。近いし、後楽園とか？」と誘われる。後楽園遊園地の観覧車に乗るが、馬締は手一つ握ることができない。しかし、次第に彼のまじめさや優しさが香具矢に伝わるようになり、時を経てゴールインすることになる。

雑誌社の辞書編集部は、経営上、国語辞典の編纂だけに専念するわけにはいかない。他の辞書の改訂や編集作業にも追われ、「大渡海」の編纂はマンパワーの不足から迷走を極める。そこに入社三年目でファッション誌の編集部にいた岸辺みどりが配属になる。そしていよいよ辞書作りもゴールがみえてくる。一〇年以上の時が流れ、四回目の校正作業がはじまった時、事件が起こる。見出し語から一部の言葉が抜け落ちていることが判明したのだ。確認すると以前から抜けているではないか。誤りのある辞書は誰も信用しなくなる。馬締は、その時大量に採用していた学生アルバイトたちも含めた全員に、二四万語の見出し語を一からすべて洗い直す作業を行うよう命令する。すべての作業員がことの重大さを共有し、大幅な遅れを取り戻すため徹夜作業がはじまる。

一八年の歳月が流れた時、「言葉の番人」、松本先生が食道がんに倒れて帰らぬ人となる。辞書作りはあたかも大海原に漕ぎ出す船を編むような作業なのだ。いろいろな困難に遭遇する。

『大辞林』(三省堂)は完成までに二八年かかったというからまさに辞書の編纂は編集部員の人生を賭けた大仕事ということができる。馬締らは社員としての生活の半分近くを辞書作りに捧げたことになる。そうしたなかで、人は死して名を遺すというが、松本先生は死して辞書を遺した。

言葉の獲得がもたらした人類の進化と病気の多発

ヒトが現在の姿に進化できた最大の要因は二足直立歩行をはじめたことである。そしてそれによる手の使用により日常生活に多様性が生まれた。さらに類人猿などにみられる大きな顎が退化し、脳に咀嚼時の振動が加わらなくなったことにより脳機能が進化しはじめたと考えられている。しかし、これだけでは現在の人類は完成しなかった。人間への大躍進の原動力は四〜五万年前に言語を獲得したことであることはいうまでもない。

人類は直立二足歩行と相まって咽頭腔と喉頭腔の遺伝的変化が起こり、それにより口腔と咽頭腔が直角になり、咽頭が下に移動し、スペースが大きくなった。これは複雑な話し言葉を可能にする解剖学的な構造変化であった。しかしこれと引き換えに、喉の構造が変化し、飲食物と呼吸が通る道が同じになってしまった。人類は飲食物と呼吸の経路切替のため、舌、唇、あごといった口腔、喉頭、咽頭の各筋肉を高度に調節する必要が生じ、脳神経や筋肉が極端に発達した。人類は言葉と引き換えに誤嚥で窒息死したり誤嚥性肺炎になってしまう構造を獲得してしまったのだ。

脳梗塞や老化などにより食物を安全に飲み込むための脳神経、筋肉の動きが鈍ると、誤嚥による誤嚥性肺炎などにより死に至ることがある。ＡＬＳ、脊髄小脳変性症、パーキンソン症候群など、さまざまな神経疾患はこうした脳神経の機能にも影響が生じ、進行すると嚥下機能が低下し誤嚥による嚥下性肺炎で死亡するケースが多くなる。

また、肥満者が睡眠時無呼吸発作を起こしやすいのは、肥満者には短頸が多く、睡眠時に喉頭周辺の筋肉が弛緩し、舌根沈下が起こりやすいためである。高度な機能を搭載した機器は壊れやすいが、単純な機器は壊れにくい。「Simple is the best!」という言葉があるが、高度な機能をもつ人類と類人猿との違いがここにある。

こうして発達した脳と、口から自由に呼気を出せるようになった喉の構造の変化とが相まって、複雑多様な発音ができる準備が整った。それが脳の発達を促し、進化した脳でさらに高度な思考ができ、言葉が豊富になるという好循環が起こり、ついに類人猿の三倍という大きな脳が完成した。この高度な脳と言語の獲得こそ人類進化の最大要因であるといえる。

七万年前までヒトと共存し、われわれより大きい脳をもっていたネアンデルタール人が絶滅した原因は言語能力が低かったことにあったといわれる。彼らの容量はわれわれの祖先ホモサピエンスよりはるかに大きかったが、前頭葉が小さく、運動性言語機能を司るブローカー言語中枢も小さく、運動性言語能力が発達しなかった。また、情動や協調性は前頭葉が司るため、こうした機能も発達しなかった。このような理由からネアンデルタール人は他の動物やホモサピエンスとの生存競争に勝つことができず、ついに絶滅したものとみられている。

数百年前から数万年前まで、ヒトの進化は些細なものであった。しかし、ある時期からヒトは急速に進化を遂げた。それは言語の獲得以外何物でもないことは明白である。

ヒトは言語の獲得以降、すさまじいスピードで文化を手に入れていくが、今や人類の文化の発展には遺伝子の変化がついていけなくなっている。文字の発明と使用、印刷術の発明、そして今日のコンピューターとインターネットの技術などの情報革命が人類をさらなる飛躍に導いているが、それを理解し使いこなす脳の進化は止まってしまっているかにみえる。だからこそそうした遅れを補うため、しっかりした辞書が必要になるのであろう。

（二〇一四年六月）

■「舟を編む」（2013 年／日本／ 133 分／監督　石井裕也）

「ツレがうつになりまして。」――うつ病

急増するうつ病対策は現代社会のミッション

うつ病はどの世代にも起こる。老人のうつ病は連れ合いを失った後などに起こり、社会問題の一つになっているが、何といっても働き盛りに起こるうつ病は、自殺などにつながると家族全体の経済的基盤を失いかねないので深刻な問題である。世界のうつ病の患者数は三億五〇〇〇万人にのぼるといわれているが、日本でもこの一〇年あまりで二倍に急増しているという統計もある。お隣の韓国は日本よりも深刻で、うつ病が原因と考えられる自殺者数は世界一多い。この病気とどう向き合い克服していくかは、現代社会のミッションのようなものだ。

晴子（宮崎あおい）は高校を卒業して、一流ではないにしろ憧れていた漫画家になり結婚した。夫はある会社の苦情処理センターで働いている。久しい以前から晴子は夫のことをツレ（堺雅人）と呼んでいるが、それなりに仲良く幸せに暮らしていた。しかし、この頃ツレが元気がないことには気づいていない。実はツレは、以前は仕事をバリバリこなしていたが、いつの頃からか自社製品のコンピュータの使い方に関してクレーマーから電話が頻繁にかかってくるようになり、次第にストレスが溜まるようになっていた。映画「ツレがうつになりまして。」（佐々部清監督）の話である。

ある日ツレはついに病院を訪れ、心因性うつ病だと診断される。結婚後五年も経って、ツレの心の変化にまったく気づかなかった晴子は、その事実を聞いて驚く。そしてツレの病状はどんどん悪くなっていく。仕事にも、家庭生活にも意欲を失い、会社の屋上に立ち、下を見下ろして飛び降りようと考えたりしはじめる。こうしたツレの心の変化にやっと気づきはじめた晴子の決断は早かった。家計のことは自分が何とかすると決め込み、うつの原因を取り払うためツレに退職を勧める。ツレはついに家で闘病をはじめることになる。

「頑張れ」ということが病状を悪くすることを知っている彼女は、ツレに悠々自適の生活を与え、漫画製作を頑張ろうとするが、運悪くマンガ誌の連載が不評で打ち切りになってしまう。漫画家としてもう一つ飛躍できない晴子は途方に暮れるが、不本意な仕事もこなしながら頑張る姿はけなげというほかはない。そんななか、ツレの病状は一進一退を繰り返しながら次第に引きこもりのようになってしまう。

ある日、ついに風呂場で自殺未遂を起こす。ずぶぬれになって泣きながら晴子に正直に気持ちを吐露するツレ。そんなツレを抱き締めて晴子は何度も謝る。落ちるところまで落ちた夫婦が破れかぶれの状態のなかで、もう失うものは何もないと二人で悟った瞬間である。この日を境にしてツレの病状も、晴子の漫画家としてのスランプも好転していくようになる。

晴子は自分を深く振り返り、自分が目指していた漫画家としての原点に目覚め書いてみた漫画が、今度は好評を博すようになる。ツレの病状も浮き沈みの波はあるものの、少しずつ日常を取り戻していくようになり、現状のなかでできることをしようと考えはじめる。そして、自宅に晴子の漫画のプロモーション会社を立ち上げるとともに、うつ病についての経験と克服法を話す講演活動をはじめ、講演依頼も来るようになっていく。まさに「雨降って地固まる」という漫画家・細川貂々の実話に基づいた映画である。

うつは一般的には内因性うつ病と心因性うつ病に分けられる。うつ状態にあるからといって、うつ病であるとは限らない。うつ病という言葉は汎用されすぎていて、何となく暗い感じがするだけで「あいつはうつだ」などといったりすることがあるので紛らわしい。

一般に内因性うつ病の場合は、抗うつ薬が効くことが多い。一方、心理的要因が主体の心因性うつ病では、原因となる環境の排除や、葛藤が起きる原因から離れることがもっとも重要な対応とされる。うつ病の四割以上に不安障害が併発するため、この話のツレのように引きこもりのような状況が併発される。うつ病患者ではこの対策も重要になる。

扁桃体――海馬系の記憶システムがうつ病の原因

うつ病は、これまでさまざまな病因論が展開されてきたが、病前性格が関係しているとされてきた。かつてうつ病にかかりやすい患者はメランコリー型の性格の者が多いといわれてきたが、現在は社会環境の変化に伴い、患者の病前性格は多岐にわたってきている。

最近、「現代型うつ病」といって旅行や宴会には積極的に参加してはしゃぐのに、仕事となるとストレスがかかり、何か嫌なことがあるとすぐ休む若者が増えている。単なる「怠け病」と鑑別が難しい。従来のメランコリー型の性格ではないタイプのため、「新型」「現代型」と呼ばれるが、何がこうした現象を生むのかしっかりと説明できないため厄介である。

生涯のうちに人がうつ病にかかる確率については、さまざまな研究者が提示しているが、低く見積もっても数パーセント、高く見積もった統計では二〇％近くにものぼる。一生のなかで家族の誰か一人はうつ病になる計算になる。どんな幸せな人でも一生のうちに何度かうつ状態を自覚しているはずだ。決して他人事ではない。

うつ病には性差があり、女性のほうが男性より二倍うつ病にかかりやすいというのは特筆される。初潮にはじまり、月経、妊娠、出産体験、閉経や子供の自立、配偶者の死亡による喪失感など、考えてみると女性の場合、男より人生のさまざまな変曲点で肉体的、精神的ストレスがかかりやすいことがわかる。われわれ男性の職場におけるストレスなど、女性の波乱万丈の一生に比べれば大したことはないではないかと思えてくる。

わが国の自殺者は三万人をはるかに超えるが、そのうち約七〇％に精神疾患があり、四〇％以上がうつ病である。また、さまざまな疾患でうつ状態になり、自殺する患者の頻度は決して少なくない。特にがん患者の場合、最近は通常告知するため、こうした患者ではうつ状態となり自殺するケースが跡を絶たない。ちなみにハンチントン病は、ハンチンチン遺伝子の異常によって起こる精神神経疾患であるが、自殺が多いことが知られている。こうした疾患にもうつ状態が絡む。したがって、うつ病をいかに制御するかが自殺患者を減らす重要な方策である。

最近、脳の細胞のなかで、特にうつと深く関係している部分が明らかになってきた。扁桃体である。この組織は辺縁系に位置し、脳の情動反応の処理と記憶に重要な働きをする。特に恐怖体験をすると、その記憶がしみのようにしっかり扁桃体に残ることが知られている。うつ病は、何らかの恐怖や不快な体験をきっかけに罹患することがあるが、扁桃体は海馬と隣接しており、恐怖の記憶が扁桃体を経て海馬に伝わり記憶回路に残ることが、うつ病になるメカニズムであることが明らかになってきている。

太古ヒトが狩猟生活を営んでいた頃、命を脅かす猛獣に対する警戒心、危険な場所の警告、自然災害の経験など、生命危機につながる恐怖に対する警告を、われわれヒトは扁桃体―海馬系の記憶システムにうまく残しながら生活してきた。現代社会ではこの記憶システムに、上司に叱られる、怖い思いをする、辱めを受けるなど、思いもかけない恐怖体験が扁桃体にしみのように残り、心がうつ状態に追い込まれていくのではないかと考えられている。人間社会の宿命といえなくもない。

晴子も一向に好転しないツレのうつ病に悩み続けたのであろう。ある時好転しはじめたツレの状況を実感しながら、しみじみとこう語る。

「この頃私、ウツになった原因じゃなくて、うつということの意味を考えるようになったの」

とかく人はうつになった犯人を探し、それを「捕まえ」排除し、一刻も早くこの忌まわしい状況から抜け出そうとするが、人間の心はそう簡単には正常の状態には戻らない。あくまでうつという状態がどういう状態なのかという「うつの意味論」を考えながら、伴侶に寄り添うような気持ちと、気の長いサポートをしていく覚悟が必要であることをこの映画は教えてくれる。結局人は愛薄き世界では生きていけない生き物なのだ。

（二〇一四年七月）

■「ツレがうつになりまして。」（2011年／日本／121分／監督　佐々部清）

「アメイジング・スパイダーマン」——STAP細胞

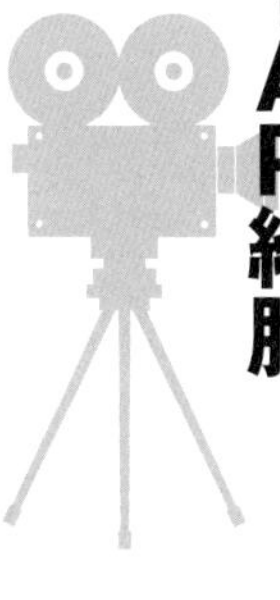

STAP細胞ねつ造が日本の科学研究に与えた打撃

はじめて医学の神秘を垣間見た三十数年前の医学部の授業から今日に至るまで、わずか数ミクロンのたった一個の細胞に、無限の宇宙の広がりと神秘が隠されていることに驚かされ続けてきた。iPS細胞の発見はそうした細胞のポテンシャルを提示した、まさに息をのむようなエポックメーキングな研究成果であった。私もその恩恵にあやかって、研究している遺伝性神経難病の治療を睨んで、この細胞を用いた研究に深く関与している。たった山中四因子といわれる四つの遺伝子を細胞に組み込むだけでES細胞のように何にでも分化し、不死化する細胞ができるという事実を目の当たりにして世界の研究者は震えた。

最初は「信じられない」という研究者も多かったが、世界の学者が同じ手法でiPS細胞が樹立できることを次々に証明していき、これを利用し病態解析を通り越して難病の治療ができるのではというところまで夢が広がっている。そして、STAP細胞の出現（?）——生後間もない未成熟なマウスの細胞を弱酸性で培養すると、iPS細胞のような遺伝子操作をすることなしに、より簡単に万能細胞ができるという報告は、それほど研究歴もない若い可愛い（?）女性が発表したことも手伝ってか、日本中が彼女の私生活とともにその細胞の可能性に注目した。

弱酸性の環境は体の中でしばしば起こっている。たとえば、感染症にかかるとその局所ではphは5前後まで下がるので、もしかしたらSTAP細胞のような現象が体の中で本当に起っているのではないかと多くの研究者は期待し、細胞がこんな簡単に初期化できるのなら、不老不死の細胞ができるのも時間の問題だとする週刊誌の特集さえ現われた。

世の中にはそれが意外な報告であればあるほど穴の開くほどその論文をチェックし、あらを探す研究者が現われるものだ。もっとも穴が開くほど見詰めなくとも、彼女の論文には他の論文の盗用、他の実験のデータや図の切り貼りなど、必ずわかるような初歩的なねつ造がいくつもあった。

この論文の妥当性については議論をさしはさむ余地など何もない。自然界の現象を、「アナと雪の女王」ではないが、「ありのまま」に報告するといった公理のような大前提を無視すると、それは科学とはいわず、まさにフィクションの世界となってしまう。

発表から半年近く経ち、未だに他の施設から追試報告がないところをみると、これは彼女のねつ造であると結論づけざるを得ない。彼女が投稿時に『Nature』の査読者から指摘を受けたように、「数百年にのぼる細胞生物学の歴史を愚弄する」ものであった可能性が高い。実験ノートに八カ月も記載がない、STAP細胞の作製のためのマウスの購入実績がないという事実を考え合わせると、この細胞はこの世に存在しない細胞ではないかと多くの学者が考えるのは蓋然性という観点から当然といわざるを得ない。

インターネットでは、この「うら若き乙女」を「可愛そう」だの、「あそこまで苛める必要があるのか」などと擁護する向きの発言のほうが圧倒的に多いらしいが、たぶん自然科学の研究に携わっていない一般の方々には彼女の犯したねつ造の意味が十分わかっていないと思われる。しかし、その罪は計り知れないものがある。どれだけ多くの研究者が幻のSTAP細胞を求め無駄な追加実験をしたことか。そして、日本が世界に誇る医学生物学研究の信頼に傷がついたし、先端研究の殿堂ともいえる理化学研究所が受けた打撃は非常に大きい。

日本は十数名にのぼるノーベル賞受賞者を輩出してきた。韓国は未だに受賞者がいないことを考えると、日本の科学研究は諸先輩科学者の偽らない研究成果がある程度評価を受けてきたといえる。しかし、昨今、一昔前より圧倒的に研究者が増えたなかで、アメリカ型の成果主義がもてはやされ、評価の高いジャーナル（特に、『Cell』『Nature』『Science』（これをCNSと略す））に通そうとすると、少しでも見栄えのよいデータを載せようとする思いが働く。

今回は、切り貼りというごく初歩的なねつ造技術がことの騒動のきっかけだが、これは氷山の一角で、もっと精巧に偽りのデータを学術誌に投稿している研究者は少なくないのではないかと囁かれている。恐ろしいことだ。今回の騒動は、「すぐ見破られた」という一点において救われる部分があるが、これが精巧になってくると、多くの人が信じ、何年も誤った仮説、現象をもとに研究が行われ、誤った治療薬の開発が行われてしまう危険性すらある。

CGが生み出した現代型ヒーロー「スパイダーマン」

映画「アメイジング・スパイダーマン」（マーク・ウェブ監督）第一話は、高校生が見学に来ていたコロンビア大学の研究室で「スーパースパイダー遺伝子」をもったウイルスに感染し、蜘蛛のもつさまざまな超能力を獲得する物語である。iPS細胞の山中教授が「スパイダーマン」をみていたかどうかは知らないが、今考えてみると、「特定の遺伝子を入れると細胞の形質が大きく変わり優れた能力を獲得する」といった話は、iPS細胞の成り立ちに似ている。ただ、実際に特殊な機能をもったウイルスに感染するとこうしたことが起こるかというと答えは否である。たとえば、エイズウイルスや成人T細胞白血病を起こすHTLV-ウイルスなどのレトロウイルスはリンパ球に感染するとヒトの細胞のDNAに組み込まれ、本来の機能を破壊するが、「スーパーヒューマン」に進化させるウイルスは自然界には存在しない。

ピーター・パーカーは両親を亡くし、叔父に育てられ、少し内向的な性格のようだ。高校生になったが、彼女に思いを告げられず、同級生からもいじめを受けていて、決して楽しい学園生活を送っているとはいえない。ただ科学が大好きで社会見学で訪れたコロンビア大学の研究室では興味津々。しかし、そこで前述のように遺伝子改変により作成された超能力蜘蛛「スーパースパイダー」に噛まれてしまう。ピーターは激しいアレルギー症状に襲われるが、翌朝起きてみると、蜘蛛のように驚異的な視力と体力が備わっていることに驚く。また手首からはクモの糸が飛び出し、指先だけで壁をよじ登れるようになっているではないか。

心が少し鬱屈したピーターは、最初は自分の私利私欲のためにこの超能力を使おうとするが、親が死んだあと育ての親となってくれた大好きなベン叔父さんが強盗に殺された事件を契機に、命の大切さに目覚め、心の中に勧善懲悪の心が芽生えていく。高校を卒業後、彼は世の中の悪と闘い、人の命を救う活動を開始することになる。スパイダーマンの誕生である。

「スパイダーマン」は「スーパーマン」と同じようにコミックから誕生し、ヒーローとして広くアメリカ人の子供から大人までの心を掴み、アニメ、テレビ、映画まで作られ、広く世界にファンを広げていった。

一見、スーパーマンの二番煎じのような映画ストーリーにみえるが、スーパーマンとの決定的な違いは映像の楽しさである。スーパーマンは超怪力、超音速で飛び回り悪者を懲らしめ、事件を解決するいわば旧来の「正統派」のヒーローであるのに対し、スパイダーマンは蜘蛛のもつ特殊な能力を駆使して、高層ビルを飛び回る、コンピュータ・グラフィックス（CG）が生み出した現代型ヒーローである。だからその映画化はCG技術が成熟する二一世紀の到来を待たなければならなかった。

インターネットをひも解いてみると、今やおびただしい数の論文のねつ造疑惑がレポートされている。某製薬会社の薬剤の効能に関するねつ造から、基礎医学分野まで多岐にわたる。その一部は誹謗中傷に当たるものだと思われるが、多くは信じるに足るだけのねつ造の「事実」が図や写真入りで暴かれている。なかにはかなりハイレベルの新たなコンセプトを提供する研究で、その仮説に基づいて研究が行われてしまうと科学歴史が変わってしまうような重大なものまで含まれている。現代社会で過激化する成功主義、競争社会の弊害がそこに集約されているかにみえる。スパイダーマンのピーターがスーパースパイダー細胞に感染して良心に目覚めたように、iPS細胞技術がさらに進歩して人の心を治す時代が来ればいい。（二〇一四年八月）

■「アメイジング・スパイダーマン」（2012年／アメリカ／136分／監督　マーク・ウェブ）

「ゼロ・グラビティ」——廃用症候群

嚥下調整機能を二週間で失ってしまう高齢者の体の脆さ

父は二年半前の二月、肺炎を患った。冬になると、よく風邪をひいたが、薬剤師ということもあり、今回も自分でいつものように総合感冒薬と一般的な抗生剤を飲んだようだ。「いつもはこれで治ってきたので今回も大丈夫」。きっとそう思っていたに違いないし、私にも油断があった。ちょうどある学会の理事会が東京であるため、熊本空港に向かっていた同じ月の土曜日の朝、別府の病院の主治医から携帯に緊急の電話があった。「お父さんの呼吸が止まり、挿管したのですぐに別府に来てほしい」。

私は大いに迷った。このまま東京に向かうと「親の死に目に会えないかもしれない」と思ったが、議長である私がいないと会は始まらない。中村勘三郎の「親の死に目に会えるような役者になるな、というのが中村家の家訓だ」、という話を励みに、まず公務を優先し東京に向かい、次の日の早朝、別府に向かうことにした。それから二年半年余り、声も出せず、食事も味わえない気管切開の状態で父の闘病生活は続いた。嚥下を司る筋肉の場合、特に噛んだものを喉に運び、誤嚥しないように気道を閉塞させ、食道に流し込む一連の動きは、曲げる、伸ばすといった単純な四肢の筋肉とは違って複雑に連動するため、一度機能が低下するとその回復はそう単純にはいかない。

一般に肺炎は治療可能な疾患である。「挿管し、人工呼吸により呼吸状態を保証し、その間に肺炎を抗生剤で治せば、肺機能ももとに戻り、やがて抜管した後日常生活に戻れるはずだ」。私はそう踏んでいた。しかし、八〇歳後半に差し掛かった父の体はそうはいかなかった。確かに抗生剤投与が奏功し、肺炎は治まった。だが、二週間ほど続いた昏睡状態、人工呼吸器管理の間に、咽頭筋群が嚥下しない状態が続いたことによって廃用性委縮が起こり、口腔内の唾液を飲み込むことすらできなくなっていた。飲水をさせようとすると水が気道に流れ込むことから、経口的な食事摂取は不可能な状態となった。

応急の処置として気管切開が施行され、その間に嚥下筋のリハビリテーションをしながら時間をかけて気管切開部を塞ぐといった方針に変更した。しかし、委縮した咽頭部の筋力はついにもとに戻らず、三～四カ月経った頃、主治医から、この状態からの脱却は不可能との宣告を受けた。父はこれ以後完全に声を失うことになるが、意識はクリアに戻っていたので、はた目にもそのストレスは相当のものがあった。帰らぬ人となった今、母ともう一度ゆっくり会話させてやりたかったとしみじみ思う。

人類が進化の過程で何万年もかけて獲得した複雑な嚥下調節機構をわずか二週間で失ってしまうというのは何とも合点がいかないが、父の件を通して高齢者の体の脆さを改めて実感するとともに、高齢者では一寸した病気でも決して軽視できないのだということを思い知った。

人間は体のどの臓器も、使わなければその機能が衰える仕組みになっている。特に筋肉の衰えによる運動機能の低下は、廃用症候群として顕著に現われ、目につきやすい。

たとえば、健康人であってもベッド上で安静臥床を続けていると、下肢の筋力は一週目で二〇%、二週目で四〇%、三週目で六〇%も低下することが知られている。屈強なプロサッカー選手でも骨折した後復帰に二カ月も三カ月もかかるのは、一定の期間ギブスで固定することにより起こる廃用性委縮の状態をもとに戻すのに必要なリハビリテーションなどに時間がかかるからである。

これに加えて何らかの疾患をもって入院してくる老人は、さらに回復に時間がかかる。そもそも老化と運動時間の減少などの要素も加わるため、原疾患を治すことに一生懸命になっていると、思いもかけず廃用症候群のために動けない、家に帰れない状況に追い込まれていることに気づく場合が少なくない。

重力が人体、特に心臓に与えている大きな影響

廃用症候群に関する研究は、NASAで盛んに行われている。重力はわれわれの身体を絶えず地面に引っ張り続けているので、無意識のうちに筋力を費やし重力に挑戦している。平地の上は常に1Gかかるが、歩く状態では1・2G、ジョギングでは3G、これがジャンプすると6Gにも増える。こうした重力の影響をもっとも受けるのは心臓である。直立位では重力に抗して脳に血流を送るため、一段とポンプ力を発揮しなければならない。

キリンのように首の長い動物は人よりも強いポンプ力を発揮しなければならず、かなり心臓に負担がかかっているものと思われるが、人より心疾患が多いかどうかは定かではない。難治性の高血圧の患者は、重力に抗した仕事量を軽減できるという点では、地球よりも宇宙のほうが暮らしやすいはずだ。そのうち心疾患の一部は、「宇宙療法」なるものが登場するであろう。

遠い将来なのかもしれないが、一生を宇宙空間で暮らす人間が現われ、地球人よりずっと心疾患が少ない

ことが明らかにされるかもしれない。現在は短期滞在の宇宙飛行士のデータしかないが、少なくとも宇宙空間では重力がないので身長は少し伸びるが、宇宙酔い、血圧の変動、上半身のむくみなど、いずれも重力に対しバランスをとっていた体の仕組みが、突然重力がなくなるため、体にとってマイナスの生態現象が起こることが知られている。

よく報道で目にするように、長期間宇宙空間で暮らした飛行士は、地球帰還後まったく歩けなくなっている。特に抗重力筋といって、重力に抗して力を発揮する腸腰筋、大腿屈筋群などの委縮、筋力低下が著しい。したがって、宇宙飛行士は、帰還後、何カ月にも渡ってリハビリテーションをしなければならない。

こうした宇宙空間で起こる現象は地上でも作り出せる。健常者をベッド上絶対安静させた研究結果があるが、一日ベッド上で完全に自由を奪われただけでめまいが起きること、寝たままの姿勢で漕ぐエルゴメーターを一日二〜四時間頑張って続けても、廃用性委縮は完全には予防できないことがわかっている。重力とは二四時間生物に課されている不可欠のエクササイズであることがわかる。

映画「ゼロ・グラビティ」（アルフォンソ・キュアロン監督）は、そのコンピュータ・グラフィクスの素晴らしさ、斬新なテーマがサンドラ・ブロックの締まった肉体とともに観ているものを魅了し、数々の部門で二〇一三年のアカデミー賞を取った。医工学技師の資格をもつライアン・ストーン博士（サンドラ・ブロック）は、NASAの宇宙ステーションのプロジェクトにはじめて参加していた。ある時、スペースシャトル「エクスプローラー号」で同僚二人とともに船外活動をしていたところ、ロシアの宇宙船の破壊に伴う宇宙ゴミが、逃げる暇もなく超速力で来襲し、同僚のマットとともに宇宙空間に投げ出されてしまう。宇宙ゴミによる連鎖反応が次々に起こり、NASAと交信する通信衛星も破壊され、NASAからの情報、指示も一切受けることができなくなる。

そのうち頼りにしていたマットも宇宙ゴミの度重なる襲来によってあえなく宇宙のかなたに消えていき、ライアンは単独での地球帰還を、知恵と勇気を振り絞って試みなければならなくなる。しかし、才女は強い。だんだん宇宙服のなかの酸素が薄れていくなか、彼女は必死でロシアの無人宇宙船「ソユーズ」に辿り着き、その後中国の宇宙ステーション「天空」へと移っていく。そこも宇宙ゴミの襲来に備えてスタッフが退避した後で誰もいない。すべてのマニュアルは中国語で書かれていたが、勘を頼りに搭載されていた宇宙船「神舟」を操作し、一か八かの大気圏突入を目指す。大気圏との摩擦で激しく燃える船体ではあったが、「神船」は何とか船体が残り沼地に落ち、渾身の力を振り絞って岸に辿り着くことができる。

手に汗握るラストのシーンであったが、唯一残念なのは、何十日ぶりかに地球に帰還したライアンの無重力から重力空間に戻ってきた時の描写である。実際の宇宙飛行士であれば決して陸までは泳げはしなかったであろう。

いずれにせよ、この話は人類の直面するもう一つの環境問題を予見していて子供たちの未来が心配になってくる。

（二〇一四年九月）

■「ゼロ・グラビティ」(2013年／アメリカ／91分／監督　アルフォンソ・キュアロン)

「夢は牛のお医者さん」——狂牛病

少女の夢を追い続けた三〇年のヒューマンドラマ

競泳、バタフライのマイケル・フェルプスの金メダルを脅かすまでに成長した松田丈志を育てた久世由美子コーチは、当時小学生だった松田に、延岡のたんぼのビニールハウスを利用して作ったプールで水泳のいろはを教えた。プールの脇にある黒板にはこんな言葉が書かれている。夢なき者、理想なし：理想なき者、目標なし：目標なき者、実行なし：実行なき者、成果なし：成果なき者、喜びなし。

　この言葉はすべての成功は夢からはじまり、夢がなければ何も生まれないことを教えてくれる。彼女はその黒板にこうも記している。「一度あきらめると夢は壊れてしまう」。

　しかし、一方で人生の営みは諦めることを学ぶことにほかならない。宇宙飛行士、プロ野球の選手、サッカーのワールドカップ選手、東大生、アイドル歌手などなど、小さい頃の夢は果てしなく大きく他愛もない。しかし、だんだん成長するに連れて自分の適正や能力のレベルを悟り、どんどん夢はしぼんでいき、小さく平凡な未来に落ち着いていく。それはまさに少しずつ夢を諦めるプロセスにほかならない。たった一握りの人間だけが当初の夢をもち続け努力し、うまい具合に共鳴者の協力を得て、運も味方につけ、ついに夢をかなえる。映画「夢は牛のお医者さん」（時田美昭監督）は、田舎の少女のあどけない夢が発端であるが、本人の強い意思と努力が周りの家族の理解と協力を呼び込み、まさに夢が現実となった感動のドキュメンタリー映画である。

舞台は新潟県東頸城郡松代町である。この地区は「この下に町有り、小便すべからず」と立札が立ったという有名な逸話のある上杉謙信のおひざ元、高田の近くの豪雪地帯である。他の地方の田舎の村と同じくどんどん人口が減り過疎化が進み、この町の小学校も三学年を一学級にした複式授業を行っていた。その年はついに新入生がゼロとなったが、先生は粋な計らいをした。三頭の子牛を「新入生」として「入学」させたのである。三頭の牛には立派な名前がある。九人の生徒たちは一生懸命この「新入生」たちの面倒をみた。八カ月の間、牛たちは体調を壊したりしたこともあったが、子供たちの心のこもった手厚い世話もあり、立派に成長していった。しかし、先生は牛が普通の食肉牛として扱われる運命にあることを教えることも忘れなかった。八カ月の後、子牛たちは「成人」し、「卒業式」の日がやってくる。その日、子供たちはいっぱい涙を流したけれど、立派にサヨナラの歌を唄って牛たちが肉牛として運ばれてゆくのも見送った。この経験は三頭のうち強子（つよし）を担当した当時二年生だった高橋知美ちゃんにとっても辛く楽しいものだった。もともと家業が畜産農家であった彼女は、この時はっきりと将来は「牛のお医者さんになる」と決意した。

ここまでだとこれまでにもいくつかあった、家畜の命のはかなさと子供たちの純真さを伝えるドキュメンタリーということになる。実際、地元のテレビ局はこの八カ月の牛たちと子供たちのかかわりを中心にドキュメンタリー化し、一定の評価を得てこのプロジェクトは終わろうとしていた。ところが、それから何年か経った時、担当ディレクターであった時田さんが、何となくその後の知美ちゃんのことが気になり、高橋家に電話をかけたことで、話は次のステージへと移っていく。なんと彼女はその後もずっとこの夢を温め続け、本気で獣医を志し、獣医の育成では名門である岩手大学を目指していた。実家から離れた高田高校に通うため、単身下宿生活を送りながら勉強していることが判明する。時田ディレクターは、引き続き彼女の取材を続けることを決意する。ただ、この時点では、もし彼女が受験に失敗すればこれからの取材は水泡に帰すことになる。実際、彼女の家庭は浪人ができるほどの経済的余裕はなく、もし受験に失敗すれば、この取材はなしにする約束のもとにチーム時田はカメラを回し続けた。

臨床的研究が進んだ狂牛病＝牛のプリオン病

彼女は強い意志をもち、岩手大学に合格するまでの三年間はテレビを一切みない生活を送ることを決意していた。取材班はカメラを通して、彼女の地道な努力の日々と家族の思いやりをしっかりと伝え、みているものは肉親が受験勉強をしているような気持になっていく。

小さい頃から牛に囲まれて育ったこともあるのか、子牛が大好きで、家族のように思ってきた少女は、やがて十数倍という競争率の入試の壁を見事に突破し、岩手の地で温かそうな教師や先輩に指導されながらさらに成長を続けていく。

卒業テーマは、当時社会的にも問題になっていたプリオン蛋白質が伝播することによって起こる狂牛病を選び、牛の変性した脳組織の研究をしっかりした。四年の月日が流れ、晴れて卒業。彼女は県の職員となり獣医として実家の近くで働くようになる。畜産農家の検疫やお産に立ち会いながら彼女は着実に獣医としての腕を磨き、あっという間に一〇年が経つ。その間、結婚もし、二児の母になった彼女。牛の肛門から手を突っ込み、子宮を触り妊娠の週数まで的確に言い当てるレベルにまで成長した彼女は、畜産農家にとってなくてはならない名医へと成長していた。じっとしていない家畜にいとも簡単に注射をする。職場でのその表情には確かな自信が感じ取れる。

画面に映し出されるシーンは決してドラマチックではない。ちょっと粗野だが善良で温かい家族に囲まれて育った彼女のまっとうな姿が淡々と映し出され、静かな感動がこみ上げる映画になっている。三〇年近くカメラを回し続けたテレビ新潟の取材班に敬意を表したい。この映画は、ドキュメンタリーを最初から意識して撮ったものとは趣を異にする優れたヒューマンドラマだ。こんな小さくて大きなサクセス・ストーリーが本当に存在するのだ。「事実は小説より奇なり」という言葉を思い出させてくれる。

彼女が卒業研究に選んだ牛のプリオン病（牛海綿状脳症）は、プリオンと呼ばれる伝播性の蛋白質が牛の脳の中に増殖し、海綿状の空洞を作る病気で、別名、牛が狂ったような振る舞いをすることから狂牛病とも呼ばれる。羊に起こるスクレイピーやヒトに起こるクロイツフェルト・ヤコブ病（CJD）などを一括りにして伝達性（伝染性）海綿状脳症とも呼ばれる。この病気はある程度老化した牛の組織、特に脊髄、背根神経節を含む脊柱、舌と頬肉を除く頭部、回腸遠位部などの組織を食すると伝播しやすい可能性が考えられていることから、アメリカやオーストラリアから輸入される牛肉には輸入規制がかかっている。

この病気を発症した牛は、当初は痙攣を起こしたりする程度で目立った症状は現われないが、やがて音や接触に対して過敏な反応をするようになり、病状がさらに進むと運動機能に関連する部位も冒されて立てなくなるなどの症状を示す。

この病気の病因はだいぶ研究が進み、ある程度のことがわかってきた。健康体の牛の体内にも正常のプリオン蛋白が発現しているが、この病気の原因となる脳に蓄積するプリオン蛋白質は、何らかの原因で正常プリオン蛋白質とは立体構造が異なる異常プリオン蛋白質によって構成されている。こうしたメカニズムは狂牛病と変異型クロイツフェルト・ヤコブ病に共通で、プリオン蛋白質の伝播によって引き起こされることが明らかになってきている。現在では、正常の牛でも、ある程度年齢が経つと異常プリオン蛋白質が産生され狂牛病を発症し得ることが明らかにされている。イギリスにおいて一九九〇年代に、一五歳のハンバーガー好きの少女がこの病気にかかり、俄然、牛の狂牛病との関連が注目されるようになった。その後の調査で、この病気は食物を通してヒトに感染し得ることがさまざまな基礎的、臨床的研究結果から証明されてきている。

　北国に住む人々は、雪に閉ざされた過酷な冬をすごすためか、自然と助け合うこと、寄り添うことを学んでいる。そんな北国の小さな村に住む人々の心の優しさも伝わってくる映画である。

（二〇一四年十月）

■「夢は牛のお医者さん」（2014年／日本／86分／監督　時田美昭）

「思い出のマーニー」――超常現象

「愛されている」という実感が思春期の少女の心を救う

映画「思い出のマーニー」(米林宏昌監督)はイギリスの小説家、ジョーン・G・ロビンソンの原作をベースにアニメーション化したファンタジー映画である。原作ではイギリスの湖水地方を舞台にしているが、映画では日本の物語にするため北海道の海辺の村にある湿地帯に舞台を移している。

冒頭、主人公杏奈のモノローグが心に響く。

「この世には目に見えない魔法の輪がある。輪には内側と外側があって、私は外側の人間。でもそんなのはどうでもいいの。私は、私が嫌い」

杏奈はどうも幼い頃に両親を亡くし、血縁のない養父母に引き取られて一二歳まで成長したようだ。養母は一生懸命杏奈との心の隔たりを取り払おうと努力してきたようだが、杏奈のほうは養母と打ち解けず、彼女のことを家でも外でも「おばちゃん」と呼んで「鎧」を着て生活している。喘息のような持病があることもあり、学校は休みがちで、同級生からも疎外され、「私は外側の人間」と勝手に決め込み、自ら孤高の人であろうと振る舞っている節がある。そんな杏奈を持て余した養母は、夏休み前に、杏奈を北海道の海沿いの田舎町に住む親戚のうちに預け静養させることにする。

とりわけ行きたかったわけではない杏奈であったが、不承不承行ってみるとそこには心の温かい親切なおばさん、おじさんが住んでいた。海辺の入江からそれにつながる湿地帯まで一望できる家の二階で寝起きする杏奈は開放感を味わうことができ、あたりを散策するようになる。やがてそこに佇む、誰も住んでいない古い大きな屋敷が目に留まる。杏奈はまるでデジャブーのようにその屋敷に親近感を覚え、頻繁に訪れるようになる。ある時、誰も住んでいないはずのその屋敷の二階に、金髪の少女が住んでいることを発見する。二人は自然に会話するようになり、マーニーという名前であることがわかる。友達付き合いが苦手だったはずの杏奈であったが、何故かマーニーには心を開き、二人は次第に仲良く遊ぶようになっていく。屋敷の周りに人は誰も住んでおらず、マーニーのことを知る人はいない。杏奈は不思議に思いながらも積極的に彼女との時間を共有していく。

少女同士の付き合いに限らず人間の付き合いというものは親しくなろうとすればするほど齟齬も生じる。杏奈はマーニーに水車小屋に置き去りにされ傷ついたりもするが、それでもさらに彼女のことを思うようになっていく。しかしある時、杏奈は湖水でおぼれかけ、熱を出し寝込んでしまうが、そのエピソードをきっかけにしてマーニーに会えなくなってしまう。

その後、その屋敷の買い手が現われ、そこに住むことになった少女の彩香と親しくなっていく。彩香はその屋敷にあった古い日記を見つけ出してくる。それはなんと五〇年前のマーニーの日記だった。実はマーニーとは杏奈の祖母であったことがその日記を通じてわかってくる。近くに住みずっと何十年も湿地帯の風景画を描いていた初老の久子さんはマーニー一家のことをよく知っていた。話によるとマーニーには一人娘がいたが、杏奈を生んだ後、交通事故で亡くなり、杏奈はマーニーおばあちゃんに預けられたが、マーニー自身も娘の後を追うように三年後に死亡し、今の養父母に引き取られたことがわかる。杏奈がみたマーニーは、祖母の小さい頃の幻だったのだ。一人ぼっちだった杏奈は複雑な出自のなかで、心が固まり、負のスパイラルが回り、ますます悲惨な考えに陥ってしまっていたが、誰かに愛されている、ということをマーニーを通して実感し、このひと夏の経験で一回り大きくなっていく。

この映画を通して杏奈とマーニーの会話のなかに、自己の内面と向き合うメッセージを乗せ、画面からは思春期特有の漠然とした焦燥感や孤独感、不安感がひしひしと伝わってくる。

前半の部分は話の流れが今一つつかめない部分もあるが、後半は次々に杏奈、そしてマーニーの秘密の部分が明らかにされていき、ミステリー映画としての面白さも味わうことができる佳作である。

fMRIの実験で示された超常現象の可能性

ヒトは今から七〇〇万年前にアフリカで生まれ、発達を続ける脳機能から生まれた知性を武器に過酷な環境を克服し、生命をつないできた。その知性は同時にさまざまな空想、妄想を生み、死後の世界や魂の存在、超能力の可能性などを想像させてきた。実際に自分は誰々の生まれ変わりだとして、過去に存在した人物の個人情報まで詳細に述べることができるもの、ユリ・ゲラーのようにスプーンを自在に曲げたり、時を止めたり（これがトリックなのか超能力なのか未だに明らかにされていないが）できるものがいたり、亡霊がみえたり、死者と話ができるものがいたりと、簡単には科学で説明できない、かといって否定できない超常現象がいくつもある。杏奈が湿地帯で体験したデジャブーも、あながち「ファンタジーの世界だから」と一笑に付すことができない部分もある。私も学会などで未だに見知らぬ外国の土地を訪れることがあるが、明らかに知らない土地なのに以前どこかでみたようなデジャブーを体験することがある。

今、こうした現象を科学的に説明しようと世界の物理学者、生理学者が取り組んでいる。特に、脳は容易に生検ができない分、MRIやPETなどの画像研究の急速な進歩により詳細な情報が得られてきている。そうした研究のなかで、テレパシーなども本当にあるのかもしれないという実験結果が得られつつある。ファンクショナルMRI（fMRI）は、リアルタイムに脳の活動性をモニターするのに有用であるが、隔離された隣の部屋に夫婦や親友の一方を隔離して、他方の脳に目を通して激しい刺激を与えると、その刺激を与えた時間に一致して、隣の部屋でfMRI検査をされている一方の脳の後頭葉の視覚野に高信号が現われるという。この現象の詳細な解析は明らかにされてはいないが、もしかしたらテレパシーは本当に存在する、ヒトが進化の過程で獲得した「心」が、気心が知れた者同士ではテレパシーとして共有できる超能力かもしれない、と思わせる実験結果である。

亡霊をみて体が金縛りにあったり、背筋が凍りついたりといった心霊現象のほうは科学の力を使ってもヒトでは未だに十分には説明できていない。ただ、げっ歯類を用いた研究はかなり行われている。ラットに激しい痛み刺激を与えたり、天敵である蛇の姿をみせるなどの恐怖体験を負荷すると、ラットの背中の体温が著しく下がることが明らかになっている。脳が無意識のうちに恐怖体験を処理し、全身の自律神経反射に反映される現象と考えられる。「背筋がぞっとする」という言葉があるが、ラットの実験結果はそれを証明している。

科学の進歩は日進月歩で、fMRIに代表されるように脳の刻々と変化する機能調節が画像で明らかになるようにまではなってきた。今後、さらに量子のレベルまで捕まえるようになってきた科学の進歩をもってすれば、一昔前まで、後頭葉、前頭葉などと大まかにいっていた脳の部位評価が、脳の後頭葉の特定の細胞の役割まで掘り下げることのできる時代が来ると思われる。

ワーズワースが詩に託したイギリスの湖水地方の美しさは私も訪れてみて実感したが、この映画は北海道のとある海辺の風景が、草木の美しさとともにアニメーションとは思えない繊細さで描かれていて息を呑むほど美しい。特に月明かりに照らされた湿地帯の風景の描写は圧巻である。そのなかでマーニーと杏奈の心の触れ合いが温かいタッチで描かれている。人はいうまでもなく一人では生きていけない。

「生きているということは泣いたり怒ったり笑ったりすること。風や水の冷たさ、草の匂い、誰かの手のぬくもりを感じることだと思う。この映画をみてくれた人が、自分は誰かから愛されているということ、愛されていたということを思い出してもらえたら、作り手としてもとても嬉しい」

米林監督はそう語っている。映画の最後で、迎えに来た養母を世話になったおばちゃんに「母です」と紹介するシーンがある。杏奈はこの夏の後、きっとたくましく生きていったことであろう。（二〇一四年十一月）

■「思い出のマーニー」（2014年／日本／103分／監督　米林宏昌）

「舞妓はレディ」――イップス、ジストニア

京都・下八軒の「マイ・フェア・レディ」の物語

「舞妓はレディ」は周防正行監督が久々に放つファンタジーミュージカル映画である。どこかで聞いた題だと思っていたら、オードリー・ヘップバーンの「マイ・フェア・レディ」をもじったものらしい。最近の周防作品は「それでもボクはやってない」や「終の信託」にみられるように、いわば現代社会に潜む問題を、綿密な取材のもとに拾い上げた社会派ドラマが続いたが、この映画は祇園の花街に興味をもっていた監督が、花街や舞妓について徹底的に調べ上げ、遊び心をもって日本映画としては珍しい「マイ・フェア・レディ」のようなミュージカル作品に仕上げたところが斬新である。

京都の下八軒という花街には万寿楽という老舗の舞妓の御茶屋（置屋）があった。ある日のこと、まだ一〇歳代であろうか春子という、どうみてもコギャルのような出で立ちをした女の子（上白石萌音）が「舞妓さんになりたい」といってやってくる。物語のはじまりである。

女将の千春（富司純子）のもとには、芸子の豆春（渡辺えり）と里春（草刈民代）がいたが、舞妓は実の娘の百春（田畑智子）一人だけである。下八軒界隈を見渡しても、ほかに舞妓はおらず、顧客をもてなすためには百春は当分の間、孤軍奮闘せざるを得ず、いつまで経っても芸子に昇格できないでいた。そこにやってき

たのが春子というわけだが、スーツケース一つ抱えて、素性もわからずやってきた彼女は、あまりに頼りなく、舞妓の厳しい修行に耐えられるわけがないと思われた。おまけに鹿児島弁と津軽弁が入り混じったようなひどい訛言葉を話し、万寿楽の面々は最初は田舎に帰るように説得し続けた。

しかし、彼女の意志は固かった。この御茶屋に出入りしていた「センセ」と呼ばれている言語学者の京野（長谷川博己）が彼女に興味を抱き、常連客の呉服屋社長の北野に、訛を取り去り京ことばに替え、立派な舞妓にしたら、舞妓遊びのフルコースを体験させてもらう約束を取り付ける。

晴れて住み込みの舞妓見習いとなった春子だが、いうまでもなく舞妓の修業はそんなに簡単なものではない。舞妓の基本となる小唄、舞踊は一流の師匠のもとで過酷な修行を受けなければならない。さらに、生まれた時から染み込んだ方言を独特のおっとりした雅な京ことばに替えるばかりでなく、舞妓の可愛いしぐさも覚えなければならない。春子にとって、この修業は至難の業のように思えた。

最初は何を稽古してもダメ出しの連続。春子は懸命に努力を続けるものの、言葉も小唄も踊りも進歩の跡がみえない。日に日に自信がなくなり、努力が空回りし続けるなかで、ある時突然声が出なくなってしまう。しゃべろうとすると声が出ない。いわゆるイップスのような状態である。そんななかで、京野や女将、万寿楽の人々の温かいサポートもあり、春子は何とか稽古だけは続けることができた。

そして話はクライマックスに近づく。実は春子の母はかつて万寿楽に在籍した舞妓であったが、ある時突然姿を消し、その後春子を生むが彼女がまだ幼い頃に死んでしまったことが明らかになっていく。春子にとって舞妓になることは、幼い頃に喪った母への憧れであり悲願のようなものであった。だから彼女はイップスに見舞われてもくじけることなく最後まで頑張ることができた。ゴールに近づくにつれ声も戻り、踊りも訛も及第点を得て、遂に舞妓としてデビューする日を迎える。見違えるような美しい舞妓姿の春子は、いつしか身も心も正真正銘の花街の舞妓になっていた。

花街は独特の京文化が根付いている界隈である。周防正行監督はその雰囲気を出すため、祇園、花街を徹底して調べたうえ、祇園育ちの田畑智子を舞妓に抜擢したり、御茶屋遊びの経験豊富な高嶋政宏を脇役に配したりして、花街のムードを盛り上げている。主演の上白石萌音の素人っぽい初々しい演技も花を添えていて、舞妓や花街を楽しむことができるドラマ仕立てになっている。

ジストニアなど心の問題を治療しはじめた医学の現状

ところでこの映画では、春子がストレスのあまり声が出なくなった現象をイップスだと説明している。厳密にはこの現象はその定義からすると少し違うが、舞妓の稽古があまりに過酷なため、そのなかで受けた心的ストレスをきっかけに起こった声帯の筋肉の過緊張と受け止めると、まさにイップスに等しい。

イップスという概念は、一九三〇年代に活躍したプロゴルファーだったトミー・アーマーが、ある時、普段なら失敗するはずのない近距離のパットを失敗し、勝てたはずのゲームを落としてしまったエピソードに由来する。彼は以後それがトラウマとなってトーナメントの同じような場面でパットを外すようになり、ついには引退を余儀なくされてしまう。イップスという言葉は、英語の「ウープス」などと同じ言葉の響きだが、日本語に置き換えると、「なんとまー」とか「ああー」とかいう感嘆の言葉に置き換えることができる。「なんとまー信じられないことが起こった」という気持ちがプレッシャーとなり負の連鎖が続く。それがイップスだ。ゴルファーの間ではイップスを「ショートパット恐怖症」という言葉で表現することがあるらしい。最近、イップスという言葉は汎用されるようになり、精神的な原因などによりスポーツの動作に支障を来たし、自分の思い通りのプレーができなくなる運動障害のことをいうようになっている。

この言葉はプロ野球でも時々聞かれるようになってきた。ピッチャーが肝心の場面でホームランを打たれる。捕手がここぞという場面で二塁に暴投する。内野手がゲームセットという場面でトンネルをするなど、それが原因で試合に負けた場合など強いトラウマとなって記憶に残り、同じような局面で同じ失敗を繰り返す場合もイップスと呼ぶ。プロ野球の世界では、イップスが克服できず遂にほかのポジションにコンバートされた選手も実際にいる。

特にプロスポーツは莫大なファンの監視下で試合が行われるため、こうした現象が起こりやすいのかもしれない。テニスやサッカー、アーチェリーや弓道などのデリケートな精神状態を反映するスポーツ選手にイップスを来たす場合が多いが、こうした例はほかのスポーツでも枚挙に暇がない。

この病気が起こる心と体のメカニズムに関してはなかなか科学的に説明し難い。心の変化のメカニズムとしては、加齢に伴う脳の生化学的変化の結果、一定の情動回路が回り続けるとする説明もあるが、体の仕組みから説明するのには、局所性ジストニアという病態が引き合いに出される。

ジストニアは遺伝性疾患に付随して起こることもあるが、イップスに関連したジストニアとは、職業で特定の筋肉を使い過ぎたり、協調や精神集中を迫られることで、屈筋と伸筋の協調がうまくいかず、特定の筋肉が持続的に収縮し続ける病態をいう。バイオリニスト、ピアニスト、チェリストなどの音楽家、漫画家などの芸術家、変わったところではいつも饅頭をこねているお菓子屋の職人など、いつも使っている手が、ある時突然に動かなくなる状態に悩まされている人は意外に多い。

この病気の克服は簡単ではない。精神科では、精神療法を繰り返すことからはじめることが多いが、うまく治療できない場合も少なくない。薬剤で治療する方法もあり、マイナートランキライザーや眠剤による処方で軽減することができる場合もあるが、これらの治療ではやはり根治まで導くことができないケースも多い。

最近、この病態を脳外科的に治そうとする試みが注目されている。視床、視床下核などの脳の深部にある基底核と呼ばれる部分が興奮してジストニアが起こるため、この部分を定位脳固定手術法で破壊するか、同じ部位に電極を留置して低周波の電流を流し、刺激し続ける脳深部刺激（Deep brain stimulation：DBS）という方法で治療する。一部の有名な漫画家や音楽家が、ブログでこうした治療によって症状が改善し、仕事ができるようになったことをカミングアウトしている。医学は心の問題を少しずつ科学し、少しずつ治療を生み続けている。

（二〇一四年十二月）

■「**舞妓はレディ」（2014年／日本／135分／監督　周防正行）**

「ザ・テノール　真実の物語」――甲状腺がん

日本と韓国の国境を越えた友情を描いた佳作

　韓国人のテノール歌手ベー・チェチョル（ユ・ジテ）は、オペラの本場ヨーロッパに活動の拠点を置き、「一〇〇年に一人の声をもつテノール歌手」と絶賛され、誰もが注目するオペラ歌手となっていた。また、愛する妻ユニや一人息子にも囲まれ、幸せな家庭を築いており、前途洋々たる未来が開けるかにみえた。一方、音楽プロデューサーの沢田幸司（伊勢谷友介）は、音楽の質を見抜く力は誰にも負けなかったが、彼が日本に誘致した公演は失敗続きで、借金すら抱えていた。

　実話に基づいた映画「ザ・テノール　真実の物語」（キム・サンマン監督）のはじまりである。

　沢田は今度こそリベンジを、と目論んでいたところに、チェチョルのことを知り、実際にドイツまでその歌声を聴きに行ったが、聞きしに勝る歌声に、「是非、日本のオペラ公演の主役に」と即座に交渉をはじめる。欧米の有名なオペラ歌手をさしおき、韓国人のオペラ歌手を呼ぶのは日韓関係が冷え切っていることもあり、大きな賭けでもあった。チェチョルのほうもヨーロッパではすでに名声を得ており、わざわざ日本に行く必要もないと思っていたが、沢田が用意した共演者はチェチョルの興味をそそるに充分なオペラ歌手でもあったため、引き受けることにする。

日本での公演がはじまる。予想に反して彼の評判を聞きつけた日本のオペラファンが多数入場し、公演は大成功に終わる。打ち上げの席で沢田は辛い生い立ちのなかで音楽に救われてきたことが、音楽プロデューサーの道を選んだ理由であることを打ち明けるが、彼の実直さがチェチョルの心の琴線に触れ二人は意気投合する。彼の声を聴いた日本の他の音楽プロデューサーが、今後チェチョルの日本公演を仕切りたいと申し込んでいたが、チェチョルは沢田に頼むことを確約する。

気をよくしてヨーロッパに戻ったチェチョルであったが、次の定期公演「オテロ」の練習中にとんでもないことが起こる。リハーサル中に突然意識を失い倒れてしまったのだ。検査の結果つけられた診断は甲状腺がんであった。直ちに行われた手術でがんは摘出され、一命はとりとめたが、その代償は大きかった。声帯を動かす反回神経、横隔膜を動かす横隔神経にがんの浸潤があり、手術時、それらの神経の一部を摘出したというではないか。

術後、片方の反回神経が切れているので声帯はうまく動かず、声が漏れる。横隔神経が切れているので片方の横隔膜が動かず肺活量が極端に落ちる。とても歌える状態ではない。幸福の絶頂から絶望の淵に転がり落ちたチェチョルは、ドイツの劇団からも解雇され、生計を立てることもままならなくなった。

この状態をその身を賭して支えようとしたのが、ほかならぬ沢田であった。拒絶するチェチョルをよそに必死でアプローチし続ける沢田の熱意の源には、その音楽に救われた過去があったに違いない。彼は声帯形成術では世界的な権威である京都大学の一色教授を探しだし、手術に導き、何とか声が出せるレベルにこぎつける。術後懸命に妻と発声のリハビリテーションを行うチェチョルであったが、横隔膜の動きが戻らないという決定的なハンデもあり、全盛期の声をとりもどすことはできない。

それでも沢田は彼を日本の音楽会のステージに立たせようとする。全盛期の自分と比べ余りに惨めな声に出演すべきか最後の最後まで悩むチェチョルであったが、勇気を出して聴衆の前で歌った歌は「アメイジング・グレイス」。万来の拍手のなかでチェチョルは再起を誓う。

放射能との関係で注目される甲状腺がんと遺伝

この映画の出来栄えは完璧とは言い難いが、そのなかに貫かれている国境を越えた友情や、絶望の淵から希望に向かって歩もうともがくチェチョルの姿はみるものに訴えかけるものがある。

映画のなかのオペラのシーンでは、彼の全盛期のCDが吹き替えとして使われているが、そのホップするような声の響き、心に突き刺さるような重厚な歌声はまさにアジアの至宝といわれるに相応しい。チェチョルを演じたユ・ジテは韓国映画を代表する名優の一人で、オペラ歌手を演じるに当たり、歌う時の姿勢や発声の仕方まで徹底して研究し、カリスマ性が漂う演技をみせた。

甲状腺がんにはその組織型からもっとも頻度の高い乳頭がんをはじめ、濾胞がん、悪性度の強い未分化がん、髄様がんなどがある。甲状腺がんというと広島や長崎の原爆、チェルノブイリ事故によって発生したことが知られ、広く注目されるようになった。特にチェルノブイリでは原発事故の後、小児に甲状腺がんが多発したことは有名である。福島の原発事故に付随して起こるかもしれない甲状腺がんは現在検診が行われているが、放射線量と発がんとの関係にはさまざまな学説があり、今後どのような状況になるかは未知数である。

髄様がんではその二〇％が遺伝性で起こる。常染色体優性遺伝を呈するRET遺伝子の変異によって起こるタイプは、三〇～五〇歳代に好発するため、遺伝子診断は重要である。予後は遺伝性に起こるほうがむしろ良好で、一〇年生存率は、孤発例では四〇％、遺伝性のものでは八〇％とされる。チェチョルの場合は映画のなかでは悪性度が強く神経にまでがん細胞が浸潤しており、神経を切断せざるを得なかったことになっているが、もっとも悪性度の強い未分化がんは六〇歳をすぎて起こることが多いため、頻度の高い乳頭がんであった可能性がある。映画のなかでも楽屋で甲状腺の腫瘤を触れていぶかしがるシーンがあるが、次々に公演依頼が舞い込むなかで忙しすぎて病院に行けず、手遅れになったのかもしれない。

甲状腺がんの症状としては痛みを伴わず喉のあたりにしこりを触知するケースが多い。したがって、無自覚無症状の状態で、健康診断で超音波検査を受けて偶然発見されることが多い。嗄声やのどの痛み、嚥下障害がみられることがあるが、これらはかなり進行したケースということになる。

反回神経は解剖学的には、脳幹の神経核から枝分かれして頭蓋内から下降するが、一度そのまま声帯の横を素通りし、胸郭内に入り、左側は大動脈弓、右側は鎖骨下動脈の部分で折れ返り、食道の両脇をたどって上行し、甲状腺の裏側を通ったあとに声帯の筋肉を支配するという極めてユニークな走行をしている。

このため、その経路のどこで障害が起こっても反回神経麻痺が発生し得る。頸静脈孔腫瘍、肺がん、食道がん、縦隔腫瘍、乳がんの縦隔リンパ節転移、弓部大動脈瘤などさまざまな腫瘍、病態が原因となる。反回神経麻痺は、前述のように解剖学的な問題から、特に甲状腺がんのみならず、甲状腺関連の手術にしばしば合併する。医原性にこの神経が切れてしまうものから、一過性に麻痺し、時間とともに回復してくるものまである。

発声時には左右の声帯が中央方向に近寄って気道が狭まるので、呼気により声帯が振動して声が出る。嚥下時には、嚥下物が気管に入り込まないように左右の声帯が接触して気道を完全に閉鎖する。これらの動作を司る反回神経が麻痺すると、息がもれるような嗄声や、誤嚥、むせといった症状が起こることになる。通常片側の麻痺が多いが、両側の反回神経が障害されて左右の声帯が中央付近で麻痺して動かなくなると、気道が狭くなるため呼吸困難や喘鳴が起こる。

映画の終わりでチェチョルがしみじみと「僕は声を一度失ってよかったのかもしれない」というシーンがある。彼は二〇〇八年から歌うことを再開し、さまざまな音楽活動をしていると報じられている。オペラの主役を務められるはずはないが、人生のどん底を知った男こそが伝え得る歌心があるに違いない。

テレビで「人生を決めた一曲」というような特集がある。かつて多くの人がチェチョルの歌声に芸術を感じていたが、今はその歌声に物足りないと思いながらも人生を感じる人も少なくないであろう。ショーペンハウエルはいっている。「音楽は説明のいらない唯一の芸術である」。きっと彼のコンサートは説明のいらない感動を呼び起こしているに違いない。

（二〇一五年一月）

■「ザ・テノール　真実の物語」（2014年／日本・韓国合作／121分／監督　キム・サンマン）

「父の背中」

公僕としてひたすら務めた父

二〇一四年は多忙な一年であった。正月からかねてより寝たきりの父の病態が急変し、小康を経ては再燃を繰り返し、遂に三月くらいからは昏睡に近い状態となり、いつ別れの日が来てもおかしくない状態となった。平日でもしょっちゅう病院に呼ばれるようになったし、日々の診療、研究、教育のなかでいつも父のことが気になりながら、時としてイライラするような時間が流れた。学会や研究会、省庁関連の会議、学会理事会などでの上京はひっきりなしだが、五月のはじめはアメリカへ、六月の終わりはイスタンブールへと海外出張が続いた私は、出張のたびに今度こそ親の死に目に会えないのではないか、これが今生の別れになるのではないかと思いながら、父の病床から海外へと旅立った。そんな時、「親の死に目に会えるような役者になるな！」という中村勘三郎が子供たちにいったという中村家の家訓が背中を推してくれた。

世の中の多くの子供たちが、年老いた親をもち、こうして日常生活を送っていることを身に染みて実感した。寝たきりとなった親をどう看取っていくのかという問題一つとっても、これからの日本は大変だ。

新年を迎えるに当たり、父は控えめな性格で、「そんな時間があったら医者としての力を付けろ」と苦笑いしているかもしれないが、父の生きた証を私の覚えている範囲で書き記しておきたいと思う気持ちが強くなり、以下のごとく追悼文としてまとめた。

父は二〇一四年七月、八九歳で逝った。ちょっとした風邪から肺炎を起こし、いったん呼吸停止したが蘇生し、その後寝たきりとなり、二年半の闘病後、眠るように旅立っていった。私が医師になって以来、「お前に手を握られて死にてーな」と事あるごとにいっていた。郷里・別府の病院に入院し、危篤状態を脱した時、即座に熊本の病院に転院させていたため、最期は父の願いが叶う形となった。

人はこれを親孝行というが、二年半もの間、気管切開の状態で言葉を奪われたうえ、映画の「キングコング」のように手足の自由も効かず、私のことを藪医者と言い続けていた父は、きっとあの世で「もっと楽な最期を期待していたが、お前やっぱり藪医者やなー」と苦笑いしているに違いない。

父は一九二四年、当時日韓併合で大量の日本人が移り住んでいた平城に生まれた。決して裕福な家の生まれではなかったが、医療の道に進みたいと考え、一念発起して平城薬専に入学した。韓国人の受験者も多く、隣の韓国人受験者から、「ワタシ、コクゴガデキマセン、オネガイデス、カンニングサセテクダサイ」といわれたというから日本人には割合楽な受験であったのかもしれない。しかし、入学と軌を一にするかのように終戦を迎えたため、内地に引き揚げ、長崎薬専（現長崎大学薬学部）に編入され、苦学の末、何とか卒業を果たした。

その後、国立病院勤務の薬剤師として四〇年近くもの間働き続けた。本当か嘘かは知らないが「当時は医学部も薬学部も入学は同じ程度の難しさで、俺は金のかからない薬学を選んだ。それが間違いだった。医師がこんなに威張って暮らす時代をみると後悔が募る」というのが口癖であった。だから、私が熊本大学医学部に入学した時には自分のことのように喜んで抱きしめられた。父は明らかに泣いていた。母に「俺がどんなに嬉しいかわかるか。今まで医者から薬剤部に無理難題をいわれ続け…」といったらしい。

今のように病棟業務もない時代であり、比較的単調な薬剤業務のなかで、何より官人として生きたことが誇りで、晩年は叙勲のことばかり気にしていた。死後すぐに従五位の官位をいただいたが、生前に何とか叙勲させてやりたかった。このような価値観の父は私が熊本大学の教授になった折、めったに息子の自慢話などをしなかったが、「息子が国立大学の教授になった」といって回ったらしい。

父は別府の病院の薬剤科長であり、ほどほどに人望があったのか大分県の病院薬剤師会会長まで務めた。あの当時、製薬会社のMRの方と親しく付き合うのは別段問題にならなかった時代で、ご接待で年に一回福岡平和台球場に連れていってもらうのが夏休みの最大の楽しみであった。昭和三八年の夏休み、西鉄の中西がプレーイングマネージャーをしていた年であるが、稲尾が投げ、中西がホームランを打ち、豊田がファインプレーをした試合は忘れられない。カクテル光線のなか、夜空に虹をかけるような中西のホームランは今でも鮮明に覚えている。

手術後に背負われて帰宅した父の背中の大きさと暖かさ

薬剤師なのだからもっと家でも勉強したらよかったのではないかと思ったこともあるが、どこ吹く風。「飲む、打つ、買う」の素養は十分にあり、飲むのは好きなうえ、パチンコ、麻雀、競輪などの賭けごともほどよくやっていた。酒を飲むと「畳の上では死ねない」といっていたところをみると、きっと浮気の一つもしたのではないかと勘繰っている。しかし、いずれもほどほどに嗜み、家庭が不和になるようなことは一度もなかった。私たち三人の子供の前では、決して大きな夫婦喧嘩などしたことはなく、おおむねこの夫婦は仲良く暮らしていた。

私自身は中学の時、一度だけ父に殴られ鼓膜を破ったことがあるが、後にも先にも父を怒らせたのはそれだけである。気は長いのか短いのか定かではないが、本質的に人と争うことを嫌った。

老いてくるにつれ、日常のことはすべて母に任せて何もできないでいる父が、万が一、一人で残ると困ったことになると考えていたが、いざ父が死んでみると、葬式の算段、役所の書類の処理、税金の申告などなど、何にもできない母がぽつんと一人残され、妻と二人で愕然とした。家の中では何もしないようにみえた父ではあったが、それは表向きで、今思えば父はお嬢さん育ちの母のわがままをいつも一歩引いて許容しながら支えていたことがよくわかる。それは母に対する愛以外の何物でもないと思う。

父との思い出で一番に思い出すのは、私が小学校六年生の春休み、扁桃腺の摘出手術をした時のことだ。病院から、わが家に帰る二〜三㎞ほどの道を私は父の大きな背中に背負われて帰った。夕暮れ時の初春の冷たい空気のなかで、父の背中は思いのほか大きく温かく、つい今しがた手術で受けた「虐待」を潜り抜け、一番頼りになる「味方」の大きな背中にたどり着いた安堵感から、私は眠りに落ちていた。大学生になった私は父と二人で飲みに行ったことがある。父はすでに社会人になっていた兄とそうした思い出があったためか余り嬉しそうな顔はしなかったが（親の子供に対する愛に決して優劣はないが、ものには順番というものがある）、私にはこみ上げるような嬉しさがあった。私はこんな日が来ることを漠然と楽しみにしていた。

入院中は気管切開の状態であったため、ほとんど会話ができなかったが、切開部をふさごうと試みた時期も短期間だがあり、その間いくつかの会話ができた。

「お母さんにやさしくしてくれ」、「金魚の糞を連れるようにして回診しているのか。一度でいいからみてみたい」（父には「白い巨塔」のイメージがあったようだ）などの言葉が心に残っている。

父とは価値観も生き方も違うため、これまで親子の絆を意識して生きてきたことはあまりなかった。しかし最近鏡をのぞくと、自分自身の姿が驚くほど父に似ていることに何とも知れない感慨がわく。それはそうだ、確かに私の遺伝子の半分は父から受け継いだものなのだから。

この秋から父が残したブレザーを時々着ている。父が私と同じ年齢の時、何を考え、何に苦しんでいたのか、何に不安を感じていたのかなどが、何となくわかるような気がする。「性格遺伝子」も「好み遺伝子」も同定されていないがDNAの間隙には確かにそうしたものが刷り込まれていて、そうした「遺伝子」が親から確かに受け継がれているように思えてならない。

今日まで大過なく生きてきて、少なからず幸せを感じながら、男としての充実感も感じることができたのは父から受け継いだ「遺伝子」と彼の後姿のお陰のように心から思える。

感謝、そして合掌。

（二〇一五年二月）

「セッションズ」――ポリオ

身体障害者のセックスの実態を扱った問題作

人間には三つの本能がある。いろいろな観点があるが、食欲、社会欲、そして性欲という言い方ができる。このなかで食欲は生死を左右する本能であるため、これがなくなることは即、死を意味する。一方で社会欲、性欲はなくても人生を全うできる。特に性欲は、子孫を残すという命題はあるものの必然ではなく、多くの場合快楽にリンクした行為であるため、なくても十分生きていける。

しかしこれがもっとも厄介で、特に思春期から中年期までの間は性欲が満たされないと心の安定が得られず、時として健康状態まで左右する。また、性欲は老年期に起こる種々の中枢神経疾患の重要な症状として出現する。アルツハイマー病、レビー小体型認知症、パーキンソン病、進行性核上性麻痺、大脳基底核変性症などの中枢神経変性症では、しばしば異常性行動や性に関する幻覚が現われる。こうした現象は脳機能が傷害される過程で、抑制系の回路が破綻することによって、潜在的な本能が前景に現われることを反映しているといってもよいのかもしれない。

映画「セッションズ」（ベン・リューイン監督）は、小さい頃にポリオに罹患し、首から下の運動神経が完全に麻痺して手足がまったく動かない、実在の詩人でありジャーナリストのマーク・オブライエンの手記「On

Seeing a Sex Surrogate」をもとに映画化した感動のドラマである。

マーク（ジョン・ホークス）はポリオの後遺症で四肢が動かず呼吸筋も障害されているため、家にいる時はドーム型をした鉄の人工呼吸器を着けて生活していた。まさに重症のポリオ後遺症だ。彼はすでに三八歳になっていたが、書いた詩や手記が売れ、マスコミの仕事も舞い込むようになり、ヘルパーに身の回りの世話をしてもらいながら何とか日常生活を送っていた。彼は今のヘルパーが不満で仕方ない。遂にやる気のない性悪のおばさんヘルパーに業を煮やした彼は、彼女を解雇してしまう。

次に来たのはアマンダという若くて美しい女性だ。彼は四肢はまったく動かないため、男性自身を触ることもできないし、背骨が曲がらないためそれをみることも叶わないが、自律神経機能は正常であり性機能は万全のため、当然のことながら若い女性やセックスに対する興味は人一倍強い。彼はアマンダに介護してもらっているうちに恋に落ち、彼女との妄想の世界に突入するようになる。女性との付き合い方も知らない彼は、罪悪感から教会の神父に相談する。「そうした感情を抱くのは普通のことだ。決して悪いことではないんだ」と優しいコメントをもらい安心する。親身になってマークの心の迷いや性的な葛藤に付き合ってくれるこの神父に、彼は心を開き人生や性のことを終生相談を持ち掛けるようになる。

そんなある日、雑誌社から身体障害者のセックスの問題についての手記の依頼が舞い込んでくる。彼はまず、さまざまな障害をもつ人たちをインタビューすることからはじめるが、自分以外の身障者のセックスの実体験を聴き興味津々、それまで遠い存在であったセックスが身近に感じられるようになっていく。やがて彼はセックス・セラピストの存在を知り、計六回のセラピーを受けることにする。「セッション」という言葉は、コンピュータを立ち上げた後、終了するまでの一連の動作などを指して用いるが、この映画の題である「セッションズ」は、セックス・セラピストとともに体験する、出会いから愛撫、そして最後の瞬間までの一連の行程を意味している。

今後問題となる中年期以降のポストポリオ症候群

緊張して初回に臨むマークの前に現われたのは、美人で包容力のある中年女性、シェリル（ヘレン・ハント）であった。彼女はポリオのために背骨が湾曲して仰向けに寝ることすらできないマークを真摯に受け止め、一回一回優しく丁寧にセックスのクライマックスまでリードしようと努力する。この映画で、ヘレン・ハントは惜しげもなく豊満なヌードを画面いっぱいに披露するが、映画自体からはエロティックな印象は受けず、女体というものにはじめて触れるマークの心のゆらぎと感動がみているものに爽やかに伝わってくる。何も知らなかった彼は、シェリルの優しいリードと心遣いに、少しずつ自信をもつようになり、回を追うごとに前に進んでいき、自然と彼女をパートナーとして受け入れることができるようになっていく。そして当然のことながら、彼は次第に彼女に女性を感じ恋心を抱いていくようになる。

彼女のほうは、既婚者で子供と夫をもつ身である。クライエントであるマークのために誠実に職務を全うするために彼と正面から向き合っているが、セラピストの活動とプライベートな感情を完全に分けなければならない。

遂にマークの気持ちは歯止めが利かなくなる。ある日、彼は自分の思いを綴った詩をシェリルの家に送るが、それをみつけたシェリルの夫は激怒してゴミ箱に捨ててしまう。一方、彼女も少しずつマークの想いに心を動かされるようになっていく。五回目のセッションで二人はセックスのクライマックスを迎え、シェリルもその瞬間愛を感じる。それは体の関係だけではなく彼の純粋無垢な気持ちによる部分もあるのかもしれない。これ以上彼の気持ちを受け止めるわけにはいかないと悟ったシェリルは、彼を説得するような形で、残す一回のセッションを実行することなく彼のもとから去っていく。その後しばらくして彼は天国に旅立つことになる。

ポリオ感染症は激烈な感染症のイメージがあるが、ほとんどは不顕性感染で、発症することなく終わる。感染者の約〇・一%が典型的な弛緩性麻痺を起こすいわゆるポリオ（急性灰白質炎）を引き起こす。この感染症は五歳以下の小児が発症することが多いことから、小児麻痺とも呼ばれる。ポリオウイルスは経口感染し、主に腸管で増殖する。一〜二週間の潜伏期間を経て、発熱、頭痛、倦怠感、嘔吐、下痢など、感冒や急性胃腸炎に似た症状が一〜四日続くが、一部の患者では熱が下がる頃に左右非対称性の弛緩性麻痺が主に下肢に生じる。時として上肢まで侵され、横隔膜神経や延髄の呼吸中枢が犯されると呼吸障害を来たし死亡することがある。こうした麻痺はかなりの確率で後遺症として終生残存する。

日本では一九六〇年代に大流行したことから、厚生労働省が中心になって早急にワクチン接種の普及活動を行い、その後流行はなくなっている。世界では一九八〇年代にＷＨＯによって世界ポリオ根絶計画が提唱されて以降、流行地は数カ国しかなくなり、近い将来、この病気は根絶されるであろうと考えられている。

この病気で厄介なのは、中年期以降に起こるポストポリオ症候群と呼ばれるポリオの後遺症をもった患者にさらに起こる病態である。それまで不全麻痺であった手足が老化に伴って完全麻痺になったり、障害部位にしびれが生じたりするといった現象が四〇〜六〇%ほどのポリオ患者に起こる。今後もポリオの後遺症に悩む患者はどんどん高齢化していくため、この病態は問題となっている。
マークはシェリルと会えなくなった後、しばらくスーザンという女性と文通を続けながら永遠の旅に出る。彼が生前、愛について綴った詩は、彼女によって葬儀に出席したアマンダやシェリル、牧師の前で読まれる。この詩からは、マークが置かれた状況のなかで、それにもかかわらず現実を超越し、純粋に愛する人の肌のぬくもりを求める気持ちが伝わってくるとともに、五体満足なわれわれが失ってしまった純粋な愛の本質がみえてくる。マークという男は、もっとも純粋に女性に対する愛を見つめ、永遠の旅路についた稀有な男であったのかもしれない。

愛するひとつながりたい　誰にともなく捧げる愛の歌　僕の言葉で君に触れよう
力のないこの手の代わりに　僕の言葉で君の髪や背中を撫で　おなかをくすぐろう
まるで煉瓦のように動かないこの手は　僕の願いを無視し
静かな欲望さえかなえてくれない　僕の言葉は君の心に滑り込み
明かりをつけることだろう　僕の言葉を受け入れてくれ
君の心を優しく愛撫するから

（二〇一五年三月）

■「セッションズ」（2012年／アメリカ／95分／監督　ベン・リューイン）

「ベイマックス」——介護ロボット

競争が盛んな介護分野のロボット開発の現状

お掃除ロボットの出現はちょっとした驚きであった。放っておいても部屋の掃除をしてくれる。予約掃除もOKだ。家内はこれに飛びついた。しかし、当初発売されたロボットは四角い部屋を丸く掃いたり、同じところを行ったり来たりするなどいくつかの問題点があった。わが家のロボット君も次第に掃除をし残したり、途中で止まるようになってきて、半ば愛想をつかした女房は最近はあまり掃除命令を出していないようで、部屋の隅で埃を被っていることが多くなった。でも、最近はさらに進化した三角型ロボットが出現して部屋の隅々まで掃いてくれるという。そろそろ買い換えようかと思ったりしている。

介護分野のロボットも開発競争が盛んである。高齢者の脳卒中後遺症による四肢の麻痺、腰椎症、頸椎症、変形性股関節症、膝関節症などの整形外科的疾患、認知症、さまざまな難病の介護は、社会福祉がうまく機能しないと弱者切り捨ての社会が広まり、こうした弱者の行き場がなくなってしまう。これらの疾患をイメージして現在、さまざまな介護ロボットが開発されようとしている。近年、筑波大学のグループが世界ではじめて体の神経、筋肉から発生する微細な活動電位を読み取り動作するロボットスーツ、「ＨＡＬ」を開発し、新潟大学などのグループが治験に参加し臨床応用されようとしている。「ＨＡＬ」という名前はスタンリー・

キューブリックの「2001年宇宙の旅」に登場するロボットの名前にちなんでいる。あの映画が公開された当時、「あのように人間を翻弄するようなロボットなんて出現するはずがない」と思ったものだが、今や現実のものとなりつつある。

「HAL」には二つのタイプが存在する。「HAL3号」は足のみを対象にしているのに対し、「HAL5号」は全身型で、このスーツに身を包むと動かなくなった四肢が動くようになる。患者の皮膚に流れる微細な電流をセンサーが拾い、コンピューターで変換され、微弱な動きを補助するようにスーツが動作する。「HAL5号」は装着者が本来もてる重量の五倍の重量をもつことができるらしく、有用なロボットではある。実際に装着してみるとその威力をたちまち実感することができる。そして、このスーツは思いのほか軽いことに驚く。これを着て歩いたり手をあげてみたりすると、ほとんど自分で能動的な努力が要らないような感じになる。しかし、問題は価格である。とても個人が購入できるレベルではない。

筋萎縮性側索硬化症（ALS）や私が研究している家族性アミロイドポリニューロパチー（FAP）患者では、発症して二〜三年すると手足、特に足の動きが衰え、車椅子を使わなければだんだん移動できなくなる。脊髄小脳変性症の患者などは、四肢の筋力は十分あるが失調症状のためやはりうまく歩けなくなる。神経疾患をもつ患者はこうした障害をもつものが多く、介護者の負担は重くなる一方だし、歩きにくいと歩かなくなりやがて関節が拘縮してさらに日常生活に支障を来たすようになる。

また患者も、日増しに動かなくなる手足に対する絶望感、進行していく焦燥感などが募っていく。このスーツを着て、かつて動いていた手足がまた動くようになる驚きを目の当たりにすると嬉しくなるが、前述のようにこのスーツは一般人では高すぎて買えないし、買えたところで、病気の進行は止まらない、というところが辛い。
映画「ベイマックス」（ドン・ホール／クリス・ウィリアムズ監督）は介護ロボットと最愛の兄を事故で亡くした少年ヒロとの「悪」との戦いを通して描かれる「友情」を描いていて心地よい。

本当に必要なのは老人の心を癒すロボット

まるで東京とサンフランシスコを合体させたような未来都市サンフランソウキョウに住むタダシとヒロ兄弟は、幼い頃に両親を亡くしていたが本当に仲がよく、助け合って生きてきた。弟のヒロのほうは、寂しい思いを紛らわすかのようにちょっとしたワルとなりよく補導されていた。どういういきさつかは知らないが、二人には親代わりとなって面倒をみてくれているキャスがいて警察に補導されたヒロを迎えに行ったりしてくれていた。ヒロは一四歳であるが天才的な頭脳をもち、マイクロボットという意のままに動かすことのできる掌サイズのロボットを開発していた。

タダシも大学でキャラハン教授のもとでロボットの開発を研究していたが、ヒロの能力を生かそうと思い、ある日、研究室に連れていく。そこでヒロはタダシの大学の友人であるハニー・レモン、ゴー・ゴー、フレッド、ワサビの四人と意気投合する。そこではさまざまなロボットの展示会が行われていたが、タダシが作った白くふわふわして優しそうなケアロボットを目にする。それは人と争わず、人の傷ついた体と心を癒してくれるように作られたロボットであった。タダシはそのロボットに、ベイマックスという名前をつけていた。

ヒロはキャラハン教授の前で自分が開発したマイクロボットをプレゼンテーションしたところ、教授は大いにこれに興味を示してきた。そこに同時に居合わせた怪しい人物、アリステア・クレイは、このロボットを自分の会社で製品にさせてほしいと申し出る。もともと儲けるためにロボットを開発したのではないヒロは、この申し出を断る。外に出てタダシとヒロが会話していると突然ロボット展示会場で火災が起きる。猛火のなか、タダシはなかにいたキャラハン教授を助けに行き帰らぬ人となってしまう。最愛の兄を失い、生きる気力すら失ったヒロであったが、兄が残したベイマックスが傷ついたヒロの心を癒すためにやってくる。

ベイマックスとともに前向きに生きようと始動しはじめた頃、ヒロの発明したマイクロボットが突然動きはじめる。ロボットの指す方向に歩いていくと、ある倉庫に行き当たる。なんとそこではヒロが発明したマイクロボットが大量に作られているではないか。そして、歌舞伎のマスクをかぶった男が突然現われて、ベイマックスとヒロを襲おうとする。

命からがら逃げ帰ったヒロは、タダシの死に疑問をもち、この仮面男と関連しているのではないかと考えるようになる。彼は優しくて戦闘能力のないベイマックスを戦うロボットにするため、ファイティングモードのチップを埋め込み、強化スーツを装着させ、ハニー・レモン、ゴー・ゴー、フレッド、ワサビの四人にも戦闘用にプログラミングされたスーツを装着させて、最強の戦闘ヒーロー「Big Hero 6」を誕生させる。

「歌舞伎男」との壮絶な戦闘がはじまるが、結局、この男の正体はキャラハン教授であることがわかる。教授はヒロの発明したマイクロボットがほしかったので、あの日わざと火事を起こして、マイクロボットを奪ったのであった。しかしその後、彼がこのようなことをした本当の理由は、娘がアリステア・クレイの闇組織の瞬間移動装置の開発で犠牲になったため、その敵を撃つために歌舞伎の仮面を被り、リベンジしようと考えていたことがわかってくる。娘の恨みをはらす一心でマイクロボットを駆使して巨大な瞬間移動装置を設置し、アリステア・クレイをこの装置に飲み込ませようと考えたのだった。

そんななか、ベイマックスはなんとこの瞬間移動装置のなかでまだ生きている教授の娘の存在をキャッチし、ヒロとベイマックスは勇気を出してこの装置のなかに助けに入る。人を守るということをミッションにもつベイマックスは自身を犠牲にして、ヒロとキャラハン教授の娘をこの装置から脱出させ、そのまま異次元のなかに飲み込まれることになる。

老人の孤独死が多いなか、本当に必要なロボットはそうした一人暮らしの老人の話を聞き、心を癒してくれるロボットなのかもしれない。一人ぼっちになってしまった母をみていてもそう思う。この映画ではベイマックスが、人間の感情を完璧には理解できていない姿がうまく描かれている。だから最後の別れも決してじめじめしたものとしては描かれてはいない。今のスピードでロボットが開発されていっても、心の機微までわかるロボットが作られるようになるのは随分と時間がかかるのかもしれないことをこの映画は示している。

（二〇一五年四月）

■「ベイマックス」（2014年／アメリカ／102分／監督　ドン・ホール／クリス・ウィリアムズ）

「アメリカン・スナイパー」――PTSD

戦争体験とPTSDとの関係を描いた衝撃作

外傷後ストレス障害（PTSD：post traumatic stress disorder）は、災害、戦闘体験、強姦、暴力などの突発的な出来事に思いもかけず遭遇することによって、その体験が脳裏にしみのように残って消せなくなり、心の異常を来たす厄介な病態の総称である。

映画「アメリカン・スナイパー」（クリント・イーストウッド監督）では、イラク戦争に四度も従軍した実在の狙撃手、クリス・カイル（ブラッドリー・クーパー）が戦争体験のなかでPTSDで苦しむ姿が描かれているが、この三月のアカデミー賞作品賞は逃したものの、アメリカで「アバター」をしのぐ興行成績を上げ、映画のできに加えて、この狙撃手の生き様の是非についても議論が巻き起こっている。

カイルは一〇代の頃はロデオの名手で、体力では誰にも負けない。大学を中退して軍への入隊を模索していたが、一九九九年、やっと念願かなって海軍に入隊する。二〇〇一年の世界貿易センターテロ事件が彼の愛国心に拍車をかけた。訓練のなかで、類まれな狙撃能力が認められ、ネイビーシールズという、イラク戦争の地上部隊に配属が決まる。二〇〇三年から二〇〇九年まで実に四回も進んでイラクへ赴き、アルカイダの戦闘員や一般市民を一六五人も狙撃している。絶えず命を失う危険に晒されながら、忠実に任務を遂行する姿を、イーストウッド監督は半ば肯定的に描いている。

狙撃手は突撃する地上部隊の背後から、前方、側方から不意に襲ってくる敵を狙撃し、味方の命を守る。広い視野がもてる高台に位置するため、もしその背後から敵が現われた場合、丸裸になる危険な役割でもある。そんななかで、ここぞという時に素晴らしい観察眼と抜群の狙撃能力で仲間の命を守り続けたカイルは、やがてレジェンドと呼ばれるようになる。

彼が実戦で最初に狙撃したのは地上軍の進路上に手榴弾を仕掛けようとしていたイラク人の母子であった。危険を顧みず任務をひたすら追行していくカイルの姿はみているものに嫌悪感を与えない。そんななか、「ジハード」を掲げ、自分の命と引き換えに自爆テロを繰り返すイラク軍人や一般市民の前で、次々に命を落としたり、負傷していく同僚の姿を垣間見ながら、慢性的な極度の緊張、不安、イライラが募りカイルの心は疲弊していく。映画のなかで、「おれが殺してきたのは野蛮人たちだ。後悔なんかしていない」とうそぶくシーンがあるが、それは自責の念の裏返しといえなくもない。戦場での精神状態から脱却できない彼は、アメリカに一時期帰還していても、血圧や心拍は緊張が解けず上昇したままであった。ちょっとした音に驚き、道路で車が近づいただけでパニックになる。産婦人科に行き、生まれたばかりのわが子が泣いているのをみて、何とかするように大声で怒鳴ったり、保育園で子供とじゃれる犬を殺しそうになる。遂に二〇〇九年、彼は正式に除隊することになる。

自宅に戻った後、その体験をもとに執筆活動を行いながらPTSDに悩む帰還兵、退役兵のためのNPO団体を立ち上げ、社会復帰に向けた支援活動に取り組むようになる。彼の著作のなかでも帰還兵の多くがPTSDなどにより社会復帰できずにいることと、社会がそのことに無関心でいることを大いに嘆き、余暇のほとんどをそうした慈善事業に当てていたようだ。他人を支援しながら自分自身がＰＴＳＤから脱却する道を模索していたに違いない。

そして運命の日が訪れる。二〇一三年二月二日のことだ。カイルはある退役軍人の心を癒すために射撃を教えていたところ、その男が突然、彼に向かって発砲し非業の死を遂げる。この男の家庭はＰＴＳＤのせいもあり崩壊状態で、ヒーローとなり幸せに暮らしているかにみえたカイルに対するジェラシーがことを引き起こしたといわれている。アメリカはイラク、アフガンにおびただしい兵士を派遣しているが、実に五人に一人がＰＴＳＤに苦しみ、そうした帰還兵が異常な精神状態のなかで家族や友人を殺してしまったケースはこれまで一五〇人にのぼるという。

ＰＴＳＤの発症に影響する性格や家族歴などの要因

カイルの評価は当然のことながら賛否両論ある。闇に潜んで女子供まで狙撃し殺してしまうスナイパーであった彼を、潔しとしない意見も根強い。また彼の賛美は戦争美化につながることから、親兄弟を戦争で亡くした家族のアレルギーも激しいものが一部にある。だからこの映画でイーストウッド監督は、カイルという人物を立派な「職人」としては描いているが、ヒーローとしては描いていない。彼が監督をした戦争映画である「父親たちの星条旗」でもＰＴＳＤの問題を描いているし、「グラン・トリノ」でも、朝鮮戦争で多くの朝鮮人を殺したという偏屈な老人を描いている。カイルに殺されたイラクの人々も、彼自身も、そして彼を殺した帰還兵もみんな戦争の犠牲者であり、戦争には勝者も敗者もヒーローも悪役もない、という主張が、今回の映画にも一貫して描かれていて心にずしりとこたえる。

ところでPTSDにはさまざまな症状が出現するが、主要症状としては体験の想起、回避、過覚醒の三つがある。体験の想起は原因となった外傷的な体験が、意図しないのに繰り返し思い出されたり、夢にまで登場したりする現象をいう。回避はPTSDの体験を思い出すような状況や場面を、意識的、無意識的に避け続け、さまざまな事象に対して無感動、無関心を装う状態をいう。過覚醒は、異常体験を離れても交感神経系の亢進状態が続き、それによるイライラや不安が持続し睡眠障害が繰り返される状態をいう。PTSDでは通常、こうした症状が一カ月以上続くが、その期間に再び衝撃的な出来事を思い出させるような体験が起こってしまうと、さらに重症化してしまう。

この病気の治療は決して容易ではないが、一般的なケアとしては極力刺激的な環境を避け、PTSDを起こすに至った特殊な体験を上書きするような二次的な出来事を防ぐように務めながら、ひたすら回復を待つしかない。一般的には三分の二のケースで半年以内に自然回復するといわれており、不眠の治療などを行いながら、信頼できる家族のなかで経過を見守ることが重要である。薬剤治療としては、睡眠誘導剤や抗うつ薬の一種であるSSRI（選択的セロトニン再取り込み阻害薬）の投与が有効なことがある。PTSDの問題は根が深く、時間をかけてもなかなか脱却できない人がいる一方で、過酷な戦争体験や突発事故を経験しても発症しない人がいて、本人の生まれもった性格や精神疾患の家族歴などさまざまな要因がこの病態の発症に影響することがわかってきている。古来人類はさまざまな精神疾患と付き合いながら進化を重ねてきたが、激動する現代社会のなかで、また新たな疾患を抱え込んだといえる。

この映画に描かれている時期、アメリカが戦っていた相手は主にフセイン政権の残党でありアルカイダであった。その頃、国際社会が戦わなければならない新たな組織がさらに現われるとは思いもかけなかったことである。今世界を席巻しているのは「イスラム国」である。この組織の、敵とみると手段を選ばない「報復」の仕方の是非に、議論の余地はないが、こともあろうに、標的にされているヨーロッパやアメリカ、そして日本の若者の一部がこの組織に加担しているというから驚かされる。このなかにはこの組織の隊員と結婚する目的で海を渡ろうとするイギリスのうら若き乙女までいるというから開いた口が塞がらない。実際に祖国に刃を向けるこの組織の一員として戦闘活動を行うということは、祖国に住んでいる親・兄弟に刃を向けることに等しいし、そもそも多くの人が命を落としている戦闘地で自分の命を差出し活動する必然は一体どこにあるというのか。

与謝野晶子の日露戦争に向かう弟の状況を憂い詠んだ「君死にたまふことなかれ」に表現されている、戦争に対する普遍的な家族の思いを知ってほしい。恐ろしい勢いで世の中の秩序や価値観が揺らいでいる現実を直視しながら、本当に若者が真の価値観をみつけていく手がかりを提示できる社会を構築していかなければとんでもないことになってしまう。もしかしたら、今が最後のチャンスなのかもしれない。

（二〇一五年五月）

■「アメリカン・スナイパー」（2014年／アメリカ／132分／監督　クリント・イーストウッド）

「31年目の夫婦げんか」——男と女の違い

人生九〇年時代の熟年夫婦の「性」をめぐる葛藤

昨今、雑誌やテレビの番組で、熟年離婚やセックスレス夫婦の問題を取り上げた特集は枚挙に暇がない。日本の社会は取り上げる問題がそれほどないわけでもないはずだが、ほぼ毎週のように新聞の週刊誌の広告やテレビの番組欄で目にするといっても過言ではない。人生五〇年であった一〇〇年くらい前の人類は生殖年齢をすぎると今のように長い熟年期を迎えることもなく、何らかの疾患で死亡していっていた。しかし今は違う。

人生九〇年に迫ろうとする現実のなかで、認知症や生活習慣病と向き合うことと同じくらい夫婦間の愛情やセックスに向き合うことが重要になってきている。もっと踏み込んでいうなら、年を取ることと反比例するかのように、しなければならないことが減ってきて、長い夜を一体どうやってすごし朝を迎えるのかは、夫婦歴の長いカップルにとって大きな問題となっているといえる。

熟年を迎えた夫婦にとって、「性」に関しては諦めてしまうのか、あくまで固執するのかといった問題が、映画「31年目の夫婦げんか」（Hope Springs、デヴィッド・フランケル監督）のなかで投げかけられている。初老の夫婦の話である。映画の冒頭、意を決して、夫のアーノルド（トミー・リー・ジョーンズ）の寝室を〝訪ねる〟

ケイ（メリル・ストリープ）の姿が紹介される。

「今夜は一緒に寝たいの、したいのよ」と顔を赤らめながら懇願するケイに対し、「今日は昼にポークを食ったので気分が悪い」とつれなく拒絶するアーノルド。冷え切った夫婦関係がうかがわれる。結婚して三一年が経った。すでに二人の子供たちは成人し家を離れている。毎日決まって妻が作るベーコンエッグを食べ出勤し、夕方決まった時間に帰宅し、さしたる会話もなくゴルフ番組をみて就寝時間を迎える。そんな生活の繰り返しに専業主婦であるケイが飽き飽きしているのはいうまでもない。今や夫婦喧嘩のチャンスすらなくなったこの夫婦は危機的な状態であり、妻はそのことに気づき危機感を抱いている。一方、夫はそのことにあくまで無頓着である。

「このまま何も変わらず時がすぎていくのだけなのはいや」。そう思ったケイは模索をはじめる。彼女は結婚生活に関するカウンセリング本でみつけたバーナード・フェルド医師のホームページにアクセスする。朝食の折、アーノルドに「あなたと集中カウンセリングを受けたいの。一緒に行ってほしい」と懇願するケイに対して、一週間で四〇〇〇ドルという値段に驚いたアーノルドは「俺はいかないよ」とあっさり拒絶する。しかし、へそくりの定期預金を解約してまで申し込んだという彼女の思いに、不承不承ながら仕事をキャンセルし最終的には同行することにする。飛行機に乗り二人はグレート・ホープ・スプリングスというこじんまりした海辺の町にたどり着く。

問題意識の乏しいアーノルドにとっては退屈なカウンセリングがはじまる。フェルド医師がカウンセリングを受講した理由を聞くと、「私たちもう一度結婚したいんです。心も体も触れ合いがないから」と真顔で答えるケイに対して、「まず長年の夫婦生活でできた傷痕を取り除くところからはじめましょう」と上から目線のようにも取れる口を利くフェルド医師に対し、アーノルドの不満は募るばかりであった。

　こんなことはばかばかしいと思っているアーノルドとは対照的に、フェルド医師の質問に真摯に向き合うケイを目の前に、彼は次第に否定しつつもこのカウンセリングに向き合わざるを得なくなってくる。さすがにこうしたカウンセラーで金を稼ぐ医師の話術は巧みである。二日目、三日目と二人の間の最近のセックスの実態が浮き彫りにされていく。二人はアーノルドの鼾や睡眠時無呼吸の習癖が引き金となり、久しい以前から寝室を別にするようになっていた。最後にセックスをしたのは五年程前だという。

　アーノルドは浮気一つしたことがなくまじめに働く男であるがゆえに、妻とのセックスに思い描く願望があったが、この状況に諦めきった様子がうかがえる。「どうせ望んでも妻は答えてくれないだろう」と諦めてしまった節がある。

　ケイのほうは、迫りくる自分の体の老化と相まって、「私の体に興味が薄れていっているのだろう」と決めつけ焦っている。お互い伴侶に愛を感じていながら、趣味や価値観が違い、セックスで求めるものも違うことから、どうしようもない溝ができていることが浮き彫りにされていく。

　一週間の滞在のなかで、ケイはここまで来ても改善されない夫のぶっきらぼうな態度に憤慨しつつ、最後まであきらめない。それに引きずられるようにケイに付き合おうとするアーノルドではあったが、長年しみついた習癖とあきらめは一朝一夕には治らない。

男と女の行動・思考パターンの違いを生むY染色体

結局最後は、ブチ切れてしまった妻の姿に危機感をもったアーノルドが、一念発起して一流のレストランを予約し、愛しはじめた頃のときめきや、お互いの輝きを語り合い、その後ホテルの一室で愛を確かめ合おうと努力する姿で終わる。結局、お互いの「積年の恨み」をぶつけあった後、行きつくところまで行きついてみないとお互いの愛や有難さがわからないところが辛い。「虹を見たければ雨を我慢しろ」とはいうものの、これは土砂降りの雨だ。

男と女の違いには決定的なものがある。女らしさを支配する遺伝子は不明だが、男らしさを規定する遺伝子は女にはもたないY染色体が関係していることは明らかである（もっともこの染色体に含まれる八〇ほどの遺伝子は減り続け、一万年もすると消滅すると考えられている）。それは同じ人間という言葉で一括りにできない明白な違いである。Y染色体の力で男は女より筋骨が逞しくなり、その結果、女よりは外敵と闘うことに肉体的に適し、伴侶を守り、家族を守る役割を担わされてきた。それは長い進化の過程で受け継がれてきたY染色体をもって生まれた生命体の宿命である。太古、男は野獣や外敵から身を守りながら狩りに出かけ、女は育児もあるため遠出はできず、家の近くの木の実を拾い食事の糧とした。

延々と繰り返されてきた人類の営みのなかで、男という性と女という性は進化しながら行動パターンが培われ、思考パターンに影響を及ぼしてきたのはいうまでもない。男性は遠くをみて、全体像をみる能力に長けるが、微細な物事を処理する能力に劣り、女性は、近視眼的であるが、こまごまとした物事によく気がつくのはこうした役割分担から来る進化の賜物である。

他人とともに歩んでいくことは同性であっても決して楽しいことばかりではない。それが明らかに遺伝子が違い外観も違う生命体と数十年も価値観を共有しながら生きていくのは至難の業だといわざるを得ない。当然時には、不満が募る。しかし、その不満を抱え込んでいては埒が明かない。思い切って爆発させなければ道は開けないことをこの映画は教えてくれる。

実際、ケイはセラピーを通じて自分自身と向きあい、自分の気持ちを夫に爆発させる。いつでも妻は自分のことを想い、ヒマワリのように常に自分を追いかけてくれるはずだとたかをくくっていたアーノルドは、当初は怒りと苛立ちをぶつけるが、最後には妻の不満に慌ててはじめて本心を打ち明け、相手の気持ちを優先する努力をすることで一件落着する。しかし、年を取って乾いて固くなった頭と心では、わかっていてもなかなか実行に移せないのが現実で、この映画で描かれている夫婦とは異なり、熟年離婚に落としどころをみつけざるを得ない夫婦も少なくないであろう。

古い話だが、日清戦争から第二次世界大戦まで泥沼の諍いを続けた日本と中国は、戦後三〇年近く経った一九七二年九月、やっと時の総理大臣田中角栄と外務省の努力で日中国交正常化の調印式が行われることになる。北京であった式典の折、田中角栄総理に対し、周恩来がこういった。「中国のことわざに喧嘩しないと仲良くなれない、というのがあります」。中国四〇〇〇年の歴史のなかで培われたこの知恵は、夫婦の間でも普遍的な真理である。


（二〇一五年六月）

■「31年目の夫婦げんか」（2012年／アメリカ／100分／監督　デヴィッド・フランケル）

「ビリギャル」――天才遺伝子は機能するか？

偏差値30の「ギャル」が慶應義塾大学に合格した「実話」

映画「ビリギャル」（土井裕泰監督）に現われる工藤さやかは「ギャル」丸出しの高校生である。「息子をプロ野球選手にする」という「巨人の星」のような彼女の野球バカ父親は息子の部活にかかりっきりで、家庭には小さい頃から一家団欒の雰囲気はなく、さやか自身も父とはぎくしゃくしてうまくいっていない。「このくそじじい」が父に対しての口癖であった。小さい頃は控えめな性格であったこともあり、学校ではいじめられっ子で、家にも学校にも彼女の居場所はない。母（さやかは母のことを〝ああちゃん〟と呼んでいる）は思い悩んで、中高一貫教育で、大学までエスカレーター式に進学できる私立明欄女子中学にさやかを入学させる。彼女はああちゃんの「これからは毎日、自分がワクワクするような楽しいことだけしていればいいのよ」という言葉を頼りに、いっさい勉強せず中学、高校生活を送っていった。結果、気がつくと金髪、つけ睫毛ド派手メイクで、服はへそ出しルック、超ミニスカートのいで立ちをした偏差値３０、学力最低の「ビリギャル」が完成していた。素行も当然のように悪く、大好きな母が学校に呼び出された回数は片手では足りない。

さやかは高校二年生になり、遂に煙草にまで手を染めるようになり、先生にみつかってしまうが、「ほかに吸っている仲間の名前をいえば停学だけはこらえてやる」という担任の「恫喝」をものともせず、堂々と無期停学処分を受けるような一徹さ、仲間への優しさをもった「筋の通った」ギャルであった。

この状況に危機感をもったああちゃんは、さやかを完全個別指導の青峰塾の面談に連れて行く。いやいや行ってみた塾ではあったが、ここで坪田先生に出会ったことが彼女の人生を一変させることになる。先生はあの手この手でさやかのやる気を起こさせていく。こういう時、無知であることは大きな武器になる。受験の大変さを知らない彼女は、先生のおだてるがままに、周囲が馬鹿にするなかで、遂に私学の最高峰の一つ慶應義塾大学の受験を堂々と宣言する。

彼女は本当に人が変わったように頑張った。学校の授業時間を睡眠時間にあて、塾、そして帰宅後も深夜遅くまで努力し続けた。あまりに授業で寝るため、母親が再び学校に呼び出されるが、「さやかは学校しか寝る場所がないんです」という切実な言葉は、今の学校教育と受験がいかに乖離しているかを端的に語る言葉として面白い。真っ白い、何も描かれていない頭の画板にどんどん知識という絵が描かれて行く。坪田先生を信じて一年間勉強に集中した結果、三年生になった時点で偏差値は50前後にまで急上昇する。しかし、第一回の全国模試では慶應の合格確率はE判定と最悪であった。強気の彼女もさすがに焦りと無力感を隠せない。受験の厚みを知った瞬間であろう。

さやかが自暴自棄になろうとしていた頃、やはり高校生になっていた弟は、父の期待を裏切り、名門高校野球部を退部し、不良グループに出入りしていた。「俺のレベルは姉ちゃんと同じでこんなもの」とうそぶく弟にさやかは啖呵を切る。「テメーと一緒にすんなよ。私はテメーとは違うんだから」。彼女は再起を期して、母に頼んで慶應義塾大学の見学に行き、キャンパスを歩きながら志を新たにする。そして冬が来る。三度目の模試で遂にさやかの偏差値は日本史58、英語72にまで上がり合格率五〇％のC判定となっていた。あと二カ月、いよいよみえなかったゴールがみえてくる。

天才少年たちを集めて基本教育を施した末の「末路」

私は進学校を経て医学部、そして研究生活と進んだ人生のなかで、「この人の頭の中は一体どんな構造をしているのだろうか」と思うような何人かの秀才、天才に会ってきた。こうした能力は果たして教育の力で育成することができるのであろうか。人の記憶、理解の能力を少しでも伸ばしたいという思いは、人類の時代を超えた永遠の願望である。

中国では優れた頭脳の少年を集めて英才教育をすればさらに能力が伸びるだろうという発想のもとに、そうした生徒を集めた超エリート養成機関をいくつかの大学のなかに作っていた。一九九〇年代の話だ。優秀な学生にはどんどん飛び級を認め、積極的にアメリカなどへの国費留学も奨励した。

しかし、この試みは残念な結果に終わることとなる。そうした学生の多くは社会人となる頃には、まともに社会生活さえ送れない大人に育っていたというのだ。いかに優秀な頭脳をもっているといえども、人間の真価は総合力で決まる。社会性、段取り力、忍耐力、持久力、包容力など、思考から実践に移すまでこうした総合的なプロセスを経て社会的な成功が生まれることはいうまでもない。

脳研究の世界ではかねてより、天才遺伝子を突き止め、将来的にはヒトの能力アップにつなげようとする試みが盛んに行われてきた。脳に存在するNMDA型グルタミン酸受容体は、グルタミン酸受容体の一種で、記憶や学習、さらには脳卒中などの脳虚血後の神経細胞死などに深くかかわる受容体であるが、これを脳に高発現させると学習能力がアップするのではないかという発想のもと、NMDA受容体遺伝子を高発現した遺伝子改変マウスが作られた。このマウスは実際、迷路記憶試験などの記憶試験を行うと、確かに普通のマウスより学習能力が高く、記憶力は格段に優れていることが証明され、しかも一度覚えたことは長く忘れないことが判明した。

ところが、科学雑誌「Nature」によると、過去一〇年、このマウスも含め、このような遺伝子改変技術を用いた三〇種類以上の「天才マウス」が作られてきたが、多くの「天才マウス」たちに共通にみられる特徴は、記憶力がよすぎると、ささいなことで過去の記憶がよみがえってきて逆に混乱して右往左往する現象がみられるということだ。たとえば、迷路の実験で、人間が意図的に設定した目印以外の設定をしただけで混乱して正しく答えられなかったり、ちょっとした刺激に敏感に反応したりしてしまうらしい。このような実験の結果は、すっきりした頭脳明晰な頭とは覚えることと忘れることのバランスが重要であることを物語っているのかもしれない。まだまだ真の天才マウスの誕生には課題が多いことがうかがわれる。

この映画は六年前、名古屋に実在したビリギャルこと小林さやかさんのサクセスストーリーをもとに作られた話であり、その内容が書かれた本はベストセラーにまでなっている。果たして本命の慶應義塾大学文学部の試験は失敗するが、坪田先生が滑り止めにと勧めておいた、それよりもはるかに偏差値の高い総合政策学部に合格する。これが数学も理科もある国立大学法人の入試ならこうも上手くは事が運ばなかったであろうとは思われるが、受験界の伝説として残るような話である。

さやかを演じている癒し系の女優、有村架純の演技がけれんみがなく、力みなく自然にギャルに溶け込んでいて好感がもてる。また、舞台が受験というと殺伐とした感じを与える東京ではなく、名古屋であったというところも新鮮だ。さやかが発する名古屋弁ギャル言葉はどこかユーモラスに響くところが物語に花を添えている。

さやかが人生の大逆転を果たしたのは、ビリギャル状態のなかで、担任の教師に「くず」とまでいわれ馬鹿にされても、ギャル生活を謳歌しながら養ってきたイージーゴーイングともいえるような先入観でものを考えない自然体の生き方、そして劣等生でももしかしたら頑張ればできるかもしれないという「なにくそ魂」を坪田先生の「戦略」のなかで養うことができたことが大きいと思われる。そして、それに加えて何度も心折れそうになりそうなさやかを支え続けた母の力など総合的な「チームビリギャル」の力があったことも大きい。

知的好奇心はものを学ぶ時の基本である。さまざまな知識の習得は、この心のうえに積み重なっていく。さやかが受験勉強という比較的地味な勉強のなかでも、次々に新しいことを吸収できたのは知的好奇心があったからにほかならない。日本のなかにはびこるビリギャルたちよ、オバタリアンになってしまう前に一度しっかり勉強してみなさい。そうしないと日本の将来は危うい。

（二〇一五年七月）

■「ビリギャル」（2015年／日本／117分／監督　土井裕泰）

「アリスのままで」——家族性アルツハイマー病

家族性アルツハイマー病の「自己喪失」だけではない悲劇

筋委縮性側索硬化症（ALS）を患い呼吸苦で苦しがっている患者や、腫瘍で痛みに苦しんでいる患者を診ていると、不遜だが余りの苦しみを前にして、「認知機能を少しでも落としてやる手段が許されたなら…」と思ってしまうことがある。そうした感情を抱く医師は決して私だけではあるまい。

一方、映画「アリスのままで」（リチャード・グラツァー、ウォッシュ・ウエストモアランド監督）に登場するアリスは、若年性アルツハイマー病を患っていることを知り、だんだん「自分」がなくなってしまうのではないかと喪失感に苛まれ、やるせない気持ちを夫にぶちまける。「いっそがんだったらまだよかった。こんな恥ずかしい思いもしないでいられるから」。これは彼女の心の底からの叫びであろう。無論、病気の苦しみに優劣などあろうはずはない。がん患者は逆に次第に死期が近づくなかで、この苦しみを忘れる方法はないのか、と願う瞬間があるに違いない。

アルツハイマー病の初期はインテリジェンスが高い患者ほど、自分の物忘れに関する認識が強く、それだけ喪失感に苛まれる。これまで蓄えてきた知識、常識、自分自身の人格、家族との思い出などその喪失感は不安となって表現される。

初老期を迎えようとしているアリスは、皮肉なことに大学の言語学の教授である。内容豊かな講義、講演には定評があった。ある日の講演でいつもはジョークを交えながら立て板に水のようにしゃべるアリスが、突然言葉が出なくなる。学生講義でもインターネットに内容の酷さが書き記されるようになる。不安に思った彼女は思い余って神経内科の外来を訪れる。

「頭部MRIにはっきりした異常は認められません。ただ診察では近時記憶力が著しく低下しています。アルツハイマー病の可能性があるため、PETで調べる必要があります」。「私にはその必要はないわ」。しかし病識のあるアリスは、その日からさらに不安になり眠られなくなる。ある日の深夜には夫を無理やり起こし、不安をぶつけたりもする。「この状態をそのまま放置していても埒が明かない」。そう思った彼女は結局PET検査を受け、脳にアミロイド斑が沈着していることを告げられる。「五〇歳代で発症するアルツハイマー病は若年性アルツハイマー病です。遺伝歴がある場合がありますから遺伝子も調べましょう」。そういえばアリスの父は同じ年齢の頃認知症で死亡している。果たしてアリスは遺伝子診断でプレセネリン遺伝子に異常が証明される。

アルツハイマー病やALSなどにはそれぞれ遺伝性と非遺伝性のものがある。アルツハイマー病の場合は孤発性の場合は通常六〇歳以降に発症するが、遺伝性の場合はプレセネリンやアミロイドβ蛋白質などの遺伝子異常で起こり、アリスのように発症年齢は四〇～五〇歳代が多い。

聡明なアリスは、医師である夫と相談のうえ、親の責任として三人の子供にこの状況を思い切って話すことにする。動揺する子供たちであったが、結局二人の子供が遺伝子診断を受け、長女は遺伝子陽性、長男は陰性、次女は検査を拒否した。長女から電話で遺伝子検査陽性であった知らせを受けたアリスは、親としての責任を痛感するが如何ともできず、途方に暮れる。

そんななかでアリスの記憶力、判断力はどんどん落ちていく。彼女は症状が進んで家族に迷惑がかかることを想定して、コンピュータに自分へのメッセージを動画としてしっかり残すことにする。「アリス、これ以上症状が進んだら、二階のバスルームの引き出しに睡眠薬の瓶があるから、そのなかの錠剤を全部飲んでそのままベッドに横たわるのよ。その行為を遂行する時は絶対に誰にもいってはダメよ」。

アリスの認知症の度合いは時とともにさらに進行し、ほんの数分前にいわれたことが記憶できない状態になる。そして遂に娘の顔が認識できなくなり、自分の家のトイレの場所までわからなくなる。空間失認の状態である。

ある時、無造作にコンピュータをいじっていたアリスは、かつて吹き込んでおいた自分宛ての動画メッセージをみつける。もうほとんど認知できない状況に近いアリスも、まるで本能にそそのかされるようにそのメッセージに従って二階に上がり、睡眠薬の瓶をみつける。まさに飲もうとしたその瞬間、玄関から来客の呼び声が聞こえる。集中力をそがれたアリスは足元に錠剤をこぼし、つい今しがたまで覚えていたメッセージをすっかり忘れてしまう。間一髪で睡眠薬自殺は回避されるが、それは果たしてアリス自身にとって幸せなことであったのかはわからない。

世界的な高齢化の進展で認知症の克服は人類の悲願

この映画の原題は「Still Alice」である。この映画ではアルツハイマー病はアリスからさまざまなものを奪っていくが、そのような状態であっても「もとのアリスのままでいたい」という思いは心のどこかにあり、その気持ちとの葛藤が見事に描かれている。一方で同時に、この病気には、名の知れた言語学者として風を切って生きてきたアリスのような人間が、人格や人間の尊厳を失うような状態になっても依然アリスとして生きていかなければならない非情さがあることも教えてくれる。

アリスの家庭は、母子関係が多少ぎくしゃくしているものの、三人の子供に恵まれ夫婦仲もよいようだ。夫は医師であり研究者でもあるが、妻がアルツハイマー病で闘病している最中、一生懸命時間を共有しようと努力し、支えようとする姿が描かれている。しかし夫はそんななか、舞い込んできたメイヨー・クリニックへの栄転の話を敢えて選択する。彼にとっては断腸の思いであったに違いないが、それは、国民皆保険制度のないアメリカにあって、妻の闘病のため、仕事をおろそかにしてただ寄り添っていただけでは、今は比較的恵まれた経済力があっても、今後どれだけ続くかわからない介護生活のなかで、しっかりした蓄えをしておかなければ妻を守ってはいけない現実を物語っている。

アルツハイマー病を扱った映画はこれまでたくさん作られており、なかには病気のとらえ方の甘いものも少なくなかったが、この映画はしっかりした専門医が映画製作に携わり、ほぼ正確にこの病気の症状や進行状況を描いている。そして何より、アリスを演じたジュリアン・ムーアが素晴らしい。「ことの終わり」、「めぐりあう時間たち」で成熟した女を演じた彼女が、この映画では、化粧一つせず、やや小太りの初老の認知症患者を体当たりで演じている。彼女はこの演技で今年度アカデミー賞主演女優賞を見事受賞している。

マイケル・ムーア監督の映画「シッコ」で描かれているように、数千万人というアメリカ人が経済的な理由で医療保険に加入できておらず、事実上医療を受けられない状況にある。一方、医療保険に加入している人も、アルツハイマー病のように慢性に経過する難病の闘病に当たっては、長期にわたって高額の保険料を払わなければならないため、そうした疾患に苦しむ患者・家族にとって、その介護や経済負担は大きな問題である。

一方、わが国の場合、アルツハイマー病や認知症に関するある統計では現在六五歳以上の老人の実に一〇人に一人、九〇歳になると四人に一人が認知症であるとする驚くべき数字が提示されている。わが国の国民は貧富の差に関係なく、国民皆保険である程度医療費をカバーされるとはいうものの、受ける医療の質は貧富の差を反映していることも事実である。施設に入る余裕がなく、認知症の親を介護するため仕事を辞めざるを得ない中高年の子供や、伴侶の老老介護に疲れ果て無理心中を図る悲惨なケースが跡を絶たない。

認知症にはアルツハイマー病のほかに、脳血管障害に伴う認知症、レビー小体型認知症、前頭側頭葉型認知症などがあるが、約半数がアルツハイマー病であり、圧倒的に多い。どこの国でもどんどん高齢化が進んでおり、有効な治療法やしっかりした介護システムを作らないまま推移すると、やがて世界中に医療の手の届かないアルツハイマー病患者が溢れるようになることは間違いのない事実である。この病気の克服はわれわれ人類の悲願といっていい。

（二〇一五年八月）

■「アリスのままで」（2014年／アメリカ／101分／監督　リチャード・グラッツァー／ウォッシュ・ウエストモアランド）

「博士と彼女のセオリー」——脊髄性筋委縮症

宇宙物理学者ホーキング博士の愛と闘病の物語

ＡＬＳは一般的には発症後三～四年で運動神経の前核細胞の変性と中枢の経路である脳の運動野から脊髄に至る錐体路の障害により、それらが支配する骨格筋が選択的に傷害される病気で、最期は主に感染症や呼吸筋障害により死亡する。現在もなお確立された治療法はなく、「ＡＬＳと診断するのは死を宣告することに等しい」とアメリカの神経学の教科書に書いてあるくらいの難病である。末期には前述のごとく呼吸筋を司る神経の障害が起こるため、苦痛を訴え続けて死亡する点がこの病気の病態をさらに悲惨なものにしている。

昨今、世界規模でこの病気の研究費を募るため、氷水をかぶり寄付を呼びかけるキャンペーンがブームとなったが、それは「ＡＬＳの患者が味わっている辛さは氷水をかぶって寒さを実感するくらいのものではない」と呼びかけているのかもしれない。だが何事にも例外がある。脊髄の運動神経細胞に限局した傷害を起こす脊髄性筋萎縮症の中には、中枢の神経細胞は正常のままで、末梢の運動神経だけが傷害されるタイプがある。

スティーヴン・ホーキング博士が患っているＡＬＳはこのなかで脊髄性筋萎縮症・Ⅳ型と呼ばれるさらに

特殊なタイプに分類される。このタイプには博士のように生命予後の長いケースも含まれている。実際、博士は、大学院生時代に発症しているが、呼吸筋を含む体のほとんどの筋肉は動かないにもかかわらず、七二歳になった今でもなお生きている。映画「博士と彼女のセオリー」（ジェームズ・マーシュ監督）ではALS発症から結婚、そして離婚に至るまでの彼の生き様を遺憾なく映し出している。

いうまでもなくホーキング博士は有名な理論物理学者であり宇宙物理学者である。一九六三年にこれまでの定説を覆す新しい理論であるブラックホールの特異点定理を世に出し注目された。その難解な学説である「ホーキング理論」とは裏腹に、彼の発言は極めて論理的で具体性があり一般人にも十分理解でき、数々の面白いエピソードを残している。「時間」についてもユニークな発言をしている。「時を超えるタイムマシンは果たしてできるのか」という問いに対して、不可能とする立場を取っているが、その説明として「われわれの時代に未来からの観光客が押し寄せたことはないことからも裏づけられる」と答えている。彼は、時間や宇宙に関する考え方についても、素人にもわかりやすい言葉で語っており、一般向けに書かれた著書『ホーキング、宇宙を語る』は大ベストセラーになり、これにより巨額の富を手に入れ生活が一変した。

博士は、ケンブリッジ大学に入学し、物理学を専攻する。一九五九年、一七歳の時のことだ。やがて大学院生となり、理論物理学に興味をもち研究を進める。彼の研究は荒削りではあったが、その独創性が評価され、教授たちから一目置かれる存在となる。この頃、彼の心は自信と希望に満ちていた。そんな彼がコンパでスペイン語学科で学位を取ろうとしていたジェーンとめぐり会う。彼女は博士の知的で精悍なところに、博士は彼女の美しさ、清楚なところに心惹かれ合い、恋に落ちる。ジェーンは敬虔なクリスチャンであるが、ホーキング博士は無神論者である。キリスト教の「宇宙は神が造ったもの」では、科学が成立しない。はじめはどことなく相容れないところのある二人ではあったが、ある日、ダンスパーティーに出かける。遊園地でさまざまな会話を交わし、メリーゴーランドに乗り、寄り添うように花火をみながら、二人は宗教を越えた愛に目覚める。

しかし、人生にはしばしば予期せぬ不幸が襲う。二人の親交は深まり、ホーキング博士は彼女を家に招き、いよいよ結婚と思っていた矢先に、思いもかけず階段で転ぶようになり、手先の巧緻運動がままならなくなる。ALSの発症である。自暴自棄になる博士に対し、ジェーンの心はどこまでも優しく愛は揺るがなかった。彼女は結婚に対して後ろ向きになる博士の気持ちや家族の心配を押し切る形で、晴れて博士とゴールインすることになる。

不治の難病のなかで、結婚・離婚を繰り返した人生

博士は発病当初は何とか自分で歩き、食事や研究も独力でできていたが、次第にジェーンの手助けを必要とするようになっていく。そんななか第一子が誕生する。博士の身の回りの世話から育児まで、何もかもが彼女にのしかかる日常生活のなかで、彼女は次第に明るさを失い、身も心も疲弊していくようになる。博士は呼吸筋や嚥下筋の力もどんどん弱っていき、遂に一九八五年、嚥下性肺炎を契機に生死の間をさまようようになる。安楽死を選択肢の一つと提示する医師に対して、ジェーンはそれでも断固として人為的な死の選択を拒否する。博士は何とか肺炎を克服するが、誤嚥を防ぐため気管切開が行われ、以後今日に至るまで声を失った状態で生活している。声による会話はできなくなったものの、コンピュータ技術の発達とともに、

企業の協力を得て、瞬きや目の動きによってアルファベットを選び言葉に変換しそれを声にする機械が開発され、現在もそうした機器を使いコミュニケーションをしている。博士の身の回りの世話と育児に疲れ果てたジェーンは、心の救いを求めて教会のコーラス隊に加わり、心を癒そうとするが、そこで知り合った神父がホーキンス家のヘルパーも買って出るようになり、波紋が広がっていく。当然のように彼女の心がこの神父に動いていったのだ。二人の関係は公然の秘密となり、神父はホーキンス家から去っていく。そうしたことが博士の精神状態に影響を与えたのかもしれないが、新たに雇った女性のヘルパー、エレンに今度は博士が全幅の信頼を寄せるようになり、親密な関係になっていく。この頃、博士は目と口元以外ほとんど動かなくなっていたため、身の回りの世話に専念できるヘルパーの存在は不可欠であったし、映画ではこれも運命と悟って家を出ていくジェーンの姿が描かれている。

この映画ではホーキング博士を演じたエディ・レッドメインの演技がひときわ素晴らしく、今年のアカデミー賞主演男優賞を、はじめてのエントリーで見事手に入れた。彼はきっとALSの患者やホーキング博士の様子をしっかり観察し、役作りに励んだに違いない。この映画はホーキング博士も監修しているが、映画のなかの「ホーキング博士」をみて、「これは僕そのものだ」と驚いたらしい。

長い人生のなかで男と女、夫と妻、父親と母親、子供と親、病気と家庭…、それぞれの関係のなかで、われわれ人間は法則のない難しいセオリー、方程式を解き続けながら蠢いている。これに不治の難病が絡むとさらに難しい方程式を解かなければならなくなる。この映画では、彼らが歩んできた道は、困難なことばかりで、神への挑戦のような宇宙物理学の理論を解き明かすために博士が立てた方程式と同じくらい困難なものであったことを垣間見せてくれている。この映画の脚本は、離婚した後、当事者のジェーンが二人の生活を振り返りながら本にしたものをもとにしているため、二人の関係が必要以上に美化されている可能性がある。彼らの実生活はもっと現実的な、どろどろとしたいくつもの問題に直面し、右往左往していた可能性が高い。

博士とジェーン夫婦にとっての救いは、博士が出版した本のお蔭で富を得、豊かな経済力のなかで闘病生活を送ることができたことであり、不幸なことは、そのためにヘルパーなどを入れる余裕ができ、離婚という新たな選択肢を抱え込んでしまったことかもしれない。

博士は筋肉がどんどん衰え、車椅子の生活となり、排泄も一人ではできないなかで、二度の離婚を経験し、三人の子供を設けている。ＡＬＳは運動神経は麻痺するが、自律神経障害は決して起こらないため、勃起能は衰えず、精神活動もしばらくはほぼ保たれるため、性欲は正常である。ある時、記者の「毎日何を考えているのか」という質問に対して、「女性だよ。彼女たちってとてもナゾに満ちている存在なんだ」。これこそ難病に侵されながら、七二歳に至るまで生きてきたバイタリティーの源なのかもしれない。（二〇一五年九月）

■「博士と彼女のセオリー」（2014年／イギリス／124分／監督　ジェームズ・マーシュ）

「セッション」――サディスト

サディスト気質の天才音楽教授と天才青年との物語

人間は、人に胃潰瘍を起こさせるタイプと自らが胃潰瘍を起こすタイプに分かれる。映画「セッション」(デイミアン・チャゼル監督)は前者のタイプ二人の壮絶な心のぶつかり合いを描いた秀逸なドラマである。

アンドリュー・ニーマンは小さい頃に両親が離婚し、今は父と暮らしている。これといった取り得はなくどこか鬱屈したところのある一九歳の青年だが、小さい頃から続けていたドラムには自信があり、将来はジャズ・ドラマーとして身を立てて行きたいという思いが強かった。彼はアメリカ一の音楽学校、シャッファー音楽学校の門を叩き、フレッチャー教授の音楽授業を受けることになる。

ドラムを叩かされたニーマンは冷たい視線は受けたもののフレッチャー教授の目を引き、彼のスタジオ・バンドに招かれることになる。この頃、以前から恋心を抱いていた映画館の売店でアルバイトをしている大学生のニコルにも告白をして、順風満帆な人生がはじまるかに思えた。いよいよ練習が本格化する。それは怒鳴り声からはじまった。泣きながら退場させられるバンドメンバー。そんななかでドラムのテンポがずれているという理由でアンドリューは椅子を投げつけられ、リズムを取りながら頬を殴り続けられ、遂に涙を流してしまう。

アンドリューはその後も言葉と行動で暴力を受けながらも、必死で教授について行こうと練習に没頭しようとする。だから大好きだったニコルとも別れる決意をする。彼のドラム技術は次第に評価されるようになり、三人いるドラマーのなかで首席ドラマーにのし上がるが、練習は相変わらず過酷であった。極端に早いテンポでのドラム演奏を要求し、フラフラになるまで何時間もひたすらドラムを叩かせたりするが、アンドリューただ一人が手から血を流しながらも最後まで演奏し続ける。

コンペティション当日がやってくる。会場へ向かう途中、バスが故障してしまい、彼は集合時刻に遅刻してしまう。レンタカーで会場に急ぐことにするが、不注意で事故を起こし、血まみれになりながらも何とか舞台にたどり着く。しかし、打撲を受けた手は思うように動かず、ついにはスティックを落としてしまい、演奏は惨憺たる結果に終わる。こんな満身創痍のアンドリューに教授は、「お前はもう終わった」とののしるが、この言葉に抑えていたこれまでの感情が爆発し、衆目の前で教授に殴りかかり、会場を出ていくことになる。

この騒動を期に、アンドリューは音楽学校を退学処分になる。彼の父親は弁護士に相談し息子の地位保全の道を探るが、教授について調べた弁護士は、以前にも教授からパワハラを受け、鬱になったり自殺したりした学生がいることを知らされる。弁護士はこれを学院に報告することを父子に薦め、最終的にアンドリューは書類に匿名でサインする。この行動がもとで、フレッチャー教授は音楽学校を辞めることになる。

何カ月かの時が流れる。退学したアンドリューには平凡だが空虚な日々が訪れる。夜、街を歩いていた彼の視線に、あるジャズ喫茶が留まる。看板には「演奏者、フレッチャー」と書かれているではないか。二人はそこで再会する。フレッチャーはアンドリューを酒に誘い、飲みながらしみじみと話をはじめる。フレッチャーは語る。

「自分が学生を罵倒してきたのは確固たる信念があったのだ。夢はあくまでレジェンドになるようなミュージシャンを育てることだった。褒めることは才能を潰すことだ」と優しく語りかける。フレッチャーはさらに続ける。「ある音楽祭でバンドの指揮を執るが曲目は君が演奏していたものとほぼ同じだ。よいドラマーがいないので参加しないか」ともちかける。

フレッチャーの予想外の心のカミングアウトと優しい言葉に、アンドリューのドラマー魂が呼び起こされ、彼は音楽祭に向かうことになる。しかしそこには大きな落とし穴が用意されていた。話はいよいよクライマックスに向かう。

歌舞伎界を背負って立つ坂東玉三郎の珠玉の言葉

ドラム席についたアンドリューはフレッチャーの挨拶の言葉に驚く。叩いたこともない曲からはじめるというではないか。必死で演奏するアンドリューであったが結果は惨憺たるもので、楽団員からもフレッチャーからも公衆の面前で罵声を浴びせられる。それはまさしく、アンドリューの弁護士からの上申書で学院を首になったフレッチャーのアンドリューへの復讐にほかならなかった。

しかし、そこからアンドリューの最後の逆襲がはじまる。彼はフレッチャーの制止も聞かず、もっとも自信のあるスタンダード曲、「キャラバン」を叩きはじめる。最初は不承不承であった他の楽団員もドラムの乗りのよさに演奏をはじめる。激しいドラムさばき。それは、アンドリューへの憎しみ、ニコルを失った虚しさ、学院の退学と彼の錯綜した思いの爆発であった。

予想外の展開に、最初は抵抗していたフレッチャーだったが、彼のドラムを通して投げつけられる感情を受け止めるかのように、「うん、うん」と何度も何度も頷き、そして二人は思わず微笑み見つめ合う。それはフレッチャーが求めていた音楽に満足し、一流のミュージシャンとしてはじめて認めた瞬間かもしれない。観ているものはまさに天才の誕生をみた思いがする。この二人の天才はこのあとどうなったのかは知らないが、とても平穏無事な音楽人生を送ったとは思えない。

この映画の臨場感、感情の暴発には何度も息をのむ思いがする。このドラマは、チャゼル監督自身がドラマーを目指していたが、スパルタ練習に心が折れ、結局挫折した経験をもとにして作られている点も興味深い。

坂東玉三郎はいうまでもなく歌舞伎界を背負って立つ女形で、その演技は品格にあふれ、名人の域に達しているとされる。しかし彼は、梨園の出身ではなく、女形としては長身であることなど不利な条件がそろっていたが、そんななかで現在の地位を築き上げた。そんな彼には独特の人生感がある。「サワコの朝」という対談番組をみていて引き込まれた。

彼は、三つの印象的なことを述べている。最近の人は、怒らない代わりに愛さなくなってきた。人間同士の衝突をマニュアルで防いでいる。誉め言葉には気をつけなければならない。最初の言葉は自分の子供のことを考えると納得がいく。他人の子供をなかなか親身になって叱れない。下手をすると親が殴り込んでくるかもしれない。医局員に腹が立つことがあるのは、きっと愛があるからだろうと思っている。人間同士の衝突をマニュアルで防ごうとするのも最近の若者の特徴かもしれない。世の中から頑固者が消え失せ、表面的な付き合いが増える。衝突しないようにセーフティー・ネットを張る。これが最近の傾向だというのだ。

玉三郎は、誉め言葉には気をつけてきたという。芸の世界は厳しい。褒め言葉に有頂天になっていると決して進歩はみられない。下手をすると唯我独尊となり、芸域の進歩がないというわけだ。

いい得て然り。まさにフレッチャー教授は稀有の芸術家であり、玉三郎につながる一流のミュージシャンとしての強い信念が彼を攻撃的にしたと思われるが、そうした境地とは紙一重の、そもそも人間が備え持っている「意地悪さ、冷たさ、激しさ、暴力性」が彼の行動を複雑にしている。

一般的には、フレッチャー教授のような気質、振る舞いをする人間をサディストと呼ぶ。この言葉は一八世紀のフランスの貴族、サド侯爵に由来している。侯爵は暴行、乱交など世の中を騒がせた罪で人生の半分近くを牢獄と精神病院ですごしたらしい。サディストとはそもそもは性的な要素をはらんだ言葉だが、自分が相手を苦しめ、その様子が楽しいと思う感覚を意味する場合が多い。

現代社会のなかで、フレッチャー教授のような振る舞いをする指導者は非難されるしかない。しかし確かに玉三郎がいうように、人と人が摩擦を避け、「事なかれ主義」に流れ、マニュアルでトラブルを防ごうとする社会が正しいとなると、軟な心しか持ち合わせていない人間が増えてくる。それはある意味、憂うべきことといわざるを得ない。


（二〇一五年十月）

■「セッション」（2014年／アメリカ／107分／監督　デイミアン・チャゼル）

「フレンチアルプスで起きたこと」——男の本性

突然の雪崩で家族を残して逃げ出した父親のその後

エストニア号海難事故の生存者：男性二二％、女性五・四％、メイン・サンプル海難事故の生存者：男性三七・四％、女性二六・四％。いずれも男性の生存者率が有意に高い。この理由は、荒波の海の中で生き抜く身体能力が男性のほうが高いからだとする見方もある一方で、男性が真っ先に逃げるからだとする驚くべき解析結果もある。大きな列車事故に巻き込まれ病院のベッドで目覚めた時の第一声が、女性は自分よりも先に家族や周囲の安否を気遣うものであるのに対して、男性はまず第一に自分の下半身のことを気にする、という笑い話は男としては笑えない。

女性の母性は「子供を守り育てる」ものであることは誰一人として疑わないが、男性の、「家族を守り外敵に立ち向かうべき性」という幻想は、現代社会のなかで一段と揺らぎつつある。経済力もインテリジェンスもある女性が母親である場合、よほど完璧な理性と正義感をもった男性を伴侶としない限り、円満な家庭生活を営み続けることはできないのかもしれない。

映画「フレンチアルプスで起きたこと」（リューベン・オストルンド監督）はバカンスで訪れたフレンチアルプスで起きた雪崩に対する対応で、家族に対して夫として、父親として「男らしさ」を発揮できなかったトマスと家族が繰り広げる「情けない」物語である。

あるスウェーデンの四人家族がフレンチアルプスの麓に五日間のスキー旅行にやってくる。普段は仕事ばかりで忙しく働いているトマスはここぞとばかりに家族サービスに張り切る。それは美しい妻エバと小学生の娘のヴェラ、息子のハリーを愛していればこそのことだ。

一日目は家族四人で疲れ果てるほどにスキーを楽しみ、二日目も朝からスキーを楽しんだ後、景色のよいテラスレストランで昼食をとる。四人の満足度は頂点に達していたのかもしれない。とその時、爆発音とともに目の前で雪崩が発生する。テラスの人々は、スキー場が人工的に爆発音で雪崩を起こし、ゲレンデを管理していることを知っていたので、その一環であろうとたかをくくり、当初はそのダイナミックな光景をカメラに収めたりしていた。ところが、雪崩は予想をはるかに上回る勢いでテラスに向かって迫ってくる。

パパ、パパと叫ぶ子供たち。一瞬にしてその場は人々の悲鳴に包まれ、一寸先も見えないくらい雪煙におおわれる。しばらくしてことが収まり、次第に視界がはっきりしてくると、実は雪崩は大事には至らなかったことがわかり、人々は茫然自失だった状態からわれを取り戻す。ところがトマスがいない。エバはしっかりと子供たちを抱きしめ、その場で耐えていたが、何とトマスは、手袋とスマホを握りしめて一目散に逃げていたのだった。エバも子供たちもトマスのこの女々しい行動を知り驚き失望する。

「夫は自分たちを守ってくれなかったばかりか、真っ先に逃げた。こんな男とこれからも暮らしていかなければならないのか」。エバは直後から結婚生活自体に不安と疑問を抱きはじめる。その日の夜、エバは堰を切ったように語りはじめる。「雪崩の時、あなたは確かに逃げたわね」。「いや僕は逃げていない。それは君の思い違いだ」。逃げた逃げないの押し問答はしばらく続き、トマスは何とか見解の違いということにして、この「事件」を葬り去ろうとする。しかし、その態度にエバはさらに失望していく。子供たちも目の当たりにした恐怖心と父親の期待外れの行動に放心状態が続く。三日目、何とか気を取り直そうとするエバであったが、不信感は募る一方で、一日中子供たちをトマスに預け、一人でスキーをする。トマスのほうも自分が取ったとっさの行動に失望し、自分を恥じ、どんどん追い込まれて行く。そして夕食で同席した見ず知らずのスキー客にも夫の行動のことを話さないではいられないエバの態度に、さらに彼はとどめを刺される形になる。楽しいはずのスキー旅行に暗雲が垂れ込める。特にトマスにとっては、スキーの技術を教授しながら「父親」をみせつける格好の休日であったはずであるが、残りの時間が一転して苦痛以外の何物でもなくなってしまう。純真な子供たちは次第に「自分たちのパパ」を取り戻していくが、自立し、インテリジェンスの高い妻はそうはいかない。決してトマスのことを表だって攻めたりはしないが、その視線は冷たい。遂に、帰る前の日の夜中、彼は感極まって泣き出してしまい、止まらなくなる。それに気づいた子供たちは、「パパ、パパ、泣かないで」とパパに抱き付くがエバは躊躇する。

本当の男らしさとは知的に危機管理を果たす能力

五日目、帰る前に最後にもう一度四人でスキーをすることにする。雪が降りしきるなかで視界不良なスキーだったが、案の定、最後まで滑っていたエバがはぐれてしまう。一寸先が見えない。必死でエバの名前を呼ぶトマスに、「助けて、トマス」というかすかな声が聞こえる。果たして無事妻を救出し、エバを抱きかかえて子供たちの前に現われたトマス。夫、父親としての面目躍如たるところといきたいが、果たしてこの家族は今後どうなっていくのだろうかと一抹の不安がよぎる。きっと聡明な妻エバは離婚はしないが、不信を抱きながら一層子育てに精力を傾け、トマスとの距離を広げていくのではないか、という気がしてならない。

太古ヒトの社会は母系家族であった。男はミツバチがそうであるように、外敵と争い、子孫繁栄のために獲物を運び、自分の家族を守ってきた。近世になり父系家族が構築されるが、現代はまた母系社会に戻りつつあるといっても過言ではないかもしれない。仕事で不在がちな夫、セックスレスが当たり前といわれる夫婦。そんななかで太古のように外敵から襲撃される心配もなく、食料も潤沢にある現代社会のなかで、男の存在はまさに風前の灯火のようなものなのかもしれない。特に生活力のあるインテリジェンスの高い女性は、男がいなくても十分生きていける環境にある。困ったことだ。

戦後七〇年を迎える今日、日本では中東のように毎日戦闘を繰り返している環境とは異なり、男が身を呈して家族を守らなければならないことなどあり得ない。しかし一方で、家族は「父親は突然の危機が襲ってきた時は家族を守るために立ち上がるものだ」と決めてかかっているし、そうした意識が男の存在感を保証しているといっても過言ではない。男という性は、ちょうどエバが遭難しかけた状況で、トマスが躊躇せず助けに行ったように、状況が把握できる環境では力を発揮できるが、予期せぬ環境のなかでのとっさの対応には不得手な生き物なのかもしれない。もしかすると、太古備わっていたそうした対応力が、進化の過程で抜け落ちていったのかもしれない。

「フーテンの寅」さんのセリフではないが男はつらい。ハリウッド映画では、西部劇のガンマンからインディ・ジョーンズに至るまで、男が火急の時にわが身を呈して危機を脱出する危機管理能力の素晴らしさをいやというほど描いて、人々に「男」を定着させてきた。女性の社会進出がますます加速化され、男性の職業すら女性に席捲される現代社会のなかでは、男の存在感は、いざとなったら、「僕が君を守る」というドグマにほかならないのかもしれない。しかし一方で、小説も漫画も映画もこうしたヒーローを描き続けるため、男らしさのハードルは上がるばかりだ。男らしさとは、本当は頭脳明晰にして知的に危機管理を果たす能力だ、などといっても、ますます負け犬の遠吠えにしか受け止められない状況がある。

この映画を家内とともに観た。恐る恐る「僕に映画のような場面で失望したことは？」と問うてみたところ笑っていた。あと何十年続くかわからない夫婦生活のなかで、こうしたとっさの判断を必要とする場面に遭遇し、老醜をさらけ出さないことを祈るばかりだ。男は一生試され続けている。だから、いつもこうした状況をシミュレーションして生きなければならない、つらい生き物なのだ。

（二〇一五年十一月）

■「フレンチアルプスで起きたこと」（2014年／スウェーデン・デンマーク・フランス・ノルウェー合作／118分／監督　リューベン・オストルンド）

「妻への家路」―― 解離性健忘

「文化大革命」で毛沢東がもたらした中国人民の悲劇

馮婉玉（フォン・ワンイー）（コン・リー）とバレエ団に所属している娘の丹丹（タンタン）は共産党の事務局に呼び出され、文化大革命により強制労働を強いられている夫の陸焉識（イエンシー）が、西寧市の収容所から逃亡したと知らされる。彼は実に一九五七年から二〇年に渡って囚われの身となっていた。「お前のところに連絡はないんだろうな。もし何か情報があったらすぐ通報するように」と党員からきつくいわれる。タンタンにとって父は三歳の時に連行され、その後会っていないので顔もよく覚えていない。彼女は躊躇することなく即座に「はい」と答えるが、ワンイーにとってはそうはいかない。映画「妻への旅路」（英題：Coming Home）（チャン・イーモウ監督）のはじまりである。

果たしてその夫がその日の深夜、党員の張り込みをかいくぐって母娘の住むアパートにやってくる。最愛の妻と大きくなった娘に一目会いたいと願ってのことであるのは想像に難くない。何度もそっとドアをノックするその音にワンイーはドアの向こうにいるのが夫に違いないと確信するが、涙を流しながらドアを開けない。それは党員が見張っているなかで、万が一家に入れたことが明るみに出ると、統制の強い中国にあって、たちどころに愛娘に迷惑がかかることを熟知しているからだ。

運悪くその時間にちょうどタンタンが帰宅し、階段の踊り場で父娘は再会を果たす。すべてを悟ったイエンシーは、「明日の朝八時半、駅で待っていると母さんに伝えてくれ」と言い残して素早くその場を去る。タンタンはバレエの主演の第一候補だったが、父が逃亡したという理由で外されショックを受けていたこともあり、それをすぐに共産党員に密告してしまう。

ワンイーは逃走を支援するための最低限の身の回りの品と、恐らく夫が好きなのであろう、パンをたくさん作って翌朝駅に向かうが、二人は再開する寸前で党員に取り押さえられてしまう。何一つ会話もできず、何も渡せず泣きじゃくるワンイーの悲しみは計り知れない。

三年後、毛沢東の死とともに文化大革命は終焉を告げ、イエンシーは晴れて解放され、愛する母娘の住む町の駅に向かう。ところが、迎えに来ていたのは娘だけであった。彼女はすでに大好きだったバレエをやめてしまい、紡績工場で工員として働いていた。そして、たどり着いた思い出のアパート。しかし、そこに妻の姿はなかった。部屋はいたるところに注意書きの張り紙があり、まるで認知症患者が住んでいるようであった。

しばらくして買物から帰ったワンイーに満面の笑みで接するイエンシー。しかし、最愛の妻は自分を認識できない。何と彼女は自分のことを方さんというではないか。忘れているのは自分のことだけではなく、物忘れも多少あるようだ。娘や近所の人の話では、一年ほど前から心の障害を起こしているという。

イエンシーは近くに住み、妻の記憶を回復させるため、さまざまな努力をはじめる。心に痛みのある娘も父に一生懸命協力しようとする。ある時、起死回生の手立てを思いつく。イエンシーが「その月の五日朝に駅に着く」という手紙をワンイーに送り、駅に迎えに来た妻に自分が列車から下りたふりをしてそこで再開するというシナリオである。果たして計画は実行されたが、目の前に近づいてくるイエンシーはワンイーにとって見も知らない他人としかみえない。

イエンシーは絶望する間もなく次の手立てを考える。彼が収容所時代に妻に宛てた数百にものぼる手紙を目の悪いワンイーに読んで聞かせ、自分を思い出してもらおうという目論見である。目の前で手紙を読む男が、実は夫であり、その夫が心を込めて書いたものであるとはつゆぞ思いもしない妻の姿に彼は落胆の色を隠さない。

ある夜、寝てしまったワンイーを見ていたイエンシーが彼女に優しく触れようとした時、目を覚ました彼女は錯乱状態になる。「方さん。主人を絞死刑から救ってくれたこととこれは別の話よ」と暴行されようとしたと勘違いし激しく抵抗する。まさに自分と間違えた方なる人物は共産党員で、自分の留守にうまいことをいってワンイーを手籠めにしたことを一瞬にして悟ることになる。気持ちの収まらないイエンシーは方の居場所を探しだすが、すでに囚われの身となっていて肩透かしを食らう。心のやり場のないイエンシー。

ワンイーはいつからか「陸焉識」と大きく墨で書いたプラカードを作り、毎月五日の朝、駅で待つようになる。雨の日は文字がにじみ、雪の日は霞んでも立ち続ける。そして「夫」を探す妻の隣には、必ずイエンシーが立っていた。

この映画の最後は、数年経っても二人がいつもと同じようにプラカードをもって雪の中で立っているシーンで終わる。それはワンイーにとって苦しいけれど希望であり、イエンシーにとっては絶望であるが、本当の夫の自分に対する決して衰えることのない愛を感じるひと時でもあるはずである。

多種多様な解離性健忘の記憶障害のパターン

ワンイーの症状は解離性健忘に当たる。それは頭部の外傷、感染症、こころのトラウマやストレスなどさまざまな誘因によって引き起こされるが、人や物など生活のなかで必要な情報が思い出せなくなる状態をいう。思い出せない罪悪感から抑うつ状態になったり、大きな苦痛に悩まされたりする。多くの場合、記憶に空白の期間があり、その期間は数日間と比較的短いものが多いが、なかには数年間、あるいは長年過去の人生をすべて忘れる場合もある。ワンイーの場合はこれに当たる。患者の大半は時間を失ったことを認識している。記憶障害のパターンは多種多様である。

治療はまず、患者に安心感と信頼感をもたせることからはじまる。欠落した記憶が自然に回復しない場合や、緊急に記憶を取り戻す必要がある場合は、これまでの写真をみせたり、ゆかりの場所を訪れさせるなどの記憶想起法がしばしば効果を発揮することがある。イエンシーの行った努力は医学的には正しかったことになる。

この病気の大半の人は、欠落した記憶を取り戻し、健忘の原因となった心の葛藤の解決に至るが、なかにはワンイーのように心のバリアを突き破ることができず、失った過去を再構築できない人もいる。

文化大革命とは正式には一九六六年から一九七七年まで続いた革命、というよりは史上最大規模の暴動として知られる、毛沢東率いる中国共産党が行った「改革」である。肉体労働こそ是とされ、右翼の思想をもつもの、大学教授などの知識層、富裕層がこの改革で郡部で農業などの強制労働を強いられた。この「改革」

に先立って一九五〇年代の後半からすでに「改革」は行われており、右翼の思想をもつ者や知識層で抵抗する態度を示したものは収容所に送られている。イエンシーはきっと抵抗したのであろう。収容所に二〇年も収容され耐え切れなくなり脱走したものと思われる。

ちなみに主演のコン・リーの両親はいずれも大学教授であり、御多分に漏れず郡部に強制労働に送られているし、監督のチャン・イーモウも同じような目にあっている。この映画は監督自身が数年紡績工場で働かざるを得なかった体験が生かされている。チャン・イーモウの中国愛は強く、北京オリンピックの開会式の総監督であったのは有名な話であるが、彼の作品にこの時代を描いたものが多いのは、こうした失われた一〇年に対するたまらない思いがあるからであろう。

この「革命」により死亡したものは四〇万人とも一〇〇〇万人ともいわれ、被害者の数は一億人にものぼるといわれている。中国の発展にとって大変な障壁となったことはいうまでもない。各地で虐殺や略奪、破壊が起こり、凄惨な様相をみせた革命の終焉は毛沢東の死を待たなければならなかった。

この映画は、抵抗する手段をもたない知識層のささやかな幸福は、政治の暴力の前にはもろくも崩れ去ることをまざまざとみせつけているが、一方で、庶民の夫婦の強い結びつき、愛はそんな状況でもずっと育まれ続け、何とかして生きる方法論をみつけるという姿を描いているのがせめてもの救いである。

（二〇一五年十二月）

■「妻への家路」（2014年／中国／110分／監督　チャン・イーモウ）

「バケモノの子」——父と子の関係

バケモノの師匠と人間の子供との間の本物の絆

九歳の蓮は不幸で孤独な少年である。何故なら母を交通事故で突然失い、心の通わない親戚に引き取られようとしているからだ。さらに、好きだった父はすでに離婚しており、母方の親族は父親に何も知らせようとはしてくれない。「何故パパは迎えに来てくれないんだ！」。蓮は痛切な心の叫びとともに家を飛び出し、渋谷の街を当てもなくさまよっていく。

そこに突然クマのバケモノ、熊徹が現われる。猿のバケモノである多々良に「そろそろお前も弟子を取ったらいいじゃないか」とけしかけられ、まんざらでもない熊徹は蓮を誘う。蓮は最初は恐る恐るではあったが、行くあてもなく彼らについてバケモノたちが棲む街、渋天街に入っていく。映画、「バケモノの子」（細田守監督）のはじまりである。

その日から熊徹は、蓮を自分の家に弟子として住まわせ、豚顔の僧侶、百秋坊と多々良も加えて渋天街での四人（？）の奇妙な生活がはじまる。熊徹はいつまでたっても名前をいわない蓮に、九歳であることを理由に九太と名づける。彼は、粗野だが実直な性格のためかバケモノ界の長老、宗師に可愛がられており、引退間近な宗師の椅子を猪王山と争っていた。「人間の子九太を弟子にとった」という熊徹に、猪王山は対抗心を露わにしながら、「人間は、心に闇を抱えている。バケモノの世界では危険だ」と、意見するが熊徹は耳を貸そうとしない。この二人はいずれ戦うことになる。

九太（蓮）は、次第に熊徹の、裏表のない性格を受け入れるようになっていく。何より熊徹は強かった。毎日熊徹のまったく我流だが、力強く切れのある技の伝授を受ける九太は、次第に強くなっていく。熊徹は徹底的に格闘技の技を教え、九太は身体も心も大きくなっていく。

渋天街で修業を受けてきた九太は、いつしか一七歳になる。ある日のこと、熊徹と激しく喧嘩して自暴自棄になり渋天街を歩いていたところ、路地を抜けて渋谷に行きついてしまう。

久しぶりに目にする人間の世界。知識欲旺盛な九太は渋谷の図書館で本を読み漁るうち、自分はやはり人間の子、蓮であったことを思い出す。蓮は楓という女子高生に出会い、意気投合して勉強を教わるようになる。九歳から人間の教育を受けていない蓮であったが、一心に学ぶ姿に心打たれた楓は、高卒認定を受け大学に行くことを勧める。進学のための補助金を得ようと、手続きを行うために市役所で住民票などを調べたところ、父親の住所を知り、再会するが、久しぶりに会った父親に蓮は戸惑いを隠せない。

時は流れ、渋天街では、遂に熊徹と猪王山が宗師の座を賭けて雌雄を決する日がやってくる。宗師は、神となり、この戦いで勝ったものに次の宗師の座を明け渡すことになっている。九太が自分のもとを去り、冷静さを失っていた熊徹は猪王山に負けそうになるが、そこに九太が応援に駆け付け、一緒に修行していた頃を思い出した熊徹は、最期の力を振り絞り猪王山を倒し、見事、宗師の座を勝ち取ることになる。しかし、父、猪王山の敗北を認められない一郎彦は、熊徹に背後から念力によって刀を突き立ててしまう。実は、一郎彦は九太と同じく人間の子であった。渋谷の路地裏に捨てられた赤ん坊だった彼を猪王山がかわいそうに思い拾って育てたのだった。

自分が一向にバケモノらしい姿にならないことを思い悩んだ一郎彦は、いつしか心に闇を抱えるようになってしまっていたのだった。人間はいったん心に穴が開いてしまうとなかなか自己修復ができず、怖い存在になってしまう。そして負のサイクルが回り、自分のことしか目に入らなくなる。そこにジェラシーが加わると大変だ。一郎彦には九太に対して、同じ人間同士の対抗意識があり、その心は制御不能となっている。この事態を収拾すべく九太は敢然と立ちあがる。

九太は、渋谷にやってきた一郎彦と壮絶なバトルを行うことになる。一郎彦の心の闇は鯨に自らの姿を変え、強大な力をもっていた。九太は、一郎彦を自らの心の闇に取り込み、死のうとするが、そんな彼のもとへ、瀕死の熊徹が現われる。熊徹は、傷ついた体で宗師に「自分を先に神にならせてほしい」と願い出て、九九の神となり、刀に姿を変え、九太の心に飛び込んでいく。彼は熊徹と合体した心と体で一郎彦の心の闇に果敢に挑み、遂に一郎彦は息絶える。すべてを収拾した九太は、人間界で父親と一緒に暮らすことを決め、大学に進学することを目指して勉強に励むのだった。

「バケモノ」といわれるとどうしても怖さが先行するが、この映画をみていると、バケモノより人間の心の闇、「業」のほうがよほど奥が深くて恐ろしく、「バケモノ」自体のように思えてくる。熊徹はあらゆる生き物に対して偏見がなく、いっさい差別的な見方をしない。だからバケモノにとって忌まわしい人間の子供も弟子としていいとも簡単に引き取ることができたのだ。

難しい父と息子の関係、もっと難しい娘との関係

われわれ人間、とりわけ日本人は身内の一大事となるとわが身を投げ打っても守ろうとする。肝臓移植のために自分の肝臓さえ差し出そうとする。一方で脳死肝移植となると相手の顔がみえない不特定の対象になるため、ドナーは一向に増えず、臓器移植法が施行されて久しい今も、ドナー臓器は圧倒的に不足している。わが国ではキリスト教の博愛の精神が浸透している西欧社会と比べて、目に見えない不特定多数に奉仕する精神に乏しい。大乗仏教も素晴らしい理念をもち、そうした思想が根底にあるものの、キリスト教のような表向きのメッセージが伝わって来ないのは残念なことである。人間は見ず知らずの他人のためにいったいどれくらい一生懸命できるのか。それは教育、道徳のなせる技にほかならない。

熊徹のような師匠、友達に人生で一回でいいから出会ってみたいと思うが、実際に付き合っていくのは大変で、毎日顔を突き合わせていると喧嘩が耐えないタイプの人物なのかもしれない。

この物語は両親を失い一人ぼっちになってしまった不幸な少年が、偶然、強いけれど身勝手な独り身のバケモノと出会い、抵抗しながらも彼に惹かれ、いつしか本当の親子にも負けない絆を作っていく物語である。少し粗修行だがバケモノの世界のなかで熊徹の力を借りて九太は成長し、最後は人間の子・蓮として新たな気持ちで巣立たせる熊徹は彼にとって父親そのものである。ある意味でこの二人は実の親子以上の絆がある。

父親と息子の関係は難しい。母親と息子の関係のように常に子供を信じて無償の愛を提供し続ければよいというわけにはいかない。世の中の荒波を渡っていくには知力、気力、そして体力が必要であり、男親の責

任としてそれを教えていかなければならない。腕力だっていざという時のために強いに越したことはない。

いうまでもなく父親と息子は五〇％遺伝子が同じである。男子の場合、その行動パターンは父親から受け継がれた遺伝子が規定するものも多いが、環境要因で形成されるものも重要である。良きにつけ悪しきにつけ、幼い頃から必然的に垣間見てきた父親の立ち振る舞い、仕草が身についていて、いつの日か傍からみると息子は父親そっくりになっていく。だから父親たるもの、決して恥ずかしくない自分の後姿、生き様をしっかり提示しながら生きていくしかない。

私自身がそうであったように、半分違った遺伝子をもつ個体である子供が父親を否定しながら成長していくのも、その違った遺伝のなせる技かもしれない。

娘と父親も半分は同じ遺伝子をもつがその関係はさらに難しくなる。思春期になると父親を観る目は厳しくなっていく。もっとも娘は小学校の低学年までは父親と風呂も入れば手を握ったり、両者の間の物理的距離が短い「ラブラブ」な状態が続くが、思春期になるといざ「風呂に入ろう」などといった日には「キモイ」と軽蔑されてしまう。これは娘と父親の近親相姦を避けるための「生体防御反応」であり、五〇％の遺伝子の違いに加えて、相容れないXとY遺伝子のなせる技なのかもしれない。

（二〇一六年一月）

■「バケモノの子」（2015年／日本／119分／監督　細田守）

「少年H」――肥満関連遺伝子

戦争が子供の成長に与える悪影響と両親の愛情

映画「少年H」（降旗康男監督）は、もう多くの日本人が知ることができなくなってきている太平洋戦争突入直前の昭和の神戸の描写からはじまる。「少年H」こと肇（吉岡竜輝）少年は仕立て屋を営んでいる真面目で誠実な人柄の父・盛夫（水谷豊）と、敬虔なクリスチャンであり、「愛は寛容にして慈悲あり」を旨として生きているような母・敏子（伊藤蘭）に育てられている。当時の日本は向こう三軒両隣のコミュニケーションがしっかりしていて、多少の諍いがあっても仲良く助け合いながら暮らしていた。少年Hの家は、神戸に多く住んでいた外国人のための洋服の仕立てを引き受けていたこともあり、普通とはちょっと変わった家庭であると思われていた。しかし、両親の人柄のよさもあり、時代が戦争に向かってまっしぐらに進んでも、とりあえず平穏は保たれていた。父はある日、肇少年のために胸に大きく「H」のイニシャルが入ったセーターを作ってくれた。肇少年は、父の仕事を誇りに思っていたし、立派なイニシャル入りのセーターも嬉しかった。だから彼はいつもそのセーターを着ていたが、いつしか仲間から自然にエッチというあだ名で呼ばれるようになっていた。当時から、父の仕事の関係や、母の教会活動のため、家族ぐるみで外国人と付き合うことが多かったが、そのことが後で災いすることになる。

肇少年はいつも明るく好奇心旺盛で、素直に育っていっていたが、戦争へとまっしぐらに進んで行く日本の世相のなかで、オペラ音楽のことを教えてくれた青年が特別高等警察に逮捕されたり、英語が禁止されたり、はたまた外国人がどんどん帰国するようになっていくと、さすがに肇少年の心にも得体の知れない暗雲が立ち込めるようになっていく。そんななかで両親が親しく付き合っていた神父がアメリカに帰国し、肇少年にニューヨークを紹介する一通の絵葉書を送ってくるのだが、彼はエンパイアステートビルをバックにしたニューヨークの街並みを目の当たりにして、先進国アメリカの大きさに息を呑んだ。肇少年はその驚きを友だちに伝えようとその絵葉書を友だちにみせるが、それがきっかけとなり、父にスパイ容疑が持ち上がり、特高警察から何日も拘束され、ひどい拷問を受けることになる。肇少年自身もクラスメートから「スパイ」などと落書きされ絶望感を味わうし、教官には再三暴力を振るわれ散々な日々が続くことになる。

しかし、そんなことなど小さな出来事と思える大事件が起こる。昭和二〇年三月の神戸大空襲である。すでに父は仕立て屋では生計を立てることができなくなっていたため消防団に入っており、その夜は不在であった。アメリカは日本を本当によく研究していた。紙と木でできている日本の家は燃えやすく、街中に焼夷弾を落とし火事を起こせばすぐに延焼し、瞬く間に廃墟になる。肇少年の住む界隈も焼夷弾でたちまち火の海となる。

そんななかで肇少年が最後までこだわったのは父が一番大事にしてきたミシンである。彼はそれを母と一生懸命運び出そうとするが力及ばず、結局体一つで逃げることになる。この映画は、伸び伸びと育つことが困難な時代にあっても、信念と優しい心をもって生きている父、慈悲の心をもって生きている母に育てられ、仲間のいじめや教師の暴力にあっても力強く前向きに生きる少年の姿が描かれていてすがすがしい。

やがて終戦が訪れる。家族は焼け野原になった神戸の街で、隣の声が筒抜けの木造の長屋で生活することになるが、成長盛りの肇少年や妹をもち、余裕など何もない状況のなかで隣人にご飯を提供する母の姿が描かれている。終戦前から戦後の混乱期にかけて、人々の生活は圧倒的に貧しく苦しかったし、なかには餓死した人もいる。そんななかで成長盛りの子供たちは本当に正常に成長を遂げたのかといった問題が残る。少年H役の吉岡竜輝君の演技力は大いに買えるが、福々した少し太り気味の健康優良児であった点はキャスティングに違和感を覚える。

幼小児期の栄養失調と高齢期の発症や長寿との関係

ところで、第二次世界大戦中にナチスドイツの迫害を受けたヨーロッパ各地のユダヤ人も悲惨であった。今も昔も子供は小さく生んで大きく育てるのがよいとされるが、ナチスドイツの支配下にあったオランダのユダヤ人が生んだ子供は、栄養失調のため必然的に小さく生まれ小児期も大きくなれなかった。彼らは、「アンネの日記」に描かれているように、地下室に籠り食べることができるものは何でも食べた。チューリップの球根すら湯がいて飢えをしのいだという。

こうした子供たちは現在高齢者となりつつあるが、最近、こうした人々を対象にした驚くべき調査結果が論文となり世の中を驚かせた。迫害を受けた時期に生まれた子供は、成人した後、肥満・糖尿病・高血圧・心臓病などの生活習慣病を発症する率が極めて高いというのである。わが国でも高齢者に生活習慣病がどんどん増えているように思えるのは、同様に戦中・戦後にかけて重度の飢餓状態が続き、そうした時代に幼小児期を送った人が多いことも無関係ではないのかもしれない。

最近の研究から妊娠時に母親の飢餓状態が続くと、胎児の体に肥満関連遺伝子が発現し、栄養を過剰に蓄えようとする反応が起こることがわかっている。栄養失調のなかで生き延びた赤ちゃんの多くが胎生期、幼小児期に肥満関連遺伝子を強度に発現し、そのため成長するにつれ、明らかに生活習慣病になる可能性が高くなるとされる。そもそもこうした肥満関連遺伝子の発現は、つい最近まで飢餓状態のなかで生きなければならなかった人類が、摂取した栄養を少しでも効率的に貯え、生き延びるための重要な生体防御反応であった。現代の食生活のなかではその反応が仇となることはいうまでもない。

日本の多くの女性は美しくありたいという思いから過度に肥満を気にしている。圧倒的に多くの女性が体重はまるでもっとも重要なプライバシーであり、肥満は悪であるといわんばかりに、自身の身長は答えても体重は答えない。痩せていることイコール美しさなどという誤った考えは一体どこから生まれたのであろうか。こうした体重に関する集団ヒステリー的な現象は、日本人にとりわけ強くみられるもののようであり、馬鹿げたことであるといわざるを得ない。アメリカやヨーロッパを一度旅してみると、飛行機の座席にはまり切らないほどの中年肥満女性をしばしば目にすることがある。そんな時、わが日本人のコケティッシュな美しさを実感するものだ。日本女性は今のままで十分美しいのだ。

一方で、摂食カロリーを抑えると、サーチュイン遺伝子が強く発現して長寿になるとする研究が注目されてきた。この学説には異論を唱える学者も少なくないが、今も一部の研究者に強く支持されている。サルを用いた実験で、カロリー制限をして長期間飼育すると生存率が有意に高くなるとする結果を紹介した論文には、多くの医学者が驚いたものだ。この研究を根拠に、このサーチュイン遺伝子の発現を促すとされるレスベラトロールという製剤が、アメリカのどのドラッグストアでも売られ長寿を目指す人々が買い求めている。

こうした情報を集約すると、戦中戦後に幼小児期を送った今の日本の老人は、今の飽食の時代のなかにあって、生活習慣病になりやすいが、それを克服できれば長寿になる運命にあるということになる。彼らは、脳卒中、心筋梗塞、糖尿病などの病気と格闘し苦しみながらも、頑張って長生きしようとしている。結果、超高齢化社会が構築された。

現代は信じられないほどのスピードで文化が変化し、驚くような災害が起こっている。この環境変化は明らかに人災であることを多くの学者、調査機関が証明している。他方、病気の治療や予防には医学が大いに貢献し世界一の超高齢化社会が到来した。この新たな社会は、新たな施策を作らなければ破綻する。医学研究は本質的に何のためになるのかを問い直さなければならない時期に来ている。

（二〇一六年二月）

■「少年H」（2013 年／日本／ 122 分／監督　降旗康男）

「ホテル・ルワンダ」――人種と遺伝子

中東の戦闘国から命がけで逃走する難民に心が痛む

シリアをはじめとする中東の戦闘状態にある国から命がけでヨーロッパに逃げてくる亡命者の数が途絶えない。シリア一国だけでも、すでにおよそ一〇〇万人が決死の覚悟で地中海を渡りヨーロッパの大地を踏んでいる。一方でその間何千人が海難事故に遭い、命を落としたことであろうか。心が痛む。ドイツはすでに数十万人の難民を受け入れているというから驚かされる。スウェーデンをはじめ北欧も頑張っているが、一方でハンガリーのように国境を閉ざし、難民の受け入れを事実上拒否している国もある。パリの爆弾テロで話はさらに複雑になってきたが、多くの国が悩みながら努力していることはいうまでもない。日本も安保関連法案に手を染める前に、いかにして難民を受け入れるシステムを作るか、真剣に討論すべきである。わが国では数千人という難民が亡命を希望しているなかで、受け入れた難民はほんの十数名にすぎない。

イスラム国をはじめ、イスラム過激派がテロや戦闘を繰り広げる限り、難民の悲劇は収まらないが、こうした事態は今にはじまったことではなく、二〇～三〇年前にアフリカの部族間の争いの果てに命からがらヨーロッパにわたった人々が相当数に登ることは日本ではあまり知られてはいない。特にスウェーデンには難民が多い。一昔前までは、スウェーデン人の一〇人に一人はルーツをスウェーデン以外の外国に求めることができるといわれていたが、実際はそれ以上かも知れない。

この国は、かつてはこうした人種の多様さから「リトルアメリカ」と呼ばれた。私がいたスウェーデンの研究室でも、内乱で親兄弟を失ったウガンダの学生、パレスチナ難民の実験助手の女性、政治犯となってしまい二度と国には戻れないと嘆くイラン人研究者など枚挙にいとまがない。こうした人達は一様に素晴らしい能力をもっていて、帰る国がないから仕事を一生懸命し、常に前向きに生きている。

アフリカで今でも起こり続けている内戦のほとんどはそのルーツを部族間抗争に求めることができるといわれている。ヒトの社会では、姿かたちが区別できないくらい似通っていても、違った部族というだけで排他的となり悲惨な状況を引き起こすのはどうしてなのか。ヨーロッパで暮らしてみると、日本人と韓国人の違いがわからないという質問がよくくるが、われわれ東洋人にとっては、アフリカ人はコンゴ人もスーダン人もいずれも同じにみえる。ましてや同じ国の違った部族など区別すらできないし、抗争が起こるなど想像の範囲を超えている。

映画「ホテル・ルワンダ」（テリー・ジョージ監督）はかつてルワンダで起こった内戦の実態を忠実に映画にしている。一九九四年、ルワンダの首都キガリのことである。この国の場合も内戦の火種は決まってフツ族とツチ族の抗争であったが、この年部族間紛争が終息し、和平協定が結ばれることになった。ポール（ドン・チードル）は、持ち前の聡明さと厚い人望で、ベルギーに本社をもつ超高級ホテル、ミル・コリンの支配人にまで登り詰めていた。こうした国では、いつ何時軍関係者から理不尽な要求を突き付けられるかわからないため、ポールも軍関係者には時には賄賂を贈り、良好な関係を築いてきたかに思えていた。ビジネスは順調で、やっと平和の時が流れるのかと思いきや、この国ではそんな平和など一瞬にして水泡に帰することをポールは熟知していた。

ある日突然、ラジオから「フツ族出身の大統領がツチ族に殺された」というニュースが流れてくる。この報道をきっかけにフツ族によるツチ族の大虐殺がはじまる。ポールはフツ族であったが、妻はツチ族である。まず妻や身内を守らなければならないため、家族をホテルに匿う。海外資本であり、国連兵士もガードするホテルミル・コリンには民兵たちもうかつには手が出せないはずであるが、暴徒と化したフツ族の民兵グループのリーダーは、ポールに「ホテルはもうすぐ俺たちが仕切るようになる。ホテルにいる重要な裏切り者を渡せば、身内は救ってやってもいい」といわれ、絶望的な気持ちになる。

それでも人道的見地から孤児や、さまざまなバックグラウンドをもつ難民をホテルに匿わなければならない状況になり、ホテルは一時一〇〇〇人を超える難民で膨れ上がる。ポールはもう家族の絆などといった狭い基準でものを考えていくわけにはいかなくなる。彼は徹底した人道的見地から、ホテルにあるお金や食料などの貯えを次々に注ぎ込み、あらゆる手段を使ってホテルと難民を守ることに奔走する。

困り果てたポールは、親会社の社長に電話し、フランス政府から圧力をかけ政府軍を止めてほしいと頼み、避難民たちには知っている限りの海外の要人にコンタクトを取るようにと指示を出す。結局、ポールの頑張りで、ホテルの難民の多くは隣国エチオピアに逃げ込み、ポールもその後ベルギーで暮らすことになるが、この内戦では、一〇〇万人を超すツチ族のルワンダ市民の貴重な命が失われている。

国連軍とは名ばかりで、結局、この軍隊はルワンダ人を助けるためではなく、犠牲者の出ている国連兵士や職員、そしてルワンダにいる外国人を退去させるためにしか機能しなかった様子もよく描かれている。映画をみているものには何のための国連なのかという空しさが感じられる。

DNA分析が示す人類発祥の地、中央アフリカ

ポールという男は実在のルワンダ人で、〝アフリカのシンドラー〟ともいわれる人物である。この話は前述のごとく実際に中央アフリカに起こった話をもとに描かれているが、こうした内戦や虐殺の現実はルワンダだけではないことはいうまでもない。シリア、アフガニスタン、イラクに加えてソマリアの海賊の問題といい、地域の多くの国が抱える貧しさが根底にあることはいうまでもない。アフリカ人と日本を含む先進国の人々の間には命の重さに違いはあるのか、と問いかけたくなるような映画である。

近年のDNA分析の結果によれば、人類発祥の地はこの内戦劇が繰り広げられた中央アフリカであるとされる。通称、ニグロと呼ばれるネグロイドはその直系の子孫であることからもっとも進んだ文化をもってもよいように思われるが、この地域の多くの人々が今も混沌とした社会のなかで生きている。人種間の遺伝的距離を計ると、人類集団はアフリカ人（ネグロイド）のグループと、西ユーラシア人（コーカソイド）、サフール人（オーストラロイド）、旧来モンゴロイドとされた東ユーラシア人（東南・東アジア人）、南北アメリカ人（ネイティブ・アメリカン）のグループの五つのグループに大別することができる。肌の色は太陽光線から発せられる紫外線を守るために獲得した形質にすぎない。赤道直下で暮らすヒトは必然的に皮膚のメラニンの含量が多くなり黒くなる。一方北欧で暮らす人々は少しでもメラニン量を減らさなければ、紫外線以外の太陽光を皮膚で吸収できず、骨の形成に必要なビタミンDが形成できなくなるのでとびきり白い肌を獲得した。

DNA分析による分類では、アフリカン（ネグロイド）から白人（コーカソイド）が分岐し、コーカソイドか

らオセアニアン（オーストラロイド）・イーストアジアン（モンゴロイド）が分岐、そしてイーストアジアンからネイティブ・アメリカンが分岐したらしい。

肌の色はヒトという種の集団の分化の過程で選択を受けやすくもっとも短期間に変化する形質の一つであるが、肌の色の類似または相違でいわゆる「人種」を区別することは本質的にはできない。ヒトの分類はあくまで、言語などの文化をも基準とした「民族」と、生物学的な特徴に基づいた「人種」を比較し考えていかなければならない。

アフリカで誕生したといわれるヒトという生命体が、各大陸に分布していったなかで、その地域に限定して生活し続けた人々が、それぞれの自然環境に適応し、長期にわたり隔離されたため、身体形質が地理的に有利なように適応していったと考えるのが一般的である。今後、ユニバーサルな人の移動が行われていけば言語の壁もなくなり、この人種という概念はいずれ消滅することは間違いないが、人類はそれを待つ余裕がない。

（二〇一六年三月）

■「ホテル・ルワンダ」（2004年／南アフリカ・イギリス・イタリア合作／122分／監督　テリー・ジョージ）

「ホテル・ルワンダ」その2 ——チャールズ・マンブールのこと

スウェーデンのウメオ大学でめぐり会ったウガンダ人

前号で映画「ホテル・ルワンダ」について書いた。アフリカの大地のどこかで部族が違うというただそれだけの理由で、今なお殺戮を繰り返している。アフリカでは久しい以前から現在に至るまでそうした状態が続いていると書いた。皮肉なことにアフリカの多くが植民地支配されていた時代は、アフリカ人は搾取ばかりされ、奴隷のように働かされ、虐げられてきてはいたが、白人という共通の「敵」が存在し、力はもてなかったが、部族間抗争をする余裕はなかった。植民地支配を終焉させるために一つになって戦い勝ち取った独立の後、今度は部族間抗争で再び民衆が苦しむようになろうとは夢にも思わなかったに違いない。

「争う」というヒトが獲得した性は、太古の苦しい環境で生き抜き、猛獣と闘うためには必要不可欠のものだったが、現代人の脳の思考回路のなかに、「闘争」を知性や理性で完全に制御できる回路をもつほどにまでは進化していないのが悲しいところだ。

私は一九九六年から一九九八年にかけて、客員教授としてスウェーデンの北極圏に近いウメオという学園都市に留学していた。スウェーデン北部地方では、夏は白夜には苦しめられるものの、空気が澄んで蒸し暑さなどとは無縁で、湖の青、空の青が美しかった。冬は雪に閉ざされ、晴れた日でも一日数時間しか太陽にお目にかかれないが、クロスカントリースキーをし、疲れるとフィンランド式サウナに入り疲れをとるというような週末をすごした。娯楽施設などはほとんどなく、テレビもスウェーデン語放送は皆目わからず、ケーブルテレビのCNN放送かBBC Worldで時事ニュースをみるくらいのもので、時間があれば日本から大量に送った映画のビデオを貪り観た。日本の大学にいる時のような雑用に追い回されることもなく、心の余裕を取り戻しながら、研究と診療に集中できた夢のようなひと時であったが、そこでめぐり会ったウガンダ人のことを記しておきたい。

チャールズ・マンブール（Charles Mambule）。当時三二歳、ウガンダ生まれ。彼が私を頼って私の研究室を訪れたのは、長い白夜が終わりを告げ、新学期がはじまろうとしていた八月の終わりのことである。「あなたの仕事を手伝わせて下さい」。それが彼の第一声であった。「何故、私の所へ？」「ホルムグレン教授に、単位を取りたいならAndo教授を頼りなさいといわれました」。彼はウメオ大学編入後、大学院に入るために必要な二〇単位を求めて私のところにやってきたのだった。

チャールズの父は比較的豊かな小作農であり教育熱心であった。彼は優秀だったため、最高学府であったウガンダ大学化学科に進むことができた。いわばウガンダの数少ないエリートの一人である。英語が堪能であったが、それは自国語の教科書がなく、使う教科書すべてが英語で書かれていたための必然であった。この幸運が後に彼の命を救うことになる。

ウガンダは人口一四〇〇万人、国土は日本より小さいが、この小国に何と二〇を超える部族がひしめきあい、それぞれの部族ごとで話す言葉がまったく違う。「部族ごとでコミュニケーションの取りようがないので、内紛が起こるのは当然ですよ」と彼はいう。

アフリカの各地で起こり続けている内紛、政戦はいずれもこの部族間のコミュニケーションの欠落が大きく関係していると彼はいう。これに識字率の低さが混乱の拍車をかける。何でもウガンダの識字率は四〇％で、仮に彼の母が生きているとしても、手紙を読むことも書くこともできず、連絡の取りようがないだろう、と彼は苦笑いした。

アフリカの国々はどこも似たり寄ったりらしく、どの部族から為政者が出るかは死活問題で、内紛が起こるごとに、対立する部族の民衆はその巻き添えを食う。チャールズの一族は、まさにこの内紛の煽りを受け、親兄弟、親族が対立部族によってほとんど殺された。

最終的にその時点で生きていたのは、自分とノルウェーで暮らす一三歳年上の姉だけだそうだ。「姉はノルウェーで白人と結婚して幸せです」といっていた。

彼は、いずれ自分も殺されると確信し、命がけでウガンダからの脱出を図る。家、土地、家財道具など財産のいっさいを売って旅費を捻出した。すべてコネ社会で、パスポートも大金を出して買わなければならなかった。私は実験のため、彼の血を採血することがあったが、黒人のなかでもひときわ黒い皮膚に覆われた血管はどこを走っているのか見当がつかず、失敗したことがある。「痛いか？」と聞くと「痛くなんかないです。刑務所でずいぶん拷問にあいましたから、こんなのは序の口です」といっていた。

亡命するウガンダ人エリートが遭遇する悲惨な現実

亡命に当たっては、まず隣国に出るため、数百キロあるジャングルのなかを何日もかけて仲間と歩き走った。途中何人もの仲間が飢えや事故から死んでいったが、幸いチャールズは生き残り、隣国から飛行機に乗り、地上の楽園と思っていたスウェーデンを目指したのであった。しかし彼らにとってスウェーデンは必ずしも地上の楽園ではなかったという。

スウェーデンに着くと一応政治亡命という扱いを受けたが、とりあえずウメオの南二〇〇㎞ほどのところにある難民収容所に押し込められた。そこで執拗な審査が繰り返し行われたらしい。幸い、彼の場合、自分の悲惨な状況、勉強をしたいという情熱を英語で上手く説明できたからよかったが、仲間の多くはスウェーデン語も英語も話せなかったため、動機不十分として本国に送り返された。本国に帰れば確実に死刑が待っているため、一部は当地で自殺を図ったという。

チャールズの友達も悲観して、ちょっと目を離した隙に収容所の屋上から飛び降りたそうだ。彼によれば、スウェーデンでも数々の差別を受けたという。特に田舎は閉鎖的で差別があり、「私たちにとって辛いところです」とこぼした。

ともかく、彼は研究室では、とてもハッピーのようであった。私が彼のために作った実験計画書、奨学金嘆願書が審査を通過し、半額返せばよいという奨学金をもらえるようになった。午後四時からはレストランに皿洗いのアルバイトに出かけるため、三時半にはオフにしてやり、実験の中途で終わってしまった場合、私が続きの面倒をみていた。「バイト先では飯をたらふく食べさせてくれるので助かります。シャワーも入れるんです。養うべき者がいませんから、生活に不自由はありません」といって真黒な顔から白い歯をのぞかせながら笑った。

会った当初、食っていける、といっていた表現が、最近は余裕ができた、という表現に変わった。私が彼に与えたテーマは、短期間で実を結んだ。「教授、私は生きていてよかったですよ。こんなテーマをもらって、こんなに善くしてもらって来年も勉強ができるんですから」と笑った。彼には、悲しみや寂しさといった表情はなく、いつもひょうひょうとしていた。彼が白人社会のなかで生き抜いていく困難さは想像に難くないが、多くの悲惨なアフリカ人を思うと彼は実に恵まれていることを十分わきまえているようであった。彼は、実験もよく訓練されているうえ、後片づけがすばらしい。必ず実験台をきれいにごしごしと拭き上げて去っていった。苦難の生活のなかから身に付いた習慣であろう。

クリスマスイブには、私の母が毛筆で書いた「友情」と記された色紙を「私の研究を支えてくれて、私も君に感謝している」といって渡したら、「thank you, thank you」という言葉が声にならず、真っ黒な顔から大粒の涙をこぼした。彼は、いつの日か日本に来て、私のアミロイドーシス研究を手伝いたいといってくれた。

この話には実は後日談がある。果たして彼は一九九八年、特別研究員として熊本に来ることになる。しかし滞在して三カ月経った頃、ノルウェーに亡命しオスロで生活していた姉が交通事故死したという。悪いことに夫側の対応が冷たく、遺児をチャールズに引き取れといってきた。急遽飛んだオスロからその後何の連絡もない。新興宗教に入信したという話を風の便りに聞いたが、あれから二〇年、彼の消息は不明である。何とか生きていてくれればよいが。

（二〇一六年四月）

■「ホテル・ルワンダ」（2004年／南アフリカ・イギリス・イタリア合作／122分／監督　テリー・ジョージ）

「第三の男」——抗生物質の誕生

ノーベル医学生理学賞を授与された大村智さんの功績

二〇一五年、ノーベル医学生理学賞を授与された大村智さんは、寄生虫感染によって引き起こされるオンコセルカ症やリンパ性フィラリアなどの症状を劇的に抑えることができるイベルメクチンのもととなるエバーメクチンなど、数々の抗生物質を発見してきた。特に、イベルメクチンはアフリカや東南アジアなどの発展途上国で今も起こり続けているこうした感染症を抑える特効薬となっており、全世界でこれまで三億人以上の人々の命を救ったとされる。医学研究の価値は決して救った患者の多少で優劣が決まるものではないが、大村氏は「人のためになる研究をしたい」と考え、土壌中の細菌を研究し続け、いくつかの新たな抗生物質を世に出し、見事にその思いを結実させた。東京大学で学位を取っているが、そもそもは山梨大学学芸学部（教育学部）の卒業で、定時制高校の先生などを経て、苦労しながらこうした仕事を完成させた。

　抗生物質（抗菌剤）とは放線菌などの細菌が産生し、他の細菌の増殖や機能を阻害する物質のことをいう。こうした物質を産生する細菌を突き止め培養し、抗菌作用のある物質を抽出・精製した後、感染症を引き起こす細菌の増殖を防ぐことを確認し、完成した抗生物質は、細菌感染症のみならず、インフルエンザなどのウイルス感染症の細菌による二次感染の治療にも使われている。しかしそうした抗生物質の乱用により、耐性菌が産生され続けていることも以前から大きな問題となっている。

　さらに、最近は細菌増殖を抑制する合成化学物質が開発され、一部は汎用されてはいるが、未だに主流は土壌などに存在する細菌を採ってきて、目的物質を生成する旧来の方法である。そもそも土壌中の細菌の生存戦略は多種多様で、一部の菌のように他の土壌内の微生物や植物と共存共生を図りながら栄養摂取し、生き延びるタイプのものもあれば、放線菌のように抗生物質を分泌して他の細菌を死滅させ、それによってその菌体から栄養摂取し、分裂していくものもある。

　大村氏は放線菌のような特質をもつ菌を探すため、ひっきりなしに土壌を採取し、抗生物質を探し続けた。そのなかでたまたまみつかったイベルメクチンが、世界の多くの患者を救った。遺伝子工学技術が飛躍的に進歩した今日、わざわざ土壌のなかから菌を探し当てなくても、抗菌作用をもつ化学物質を合成し大量生産したほうが効率的ではないかと考えるのが一般的かもしれないが、抗生物質は、アミノ酸だけが連なった単純な蛋白ではなく糖鎖などが加わった複雑な構造をしているため、そうした技術を駆使して抗菌剤を作りだすよりは、細菌が進化の過程で獲得したプロダクトをうまく利用するほうがずっと近道である状況は今も昔も変わらない。

　大村氏は「人のためになることを研究する」、という強い信念をもって研究活動を行ってきたが、そのためには、他人と同じことをやってもダメ、厳しい道のほうを選ぶ、何回失敗しても怖がらない、神様はプリペアードマインドをもっている人（心構えができている人）に贈り物をくれると信じる、といったことを常に心に言い聞かせながら成功にこぎつけた。

　氏はいう。「私は戦争のない、高度成長期の経済のなかで最高の人生を生きてきた。しかし三人の子供に、一〇〇兆円の借金、地方社会の破綻、少子高齢化社会、隣国との緊張、環境破壊を残して死んでいっていいのか」。まったくその通りだ。大村氏は今後有識者として国の重要な会議体に召集されると思うが、是非こうした観点からの発言を期待したいものだ。

抗菌剤の人類への使用は、サルバルサンが世界初の合成抗菌剤として梅毒の治療に使われたことに端を発する。一九一一年のことだ。その後サルファ剤が開発され頻用されるようになるが、抗生物質の本格的な登場は、一九四二年、ペニシリン系抗生物質、ベンジルペニシリンを待たなければならない。

ペニシリンはイギリスの医師、アレキサンダー・フレミングがブドウ球菌の培養中に、カビの胞子が培養皿に落ち、その周囲だけブドウ球菌が溶解しているのに気づいたことに端を発する。彼は即座にアオカビを培養し、その培養液に菌の増殖を抑える物質があることを確認し、抽出物質をアオカビの正式な属名であるペニシリウムにちなんで、ペニシリンと名づけた。世界大恐慌の起こった一九二九年のことだ。

そもそも彼の観察眼は卓越していたようだ。このペニシリンを発見する前には、細菌培養中にくしゃみをしたことをきっかけに、飛び散った唾液の周囲には細菌が生えないことに気づき、唾液中に抗菌作用のあるリゾチームが存在することを突き止めている。ペニシリンの発見から一三年の後の一九四二年、はじめてこの抗生物質が人の感染症の治療に応用され人の命を救うことになる。これをきっかけにさまざまな抗生物質が開発されてきた。

日本人にとってもっとも有難かったエポックメイキングな仕事は、一九四四年に登場したストレプトマイシンの発見かもしれない。この登場により、日本人に多かった結核は不治の病から治療可能な病気に変貌を遂げた。

西欧とは異なる歴史をもつ日本は戦争を希求しない

映画「第三の男」（監督：キャロル・リード）は、アメリカ人の作家ホリーが、旧友のハリーの招待を受けて、戦後間もないウィーンを訪れる場面からはじまる。ホテルに着いたホリーは、いきなりハリーの葬儀が行われることを知らされ戸惑いながらも葬儀に参列することになる。やがてホリーはハリーの黒い噂を耳にし、彼の死の真相を突き止めようと立ち上がる。

ホリーは、ハリーの死因となった交通事故の現場に「第三の男」が居合わせたことを知る。謎を解くうちに、ハリーはペニシリンを希釈して売る悪徳商人に成り下がっていたことを知り愕然とする。この映画は白黒であるが、光の濃淡をうまく使いながら恐怖を駆り立てる描写が素晴らしい。原作のグレアム・グリーンのミステリー仕立ての小説のストーリー展開もスリリングだ。ホリーがハリーと出会う観覧車のシーンや、ハリーが追い詰められ逃走する下水道のシーンは、今でも名場面として語り継がれている。

この作品の主役は、ホリーを演じるジョセフ・コットンであるが、実際はハリー（第三の男）を演じたオーソン・ウェルズの存在感のほうが圧倒的に大きい。特に、再会した二人が観覧車のなかで争うシーンでハリーが語る言葉はあまりに有名で迫力がある。「イタリアではボルジア家三〇年の圧政のもとに、ミケランジェロ、ダヴィンチやルネッサンス文化が生まれた。スイスでは五〇〇年の同胞愛と平和を保って何を生んだか。鳩時計だとさ」。この台詞はそもそも脚本にはなかったが、オーソン・ウェルズが撮影中に創作したものだといわれている。「混沌」こそが芸術などの新たなものを生みだす原動力であるという思いを込めて入れた台詞のようだが、敗戦国オーストリアの首都ウィーンの廃墟ばかりの混沌とした背景のなかで、語られたこの言葉には説得力がある。

ただこの歴史分析は、わが国にあっては必ずしも正しくはない。元禄時代は「元禄太平記」という本があるくらい、日本史のなかでも特筆される平和な時代であったが、その時代に今の日本の文化のもとになる元禄文化と呼ばれるオリジナリティの高い文化が生まれている。この文化は戦争のない平和な一七世紀後半から一八世紀初頭にかけて、上方を中心に育まれた。特色として庶民的要素が濃く現われているが、担い手として武士階級出身の者も多かった。当時の武士は戦がないので時間があった。特に朱子学、自然科学、古典研究が発達し、尾形光琳、野々村仁清、本阿弥光悦等の日本画や陶芸が発展した。また、音楽では地歌や義太夫節、新浄瑠璃や長唄などもこの時代に生まれている。また井原西鶴や近松門左衛門を輩出したのもこの時代である。

結局、芸術を生むためには必ずしも戦争やそれによる秩序の混乱は関係ないということかもしれない。混沌のなかで心が研ぎ澄まされ、新しいものを作ろうとする切なる欲求が生まれる状況は理解できるが、だからといって戦争を希求してはならない。

（二〇一六年五月）

■「第三の男」（1949 年／イギリス／ 105 分／監督　キャロル・リード）

「オデッセイ」——自律神経失調症

人間の進化の歴史は地球環境や重力との闘いの歴史

暑いと汗が出る、興奮すると血圧が上がり脈が増える。立つと脳の虚血を防ぐため末梢の血管が締まり心臓に血液が集まり脳に送る。排便・排尿が自動的にできる。性的に興奮すると勃起する。食事をすると自然に唾液が出て、悲しいと涙が出る…。これらの所作は全身に張りめぐらされた交感神経や副交感神経に代表される自律神経が機能することにより自然に遂行される。汎自律神経失調症（pandysautonomia）という比較的まれな疾患では、感冒や胃腸炎などの感染症を契機に何らかの自己抗体が誘導され、それによって自律神経が傷害されるが、前述のようなさまざまな自律神経機能が傷害されるため日常生活に支障を来たす。

人間の進化の歴史は重力との闘いの歴史といっても過言ではない。われわれの祖先が四足で野原を駆けめぐっていた頃は、起立負荷はなかったが、二足歩行になると臥位や座立位に体位変換をする場合、心臓が血液を脳に向かって重力に逆らって数十センチほど汲み上げなければならない。

余談だが、大人のキリンの場合は、首の長さが遥か一メートルを超えるため、心臓のポンプ機能はヒトよりさらに強くなければならないことになる。

起立時には心臓の機能に加えて四肢末梢動脈や腎動脈、消化管動脈などを強く収縮させ、心臓へ血液を集め、脳へ運ぶ血液量そのものを増やす必要がある。だからこうした自律神経機能が著しく低下する、前述の汎自律神経失調症や多系統萎縮症、アミロイドニューロパチー、糖尿病といった疾患では起立性低血圧が起こり、時に失神し、頭部外傷を起こすこともある。だから逆に、こうした患者さんたちが宇宙空間で暮らすと重力によって引き起こされる症状はむしろ軽くなるはずである。

人間は重力に逆らいながらも重力をうまく利用しながら生きている。地球環境で生後何十年か生活し、体内に制御システムをしっかり獲得している普通の成人が宇宙に行くと、今度は血液を足側に引き寄せる重力がなくなるため、一様に頭側に血液が集まりやすくなり、顔がむくむことになる。向井千秋飛行士や山崎直子飛行士などの女性の顔がわかりやすいが、宇宙空間では一様に彼女たちの顔はむくんでいる。

宇宙空間で生活した人間が地球に帰還した時のトラブルは、「ゼロ・グラビティ」の稿に書いたように、筋力低下が重要だが、こうしたヒトが進化の過程で獲得してきた自律神経機能も宇宙空間で長く生活すると弱まってしまい、帰還後うまく適応できない可能性が高い。長く宇宙に生活する飛行士においては、宇宙滞在中の自律神経調節能変化の問題だけでなく、地球に帰還後においても、自律神経の適応の問題が付きまとうことになる。

映画「オデッセイ」(リドリー・スコット監督)は、NASAの宇宙計画の一環として火星探索に行ったものの、突発的な火星の気象変化による事故でたった一人で置き去りにされてしまった一人の宇宙飛行士の、死力を尽くして生きようとする奮闘ぶりと、彼を何とか救いだそうとするNASA関係者の長期にわたる格闘を描いた感動の物語である。

宇宙飛行士のマーク・ワトニー(マット・デイモン)はNASAの火星への有人探査計画「アレス3」の隊

員である。火星ではその成り立ちを知るため、地表でさまざまな砂や岩石などを採取する作業に従事し、順調にことは進んでいた。しかし、ある時想像を絶する激しい砂嵐が襲ってくる。とるものも取りあえず、隊員はすべてを放棄して宇宙船 Mars Ascent Vehicle（MAV）へ向かうが、運悪くマークは折れたアンテナが体を直撃し、その反動でMAVのはるか彼方に放り出されてしまう。折りしも強風と視界不良のなか、マークの捜索はままならず、女性船長のメリッサは彼は死んだと判断せざるを得なくなる。MAV自体も嵐で危険状態にさらされていたことから、嵐の間隙をぬって火星から出発し、周回軌道を回っていた母船のヘルメス号にドッキングした後、地球への帰路に。

人間の進化の歴史を否定する地球温暖化への未対応

ところが、この決断は早計であった。何故ならマークは生きていたのだ。意識を失い砂に埋もれてはいたものの、しばらくして覚醒し、ベースキャンプに戻ることができたのだ。彼はMAVが出発してしまったことに驚くが、冷静になり何とか生きる道を模索する。宇宙船に乗って地球から四〇〇日以上もかかる火星である。地球から救助隊がすぐに来る見込みはあろうはずがない。残された食料は全員の隊員分をかき集めても一カ月足らずしかない。彼は火星での長期生存計画を立てる。運よく植物学者であったことから、人工的に酸素を作る方法を模索し、燃料の水素と反応させて水を作り出し、太陽パネルを使い空気、電気を確保する。さらに、火星の土とクルーの残した大便をもとに耕作用の土を用意し、ビニールハウスを作りジャガイモの栽培に成功する。

クルーの残した大便を肥料にするためにそれを溶かす過程であまりに臭かったことから、鼻に栓をして農作業を行うシーンは思わず笑ってしまう。

次に行わなければならないのは、自分が生きていることをNASAに知らせることである。彼は逆境にあっても次々に工夫を凝らしていく。一九九〇年代に使っていたマーズ・パスファインダーという通信システムを見つけだし、その通信機能を回復させて地球との通話に遂に成功する。すでに死亡したと思っていたNASAはこの知らせに驚き、まず彼のために追加の食料などを送る目的で急遽輸送用のロケットを短期間で作り上げ、これを打ち上げるが、急造の運搬船には不備があり発射時に空中分解してしまう。

絶望の淵で打つ手を失ったかに思えたNASAであったが、意外にもことのすべてを衛星放送でみていた中国国家航天局が、地球に近づいたヘルメス号に燃料補給船を送ることを申し出る。マークが生存していることを聞いたヘルメス号のクルーたちは、この計画を受け入れ、地球に帰還せず、地球上の軌道で中国のロケットの燃料や食料を受け取ると再び火星へ戻っていく。

時は流れる。マークは、ヘルメス号が火星の軌道に乗る日に合わせて帰還用の宇宙船に乗り込む。ヘルメス号に接近するためには、出力が足りないことから軽量化するため窓や天井をはずしたが、それに伴う大気の抵抗で、彼の宇宙船はヘルメス号の軌道から大きく離れることになる。クルーはこの距離を縮めるべく船内の空気を宇宙空間に放出することでエアブレーキをかけ、マークの確保に何とか成功する。彼は九死に一生を得て、地球への帰路に着く。後年、彼は宇宙飛行士の訓練生の前で火星での日々を振り返り、救出ミッションにかかわった者たちの話をする。

この映画の邦題となっている「オデッセイ」とは「イーリアス」とならんで古代ギリシャ時代の詩人ホメ

ロスが書いた壮大な叙事詩のことである。トロイア戦争の後、イタカ島の王である英雄オデュッセウスが各地を放浪した冒険、そしてその息子テレマコスが父を探す旅を歌っている。この映画もマークが、どんな状況のなかでも「故郷」である地球への帰還を諦めず格闘を重ねた壮大な「旅」を描いており、まさにオデュッセウスやテレマコスが体験した旅と重なるところが大きい。秀逸な題である。

火星は地球の約二分の一の大きさで、重力も四〇％ほどしかなく、二酸化炭素が九五％で酸素は極めて微量である。加えて四季はあるが、冬になると地表は非常に低温になり、大気全体の二五％が凍るといわれている。一方、春が来ると二酸化炭素の氷は気化して、極ではこの映画で描かれたような、時速四〇〇㎞にも達する強い嵐が発生する。人間がとても普通に住める環境ではないことは明らかである。

今年「レヴェナント　蘇えりし者」で遂にアカデミー賞主演男優賞を受賞したレオナルド・ディカプリオが、その受賞スピーチのなかで、受賞の喜びに加えて、地球の温暖化の危機をせつせつと訴えたが、今、抜本的な対策を考えておかないと人類はやがて地球に住めなくなり、火星のような人間にとって不適切な環境への移住を本気で考えなければならなくなる。それは長い間かけて獲得した進化の歴史を否定するような選択だ。

（二〇一六年六月）

■「オデッセイ」（2015年／アメリカ／142分／監督　リドリー・スコット）

「熊本の震災」――天災は忘れたころにやってくる

本震直後に大学の教授室に向かうも修復不能な状況

それは四月一四日、木曜日の午後九時二五分、何の前触れもなくはじまった。大学から私のマンションの九階に帰り着き、ひと風呂浴び食事もすませ、リラックスしていた時、「ドカーン」という音とともにまず突き上げるような揺れが起こり、続けて激しい横揺れが数十秒続いた。「どうしていつまで経っても揺れは収まらぬのか」。その短い時間に感じていたことだ。外出していた妻に何十分かしてやっとつながった携帯電話に向かって、私は叫んだ。「君は元気か？　娘は？」。妻の元気そうな声がはじけた。「花瓶壊れなかった？」。妻はそう来るのか。私を差し置いて花瓶の安否を尋ねるなんて。花瓶とはスウェーデン留学中に買った思い出の比較的高価なものだ。この時点では、彼女の唐突な言葉にむしろ救われた気がした。彼女の元気な声、彼女らしい、時々発するKYともいえる明るい唐突な言葉に、日常が返ってきたような気持ちにもなった。

「そうだ。地震国、日本にあってこれは大したことではないのだ。熊本にはもう四〇年も住んでいるが、その間地震と呼べるものは一回しかない。もう大丈夫」。そう思いたかった。

テレビや新聞は、その後に続いた小さな地震を余震と呼び、この地震を本震と位置づけた。卑しくもサイエンティストである。確率論的に考えてもう来ないだろうと思うのは間違っていない、そう思うことにしたが、後で起こったことを考えると希望的観測であったといわざるを得ない。だから一日経った金曜日の夜は一二時前には前の日の睡眠不足も手伝って、深い眠りに落ちた。かなり熟睡していたに違いない。

土曜日の午前一時半、「ドーン」という一回目の地震よりもはるかに大きな音の後、突然私たちの部屋はしなるように横揺れし、部屋ごとそのままちぎれて飛んでいくような恐怖に襲われた。長男は県外の高校に越境しており、中学二年生になる娘との三人暮らしであるが、その夜は娘もわれわれ夫婦の寝室に来て、ベッドの下に布団を敷いて寝ていた。突然の予期せぬ状況のなかで、妻はベッドから逆さまになり、必死に娘に覆いかぶさり狂ったように名前を何十度も叫んだ。

「由希ちゃん、由希ちゃん…」。その言葉は今でも私の耳にこびりついている。私は娘や妻の、もしかしたら喪われていくのではないかという漠然とした恐怖を感じながら、「大丈夫、大丈夫」と根拠のない言葉を譫言のように発し、妻の背中をさすりながら地震が収まるのを待っていた。その数十秒の長かったこと、まさに一日千秋の思いとはこのことである。

揺れが収まった後すぐにベランダ越しに下をみてみると、多くの人が外に飛び出している。私もマンションで暮らすのはこれが限界と決断し、妻と娘を車に乗せ、まず、最初に大学の教授室に向かった。建物は外見上は損傷を受けていないようにみえたが、なかに入ってみると廊下はロッカーが倒れ、ものが散乱し足の踏み場もない。患者さんの二度と得られない剖検や生検組織が眠っている数台のマイナス八〇度の冷蔵庫は一時的に電気が落ち温度が上がりつつあったが、如何ともし難い。教授室に入ってみると本が散乱し、花瓶が割れ、絵や賞状などの額縁もいたるところに落ちており、修復不能かと思えた。

私は今片づけても仕方ないと考え、郊外にある古い自分の持ち家に向かった。そもそも入院していた父の看病がままならなくなり、熊本の中心部の病院の近くのマンションに一時的に住んでいたが、便利なため、そろそろ郊外の一戸建てのその家を売ろうかと考えていた矢先の出来事であった。

目前に医師国試を控えた六年生のあまりに過酷な環境

時は流れあれ以来一〇日近く経つが、余震がしつこく続き、事態は好転する兆しがみえない。相変わらず避難所には人が溢れ、汚れたトイレを使用するにも二時間近くかかる。水がない、粉ミルクが調達できない。半壊、全壊の家は数えきれない。一見大丈夫そうにみえるマンション、アパートが一級建築士の見立てによると倒壊の危険があり次々に立ち入り禁止になっていく。

一方、使用できる建物は使用できても水が出ない、電気が使えない、ガスは危険防止のためガス会社が大元を止めており使用できなくなり久しい。結果的に食事は作れず、おにぎり二個の支給にも、給水車での水の支給にも長蛇の列ができる。当然のことながら風呂に入れない。スーパー、コンビニにはものが乏しく、時間限定で開店する店には長蛇の列ができる。

これは3・11東日本大震災の時、石巻でみたシーン、そしてテレビで繰り返しみた光景に似ている。震度はほぼ同じ。被災地域こそ限定されているが、その場で起こっていることにほとんど違いはないように思えた。

医局員のなかには未だに車の中で寝泊まりしながら診療を続けているものもある。それでも患者第一に診療する姿勢には頭が下がる。私は、医学科長をしており医学生の世話をしなければならないが、住む家がなくなったもの、部屋が水浸しになり、階下の住民からハラスメントを受けているもの、お金が底をつきそうなもの、トラウマとなり、熊本には戻りたくないと考えているものなど、これから解決しなければならない大変な問題が突き付けられている。特に医師国家試験を一〇カ月後に控えた六年生にとってはこの状況は過酷すぎるかもしれない。

一人の人間が一生を生き抜くということは大変なことだ。長い人生のなかで、さまざまな天変地異、交通事故、水難事故、器物損壊による事故…、今はこれにテロによる災害が加わるから厄介だ。こうした予期せぬ災害を潜り抜けた人々がやっと老年という時期を迎えることができる。それは、こうした体験をしたものには稀有の幸運であるようにすら思えてくる。

非常時にはもろに人間性が滲み出る。安否を尋ねるために電話してみると、堰を切ったように自分の不遇な環境をまくしたてるものもいる。「被害の大きさを競ってみても仕方がない。みんな同じ被災者だけれど」と内心いいたくなるような会話もあり辟易することも少なくないが、こうした会話の時は他のことを考えながら聞き流すようにしている。患者さんはあくまで絶対的弱者であり、どんな患者さんにも丁寧に応対しなければならないが、これまた現状に対する不安や不満を一方的にまくしたてる人から、われわれに対するねぎらいの言葉からはじまるものまで千差万別である。こうした違いは残念ながら病気の重症度とはあまり関係がない。

組織の長はドーンと構え平然としているしかないが、私のような鈍感覚の持ち主でも大きな物音がすると身構えたくなってしまうような状況のなかでは、笑顔ですごさなければと思うほど、こわばったような表情になる自分を感じることがある。医師は天職である。この状況が終われば医師としても人間としても、もっともっと大きくなれる、と医局員にはいうことにしている。朝の来ない夜はない。いつかこうした困難には終わりが来るのだ。

ピーク時には一日二〇〇通以上の、安否を尋ねるメールが来たが、そのうちの一部は単なる挨拶（greeting）のようなもので、他の重要なメールと紛らわしく、わざわざ出さなくてもよいようなものもあった。こういう時に人間の値踏みができることを思い知った。

一段落ついたある日の夕暮れ時、娘と二人でやっと開店した近くのスーパーに買い物に行った。「由希ちゃん、まるで昨日までの地震がウソのような、涙のこぼれそうな快晴の空だね。由希ちゃんはパパの気持ちがわかるよね。同じ感受性遺伝子だから」

娘はにこやかに笑っていた。こんな美しい姿をみせる自然が、こんな過酷な試練をわれわれに与えるとは。

この地震の後、木曜日の地震は前震と呼ばれ、土曜日未明の地震は本震と呼ばれるようになった。

「天災は忘れたころにやってくる」――寺田寅彦

何という的を射た、そして忌まわしい言葉であろうか。医療は病気の予防や治療には何らかの力を発揮してきたが、いつまでたっても自然災害に対しては無力であるように思える。

（二〇一六年七月）

「レヴェナント　蘇えりし者」——利己的な遺伝子

「復讐心」を生きる原動力にして「蘇った男」の物語

リチャード・ドーキンスは、「我々生命体は遺伝子という名の利己的な存在を生き残らせるために盲目的にプログラムされたロボット（乗り物）に過ぎない。だから我々の体の中にはこのわがままな遺伝子により如何にして遺伝子が生き残るかの戦略がプログラムされており、生の営みは子孫を残し、その遺伝子を継代していくための営みに過ぎない」と主張した。所謂「利己的な遺伝子（The selfish gene）理論」である。一九七六年のことだ。あたかも遺伝子に意志があり、われわれ生命体は遺伝子という主人に服従する召使のような存在であるとするこの理論は一世を風靡し、議論を巻き起こしながら今日に至る。

映画「レヴェナント 蘇えりし者」（アレハンドロ・ゴンサレス・イニャリトゥ監督）に描かれた主人公ヒュー・グラスは、先住民であった妻を殺されているが、そのことよりも彼女との間にもうけた自分の子供を無残にも殺した者に対する飽くなき「復讐心」を生きる原動力にして「蘇った」男である。

この映画の主人公は実在したといわれており、瀕死の重傷を負いながら数百キロの道のりを踏破し、生還した彼の伝説は今でもアメリカの開拓者精神とともに残っているという。失った息子の命は戻らないことは百も承知でありながら、彼をひたすら突き動かしたものはドーキンスがいうような「利己的な遺伝子」であったのだろうか。

　時は一八二三年。アメリカはまだ国力も乏しく、ヨーロッパの列強の圧力を受けながら、多くの移民たちが西部に向かって開拓をしていた頃の話である。当時、まだ原野ばかりであったアメリカの北西部では、ヨーロッパで需要の大きい動物の毛皮を得て、高額な値段で売ることを目的に狩猟をする一群の男たちがいた。多くの開拓者は先住民から侵略者とみなされ、抗争を繰り広げていたが、意外なことになかには稀に良好な関係を保ちながら、共生していたケースもあるようだ。グラス（レオナルド・ディカプリオ）がいた狩猟チームは先住民であるアリカラ族の激しい抵抗に遭い、いつ何時襲撃を受けるかわからないような状況にあった。

　グラスは、かつて先住民の奴隷として暮らしていたことがあり、その折、原住民に受け入れられ、妻と結ばれ、一人息子ホークをもうけたが、妻は開拓民にすでに殺されており、きっと妻を深く愛していたのであろう、忘れ形見の一人息子、ホークを一人前に育てることだけが人生の目的のようになっていた。ホークは先住民の言葉しか話せない。奴隷として生活をしていた頃に言葉を覚えたグラスは、自分がいてやらないと息子は生きていけない、と思っている。グラスと息子はまるで一卵性双生児のように暮らしていた。土地勘もあり重宝がられ、息子とともにチームの一員に加わっていた。

　ちょうど一行がイエローストーンに差しかかった頃、たまたま単独行動をしていたグラスは、森の中で突然グリズリーに襲われる。彼は激しく抵抗するが、体中に傷を負い、瀕死の重症を負ってしまう。時は冬、所はアメリカのなかでもとりわけ寒さの厳しい北西部のアメリカである。とても生きていけそうにはない。いつ先住民の襲撃があるかもわからない。

　谷を越え、山を登り、狩猟を続けなければならない一行は、最初はグラスを担架に乗せ行動をともにしようとするが、疲労がたまりグラスが足手まといとなってきて、遂に隊長のヘンリーは彼を置き去りにすることを決断する。それは極寒の厳しい環境のなかで他の隊員を守るための苦渋の選択でもあった。

隊長はグラスを慕っているブリジャーとフィッツジェラルドを残し、最後まで看取るように指示して立ち去る。しかし、グラスが重荷で仕方がなくなったフィッツジェラルドはブリジャーに「アリカラ族がもうそこまで迫っている。早く行かないとわれわれの命が危ない」とそそのかし、抵抗する息子をグラスの目の前で殺し、穴の中に埋めてしまう。瀕死の重傷を負っているグラスは身動きすることすらできない。こともあろうにフィッツジェラルドらは土を盛り、彼の武器と所持品を盗んで逃げていく。

しかし、息子を殺された激しい怒りと復讐心がグラスに最後の力を奮い立たせる。「レヴェナント」とは蘇った死者のことをさす言葉である。息子を殺したフィッツジェラルドに復讐することを糧に、彼を追って行動を起こす。極寒のなかで火を起こし、食べ物や水を探し、最初は這ってしか移動できなかった彼が、時とともに杖で歩けるようになり、ついには自分の力で歩くことができるようになる。

復讐劇の根底に流れる「ヒューマニズム」の存在感

人の進化の歴史は怪我、飢餓、感染症との戦いであった。地球の温暖化でアルプスの万年雪のなかから現われたミイラ化した五八〇〇年前の青年は、ぎすぎすに痩せていて、怪我を負ったその身体には感染症と思われる膿瘍がいくつもあり、原住民同士の抗争で負ったと思われる矢じりの跡まであった。グラスの復讐の道のりには、開拓民を目の敵にしている先住民が待っている。まさにグラスの生に対する営みは、怪我、飢餓、感染症の危険があった数千年前のヒトの営みと同じである。

　彼は途中、アリカラ族に追われることになるが、馬で逃走中、馬もろとも谷底に落ちてしまう。ここでも辛うじて生き残った彼は、驚くべき行動にでる。何と死んでしまった馬の内臓を全部取りだし、空洞となった馬の身体の中に傷だらけで膿んだ傷もある身を沈め、深い眠りに落ちるのである。

　動物の血清には免疫グロブリンが大量に流れている。このグラスの行動はもしかしたら先住民から学んだ、怪我、感染症を癒す治療法の一つであったのかもしれない。

　果たしてグラスは、何とか町にたどり着き、フィッツジェラルドを探し出し復讐を果たす。彼の執念の賜物というほかはない。この物語は所謂時代劇でみてきた「仇討ち」ということもできる。映画に描かれてきた仇討ちを果したものたちがその思いを果たした後、どのような末路をたどったかはそれぞれである。グラスという男がその後どのような人生を送ったかは映画では描かれていないが、イニャリトゥ監督は「愛を感じながら、余生を送ったはずだ」と述べている。

　この映画の根底に流れているのは復讐とは対照的なヒューマニズムにほかならないが、それは、きっとこの監督のもつ優しさが滲み出ているためであろう。

　イニャリトゥ監督が作った「バードマン　あるいは（無知がもたらす予期せぬ奇跡）」は、昨年、監督賞とともにいくつかの部門でアカデミー賞を取っているが、今回は監督賞に加えて何度も主演男優賞にノミネートされてきたレオナルド・ディカプリオに悲願のオスカーをプレゼントした形になっている。さらに特筆されるのは、撮影監督のエマニュエル・ルベツキが今回で三年連続撮影賞を取ったことである。

　混沌とした時代の極寒の北アメリカの様子を自然光で取り、人間の暗の部分を映像として上手くわれわれに送り届けたその技術は高く評価されている。音楽はがんで闘病している坂本龍一が担当し、荘厳な音楽を映像のなかに織り交ぜながら映画の臨場感を盛り上げている。

ディカプリオは受賞スピーチのなかで、関係者にお礼をいった後、かなりの時間を費やし、環境破壊、地球温暖化について訴えた。きっと長期の撮影のなかで、温暖化の現実を目の当たりにしながら危機感を抱いたのであろう。私も一九九六年から二年間、北極圏に近いスウェーデン北部のウメオという町に留学していたが、確かに土地の人々は口々に温暖化が起こっていることを訴えていた。

一方、監督賞を受けたイニャリトゥ監督は、受賞スピーチで皮膚の色で人間が人間を区別、差別することの愚かしさを述べている。この映画のテーマの一つは紛れもなく人種差別の問題である。某国の大統領候補の一人は今のところ、「メキシコ国境に壁を作る」「日本や中国はけしからん」などと、ヒスパニックや黄色人種に対する排他主義的主張を声高に唱え一定の支持を得ているが、とても品格のある大統領になるとは思えない。

（二〇一六年八月）

■「レヴェナント 蘇えりし者」（2015年／アメリカ／157分／監督　アレハンドロ・ゴンサレス・イニャリトゥ）

「さざなみ」――一夫一婦制

初老という不安定な精神状態のなかで増える「熟年離婚」

熟年離婚が後を絶たない。年を取り考えに幅がなくなる。人の話が聞けなくなる。自分のことしか考えられなくなる。特に新しいことのもの覚えが悪くなる…。そして何より、しみができ、毛髪が薄れ、「薄汚く」なる。時として砂時計のように短くなっていく自分自身の残りの時間に焦りを感じるようになる。そんななかで長年連れ添った伴侶が許せなくなる。若い頃は「愛」というブルドーザーのような得体の知れない感情で、でこぼこ道も平坦にすることができていたが、若さを失い、美しさを失い活力を失うと、そうはいかなくなる。

もっと年を取って「枯れた年齢」になると、あきらめの境地で人を許せるようになるのだろうが、初老という時期は、時に不安定な精神状態に苛まれることがあるのかもしれない。

ケイトとジェフは、四五年連れ添った夫婦である。子供はいない。だからとりわけ寄り添うように生きてきたようだ。ジェフは会社を定年退職し、ケイトは大学の教授を退職し、今は一日中一緒にいるが、別にお互いを煙たがるようなことはない。映画「さざなみ」（アンドリュー・ヘイ監督）の話である。結婚四〇周年に友達を呼んで記念パーティーをするはずだったが、ちょうどその時期、ジェフは冠動脈狭窄症でバイパス手術を受けて実現しなかった。だからケイトは、その週末に行うことにした四五周年パーティーを楽しみにしていた。「もう四五年も経っただなんて」。

その日もいつものように同じベッドで眠り、ケイトの入れたコーヒーを二人で飲みながら静かな朝を迎えていた。一通の手紙が来ていることに気づく。ジェフ宛てだ。何の気なしに読んでいたジェフは目が点になる。数十年も昔のケイトと結婚する前の話だ。ジェフはカチャという女性と愛し合っており、スイスアルプスに登山に出かけた。そこで予想もしない事故が起こる。彼女が誤ってクレバスに墜ち、万年雪のなかに消えてしまったのだ。彼女の遺体が地球の温暖化のせいなのか、みつかったというのである。

捜索してもみつからないまま数十年の月日が経ち、ジェフの記憶のかなたにあった想い出だ。生々しさはないが、明らかに動揺するジェフ。すかさずケイトは尋ねる。

「どんな人なの？」「前話したはずだ。カチャという女性だよ。何十年も前のことさ」「その人が生きていたら、結婚した？」「うん。たぶんそういうことになっていただろ」。その言葉にケイトの心は凍りつく。「もし彼女が生きていたら、私とジェフの結婚生活はなかったことになる。私たちの四五年の夫婦の生活は必然ではなかったのか？　今でも夫は彼女を愛しているのか」。

インテリジェンスの高い女性ほど、一度引っかかると深く考え、そのエアーポケットから抜け出せなくなる。次々に彼女の疑問、妄想が膨らむ。その夜からケイトは睡眠薬を飲まないと眠れなくなる。次の日の夜中、隣のジェフの部屋から大きな音がする。明らかにジェフが何かをしている。その次の日に彼は町に出かけ、旅行会社に行き、スイス行きの航空便を調べたりする。彼の習癖を知り尽くしているケイトは、よせばいいのに旅行会社に行き、店員に「初老の男性がスイス行きの便を相談に来たでしょ」と確認し愕然とする。

ジェフの留守を見計らって、彼の部屋を物色すると、彼のカチャへの思いを記した日記、手紙、さらにカチャが映ったスライドが何十枚も出てくる。湖を背景に佇む写真のなかの彼女は、恐らく二十代前半のもっとも美しい頃だろう。

ケイトの嫉妬心に火がつき、ジェフへの四五年間の信頼の歴史がもろくも崩れ去ろうとしていく。

一方で、四五周年パーティーの日は確実に迫ってくる。ジェフはそうしたことに無頓着なこともあり、式場のアレンジ、式次第、BGM、ダンスで使う音楽などはすべてケイトが決めてきた。しかし、件の手紙以来、カチャの幻影が亡霊のようにちらつき、追い込まれて行く。スクリーンで映し出されるカチャの姿は、美人で若々しい。一方、自分は肌の色つやも衰え、太刀打ちできない。カチャはジェフの心の中で永遠に若い頃の輝きを失わない。しかし、自分は若い頃の自分に戻って争うことすらできない。そんな思いに苛まれるようになる。それまでも多少不満はあったものの、伴侶と認めともに人生を歩いてきた。しかし…、横に座っている夫が無神経な老人に思えてくる。

遂に、どうしようもなくなった状態でパーティーの日を迎える。周りの盛り上がりをよそに冷めた感情は如何ともしがたく、雰囲気から孤立していくケイト。最後のジェフのスピーチは、最愛のケイトに向けられた感動的なものだったが、彼女の心にはまったく響かない。そしてダンスパーティーがはじまる。最初の曲は、彼女が選んだ「煙が目に染みる」で、ジェフはケイトに顔を摺り寄せて踊り続けるが、遂に耐えられなくなったケイトは、曲の終了とともに彼の手を振り払ったところで、映画は終わる。

ヒトの進化の歴史のなかで生まれてきた「一夫一妻制」

自分が薄汚い「じじい」になり伴侶が「ばばあ」になった時も、夫婦には本当に「愛」と呼べるようなものは存在するのだろうか。やはり年は取りたくないものだ。

不老長寿の薬は永遠の人類の願望であるが、私の場合、長寿は希望しないが、不老の薬はあってほしい。

三八億年のヒトの進化の歴史のなかで、夫婦の形態はどのように進化（あるいは退化）してきたのであろうか。太古母系社会として進化してきたヒトの歴史のなかで、一妻多夫制、多夫多妻制も一時期、一部の地域でなかったわけではない。しかし、体力的に能力の優る男は、社会的地位や経済的に優位に立つようになり、男が富を管理するようになる。このため、多くの資源をもった男性は複数の女性とその子供へ富と安全を提供できるようになり、一夫多妻制が営まれるようになってきた。このような傾向はサルにおいて顕著である。別府の高崎山に行くと、まるで戦国時代の殿様のように、ボスザルの周りに数頭のメス猿が侍っている光景がみられる。

そもそも男は妻とその子供を守る役割を担い、猛獣や他部族との戦闘に駆り出され、死亡するケースも少なくなかったと思われる。だから常に男は相対的に不足状態にあり、より効率的に子孫を残すためには一夫多妻制が合理的であった、とする見方もある。その頃の男には「代わりの女性」が幾人もいて、心に余裕をもって暮らしていたのかもしれない。昔のイスラム社会でも、戦闘状態が続いていたため、長らく一夫多妻制が取られていた。しかし、近代社会では社会の構造が整備され、富の配分もある程度なされるようになり、一夫一婦制度が定着しているかのようにみえる。特に、年を取ると力関係が逆転し、しばしば女性優位になることもある。

鳥類、カエル、魚などの一夫一婦制を営む動物は、ヒトと同じように配偶関係にある雌に対して保護や食物の供給を行うものが多い。それを通じて投資を行い、雌の繁殖活動を助けることによって、自らの遺伝子をもつ子孫をより多く残す繁殖戦略をとるものと考えられている。より多くの雌と配偶関係をもつことによってより多くの子孫を残すのではなく、特定の雌に対して資源の投資を行うことで、間に生まれた子孫を協力してより確実に成長するまで守ろうとする戦略である。

ケイトとジェフの関係はどうなっていったのかはこの映画では語られていない。それほど器用ではないジェフは、ケイトの心の変化には敏感ではなく、この二人の関係はさらに深刻化していった可能性もある。そもそもジェフが「カチャが生きていたらそのまま彼女と結婚した？」とケイトに聞かれた時、彼女の心の動きを察知し、「いや、そんなことはない。君とは運命の赤い糸で結ばれているから」とでもいってやりさえすれば、それで終わった話である。人生には三つの坂がある。登り坂、下り坂、まさかの坂。Y遺伝子にプログラムされた、たった八〇個ほどの遺伝子がそれを制御しているが、そのなかには「まさか」を察知する遺伝子は含まれていない。われわれ男は、男と女はまったく違う生き物なのであることを知らなければならない。

（二〇一六年九月）

■「さざなみ」（2015年／イギリス／95分／監督　アンドリュー・ヘイ）

世界アミロイドーシス学会 in Uppsala――理事長選挙

隔世の感がある遺伝性疾患FAPの研究・治療の現状

私は大学で、もう三〇年以上も遺伝性アミロイドーシスの一型である家族性アミロイドポリニューロパチー（FAP：Familial Amyloidotic Polyneuropathy）という病気を研究している。アミロイドとは体のなかにナイロンのような不溶性のタンパク質が溜まる病気の総称で、アルツハイマー病では脳に老人斑と呼ばれるアミロイドの塊が沈着し認知症が起こるため、この病気もまたアミロイドーシスに分類される。現在までに三三種類の異なる原因によるアミロイドーシスが発見されているが、FAPもこの疾患群に分類される。トランスサイレチンと呼ばれる血中を流れる一二七個のアミノ酸からなる蛋白質のたった一個のアミノ酸が遺伝的に変異した異型トランスサイレチンが、何らかの機転で不溶性のアミロイドとなり、末梢神経、自律神経、心、腎、消化管、眼などの臓器に沈着し、さまざまな機能障害を引き起こす。発症すると激しい下痢、手足のしびれ、立ち眩み、心・腎障害、勃起障害、尿失禁などを呈し、やせ細り、やがて寝たきりとなる。

この病気は、成人をすぎ、就職、結婚、子供の誕生といった社会人としてもっとも重要な三〇歳代前半に発症し、数年もすると社会生活を送るのが困難となるため、患者、家族にさまざまな社会的、経済的、精神的な悲劇を引き起こしてきた。一般に、発症から約一〇年の経過で死を迎える悲惨な病気であるが、さらに不幸なことは、この病気は常染色体優性遺伝の形で遺伝するため、自分の遺伝子が子供に遺伝する可能性が五〇%あるということである。だから子供をもつ患者家族の心労は計り知れない。しかし、近年の分子生物学的研究の進歩により、この病気は他のいくつかの遺伝性疾患とともに病気の進行を遅らせたり、命を保証する治療手段が現われてきている。

熊本大学を卒業し神経内科を目指した私は、当初、脳卒中やALS、多発性硬化症など患者数の多い疾患を研究したいと願っていたが、熊本県北部の、この病気の患者フォーカスがある地域の病院に赴任した私は、FAP患者との心の交流を経てこの病気の研究にどっぷりつかった。私は一貫してこの疾患を克服する道を切り開くため必死で闘ったのである。

FAPは、わが国では熊本県、長野県に患者の大きな集積がみられるが、私がこの病気の診療・研究をはじめた当時は癌や糖尿病、リウマチといった common disease とは比較にならないほど患者数が少なく、あまり注目されていなかったため、研究者も少なかった。しかし、異型トランスサイレチンが主として肝臓で産生されることから、これを抑制する目的で肝移植が行われるようになった一九九〇年代前半からがぜん脚光を浴びるようになり、世界で多くの学者や臨床医がアミロイド形成機構や、病態解析、治療研究に参戦してきた。

同時に日本各地にこの病気で苦しむ患者がいることが確認され、患者数も大きく増加した。世界的にみても、以前は、日本、ポルトガル、スウェーデンに限局した疾患と考えられていたが、今では世界中どこに行ってもあるありふれた病気になろうとしている。隔世の感がある。治療に関してもかつて不治の病であったこの病気が、今では進行を遅らせる低分子化合物や根治療法として遺伝子治療、われわれの抗体治療などさまざまな治療法が研究され、実用化されようとしている。

私は、一九九六年四月から一九九八年三月までこの病気を研究するためスウェーデン北部に位置するウメオに留学した。そこにはFAP患者二〇〇人ほどが住んでいて、夢中で診療・研究を行った。あれから二〇年の月日が流れた。

スウェーデンというと多くの人は冬の雪と氷、オーロラの世界を連想するかもしれないが、圧倒的に美しいのはむしろ夏だ。眩いばかりの空と湖の青、そして短い夏を精いっぱい享受しようと木々や草花が緑の葉や花々をつけ、そのコントラストは息をのむほど美しい。特に、夏はビヨークと呼ばれる日本の白樺に当たる木の葉の緑が目に迫ってくる。そんななかでよく湖で泳いだものだ。

世界アミロイドーシス学会――理事長就任

私は今年の七月一日から約一週間、世界アミロイドーシス学会に出席するためウメオから二〇〇㎞ほど南に位置する北欧最古の学園都市ウプサラに滞在した。私がはじめてこの学会に参加したのは一九八七年の箱根の学会からである。あの時、世界から集まった研究者は高々二〇〇~三〇〇人であったが、今はその二~三倍に膨らんでいる。分子生物学レベルのさまざまな研究が行われ、当時は想像もできなかったような治療研究が進み現実になろうとしている。留学後もスウェーデンには共同研究などで何度か訪れたが、最近はアメリカの出張が多く、気がついてみると一〇年ぶりの里帰りであった。

ウプサラに着いてみるとコートを羽織らなければならないほど寒い。まるで日本の一〇月末の気候だ。そういえば二〇年前、二夏、うんざりするような日本の猛暑を逃れ、こうした環境のなかで診療・研究に没頭できたのだった。今回の学会出席の目的は、私がずっと研究してきた、FAPの抗体治療の成果を講演するとともに、私がノミネートされている、この学会の理事長選挙の結果を見届けることだ。対抗馬はアメリカ人だ。選挙は会員のインターネットによる投票と会場での直接投票の総計によって公平に行われるが、四〇%の会員がアメリカ人であることを考えると勝てるはずはない。そう高を括っていた。だから選挙期間中も別段選挙運動もせずにすごした。ただ、心のどこかに「もしかしたら」という気持ちがあり、白夜ということも手伝って寝不足の日が続いた。

最終日の七日、総会が開かれ開票結果の発表が行われた。「Yukio Ando is the president.」、私にとってはまるで「Oscar goes to」とやるアカデミー賞の発表のようであった。五〇年のアミロイドーシス学会の歴史のなかではじめてのアジア人の理事長である。また一段と忙しくなる、と思う反面、一度はじめたことを一生懸命やり続け頂点に登り詰めた達成感もあった。最終日、ストックホルムに立ち寄った。私がいた頃、スウェーデンの人口は八〇〇万人といわれていたが、その後移民を受け入れたこともあり、今は一〇〇〇万人に迫ろうとしている。行きかう人々をみていると明らかにスウェーデン人以外の人が増えている気がした。

この国のよさは外国人にやさしいところだ。昨年あたりから激増しているシリアなどの難民に対して北欧は寛大であったが、まずデンマークが音を上げ、難民を排斥するかのような政策を展開しはじめている。無理もない。宗教も文化も生活習慣もまったく違う難民を受け入れるのは忍耐が必要だ。では、スウェーデンはどうなのか。学会中スウェーデン人の仲間に本音を聞いてみた。「確かにスウェーデンでも今もっとも大きな問題になっている。だってこの一年二五万人も受け入れたんだから」。日本の人口比に直すと日本で三〇〇万人近い難民を受け入れたことになる。ところが「問題」の意味が少し違っていた。スウェーデン人の議論の中心は、難民を受け入れることによって生じるスウェーデン人の就職難や税金の無駄遣いではなかった。「難民にどうやってスウェーデン語を教え、仕事を覚えさせ、働かせるかが議論の中心だ」という。人間が集団で暮らすと必ず軋轢が起こる。スウェーデンも当然、麻薬、暴力、誘拐、レイプなど多くの国で起こっている問題を抱えているが、他の国で嵐のように巻き起こっている難民に対する排斥、排他的行動は起こっていないという。

当然のことながら人は助け合わなければ生きていけない。きっと北ヨーロッパのなかでもとりわけ寒さの厳しいスウェーデンでは、人々は極寒のなかで助け合わなければ生きていけないことを学んだのであろう。私はこのような国に住み、国民番号をもらい、医療費はすべてただというような生活を送ったことを誇りに思っている。かつて、この国では税金を下げるかどうかの国民投票が行われたが、多くの国民は福祉レベルを保つため、高い税金を払ってもよいとする道を選んだ。一方、日本ではまた消費税増税が見送られ、遂に国の借金は一〇〇〇兆円を超える。借金のつけは必ずやってくる。その時われわれはこの世にはいない可能性が高い。子供たちにあの世からどう言い訳をするのであろうか。

（二〇一六年十月）

「裸足の季節」——男尊女卑の社会

エジプトでは女性の九〇％以上が性器切除という衝撃

発展途上国ほど、女という性が商品となり労働力となる。一〇年ほど前、「女は子供を産む機械」と発言し大臣の椅子を失った輩がいるが、女性ははるか昔から絶えず男の論理に支配されている。その最たるものがアフリカの国々で行われている、女性器の切除（female genital mutilation：ＦＧＭ）である。ＷＨＯによるとエジプトでは、既婚女性の約九〇％以上が女性器の切除を受ける、という衝撃の事実が明らかになっている。ジブチ、エジプト、ギニア、ソマリアなどの中北部アフリカでも同様のことが行われているという驚くべきデータも公表されている。

女性器の切除とは、儀礼として行われている風習で、女性の外性器（クリトリス、小陰唇、大陰唇）のすべて、または一部を取り除くことをいう。この手術で性感帯が取り除かれるため、女性の性欲が減退し、結婚前の処女性を守ることができるとされているが、この手術は出血など命の危険も伴う。通常九歳から一二歳の初潮を迎える前に行われているというから驚かされる。先進国ですら性器を切り取る手術は大変な危険を伴うことはいうまでもないが、こうした発展途上国では多くの場合、医師資格をもたない助産婦によってカミソリなどを使って不衛生な環境で行われているため、手術中に大量出血や感染症で死亡するケースが跡を絶たないという。この手術は出産の苦痛を取り除く、という大義があるらしいが、こうした国の妊婦の出産時死亡率は先進国の約二〇〇倍である。女性器切除の影響かどうかは定かではないが、一因である可能性は高い。

しかし、こうした状況にもかかわらず、エジプトで行われた調査では、五〇％以上の民衆は「伝統的な風習なので、実施に賛成」と答えているという。何ということだろう。恐らく長く続いた風習のなかで人々が当たり前の行為として疑問に思わないということであろうが、これは明らかに性的暴力でありＷＨＯなどが啓発活動を行わなければならない。

映画「裸足の季節」（デニズ・ガムゼ・エルギュヴェン監督）はトルコの首都イスタンブールからはるか離れた海岸沿いの田舎町が舞台であるが、アフリカで行われている女性器切除とまではいかないまでも、男性社会が作り上げた、閉鎖社会で起こっている女性に対するセクシャルハラスメント、性暴力が描かれている。トルコはイスラム文化をもちながら中東諸国のなかでは比較的開かれた西欧型の社会というイメージがあるが、どうして未だにその閉鎖性は目を覆いたくなるような実態があるようだ。イスタンブールは確かに比較的開かれた地域だが、田舎では映画そのものの姿なのかもしれない。実際、映画のエピソードはエルギュヴェン監督が見聞きしたことが描かれているという。

一三歳のラーレには四人の姉がいる。長女のソナイ、次女のセルマ、三女のエジェ、四女のヌルだ。両親は一〇年前に交通事故で亡くなっており、それ以来、祖母の家に引き取られている。そこには口うるさい祖母と叔父エロルがいた。話はラーレたちが慕っていた女教師、ディレッキ先生がイスタンブールの学校へ転勤するため、学校を去っていく場面からはじまる。

その日は帰りに、姉妹揃って同級生の男の子たちと一緒に海岸へ行き、騎馬戦をして遊んだが、彼女たちは開放的な気分になり男子の肩に乗り、海辺ではしゃいだ。ところが自宅へ帰ってみると祖母が激怒して彼女たちを待っている。「男の首に股をこすり付けるようなふしだらな行為をしていた」というではないか。偶然その出来事をみた隣に住むおばさんの密告である。

性には厳格で、古い風習のなかで生活してきたこの村にあっては結婚前の女性が男性と仲良く遊ぶことすら許されない。ましてや「股間を男の首にこすりつけるなんて」。このような行為が村人に知れわたると結婚できなくなると祖母は怒り心頭である。五人は激しく言い返すが、祖母は彼女たちを部屋に監禁してしまう。そこへこのことを知ったエロルも帰ってきて祖母以上に激怒し、暴力を振るう。こともあろうに翌日、ラーレ以外の四人の姉は処女であるかをチェックするため産婦人科にまで連れていかれる。

この日以来、彼女たちは学校に通うことすら許されなくなり、おしゃれな服やアクセサリー、携帯電話やパソコンなど現代的なものはすべて捨てられてしまう。さらに、ある事件をきっかけに祖母はテレビまで観ることができないようにしてしまう。化粧することも許されず、着る服は控えめで地味な服ばかり。学校に行くことさえ禁止された彼女たちに課せられたのは〝花嫁修業〟だった。「女は勉強なんてしなくていい。貞操をひたすら守り、男にかしづき子供を産め」ということなのか。祖母と叔父は「傷ものにならないうちに」嫁がせようと次々にお見合いをさせ、長女、次女と結婚の縁組が行われ、家を離れていく。

イスラム文化をもつトルコの女性を縛る古い慣習を描く

この映画では笑止千万なシーンが映し出される。ソナイが結婚して初夜を迎えた夜、性交渉が終わった頃合いを見て、シーツに出血があったかどうか母親が確認に来るではないか。はっきりした出血がみられなかったソナイは、そのまま婦人科に連れていかれて処女の確認を受けさせられる。あまりにばかばかしい「儀式」に、自暴自棄となったソナイは、医師の問診に「たくさんの男と寝た」とうそぶいてしまうシーンはみるものの共感を誘う。結果は「白」ということになるのだが。

三女のエジェは、叔母の家に軟禁されているうちに叔父エロルから性的虐待を受け、結婚話が進行するなかで、ついに生きていく意義を見い出せず、自暴自棄になり銃で自殺してしまう。

遂に、「もうここには居られない」と思ったラーレは四女のヌルに、一緒にイスタンブールへ行こうと話をもちかける。ラーレはXデーを想定して何度も脱走のシミュレーションを繰り返す。そんななか、叔父のエロルは、今度はヌルにまで性的暴行をしようとする。二人は祖母と叔父の監視をかいくぐって何とか家を脱出し、イスタンブール行きの長距離バスに乗り旅立つことになる。そこにはラーレがもっとも尊敬するディレッキ先生がいたのだった。この映画は二人が遂にイスタンブールにたどり着き、ディレッキ先生に再会する場面で終わる。

この映画を観ていると、ボーボワールの「女に生まれるのではない。女になるのだ」という言葉を思い出す。生まれた時は男と平等であったはずの女が、たったY染色体がもつ八〇足らずの遺伝子の違いから不当に男社会で支配されている現実は、女が優位に立つ仕組みを作り上げたスウェーデンで暮らし、ずっと妻に支配?されているような自分にとっては不条理であると感じる。トルコですらそうなのだ。もっと封建色の強い中東やアフリカの惨状は想像に難くない。

この映画はわが国でも爆発的にヒットしたイギリス映画「小さな恋のメロディ」を思い出させる。メロディーという女の子に恋に落ちたダニエルたち小学生が、既存の大人社会に宣戦布告し、戦うシーンで終わる痛快な映画だ。当時ダニエルを演じた主演のマーク・レスターの少年らしい可愛さが日本中を席巻した。

二年前イスタンブールを訪れた時には、それほど危険な感じもせず、東洋と西洋文化の合流地点であるかの地の異文化を堪能したものだ。当時ガイドについてもらったトルコ人の女性は確かに、依然トルコには封建的な文化が残っていると話していたが、ここまでとは想像できなかった。

シリアの隣国であるトルコはイスラム国の台頭やロシアとの関係悪化のなかで、政情不安定な状況が続いている一方で、インターネットや携帯、テレビから急速に入ってくる西欧文化とどう対峙したらいいのか模索しながら苦しんでいる。この映画はそのことも伝えている。

グローバル社会のなかで突然新しい文化に遭遇すると人はそう簡単にそれを受け入れることができない。それを可能にするものは、教養であり教育にほかならないが、戦火のなかにあるこうした地域の子供たちはそれを享受できる環境にはほど遠い。世界は恐ろしい勢いで負の方向に向かって墜ちていっている気がしてならない。

（二〇一六年十一月）

■「裸足の季節」（2015年／フランス・トルコ・ドイツ合作／94分／監督　デニズ・ガムゼ・エルギュヴェン）

「君の名は。」——既視体験（デジャブ）

ラブストーリーに必要な要素が詰まった秀逸な作品

飛騨の山奥の過疎の村である。ちょうど諏訪の町のように、町の中心に湖があり、その淵を囲むように集落がある。その村には三葉という名の快活な高校生が住んでいる。スマホやテレビから伝わってくる都会の刺激的な映像をよそに、この田舎の村には喫茶店もなければコンビニもない。友達には恵まれているものの、単調すぎる毎日に、思春期を迎えた頃からずっと嫌気がさしていた。映画「君の名は。」（新海誠監督）の話である。一〇〇〇年ぶりとなる彗星が日本に近づいている。さえぎるビルの光も建物もないこの村では星はとびきりきれいにみえるはずだ。ちょうど日本に最接近する日は村祭りの日になっており、村人はそれを楽しみにしていた。三葉には四葉という可愛い妹がいるが、小さい頃、母を病気で亡くしており、祖母と暮らしている。宮永家は一〇〇〇年続いているという神社の宮守をしており、この姉妹は時折巫女を務めている。一方、父は母の死を契機に、神主などで一生を終わりたくないと祖母と対立し、家を出て今はその村の村長をしている。

日々鬱々とした時間が流れるなかで、「来世は東京のイケメン男子にしてくださーい」。思わず叫ぶ三葉であった。そんなある夜、彼女は自分が男の子になった夢をみる。見慣れない部屋、知らない父親、新宿の高校の見知らぬ友人。戸惑いながらも、学校にたどり着き、男友達と話し、放課後はレストランでのアルバイトをする。そこにはその高校生（瀧）が思いを寄せていた綺麗なミキ先輩がいた。男の子になって念願だった都会での生活を思いっきり満喫する三葉。それは不安ではあるが目くるめくひとときであった。その日はそれで終わった。

一方、新宿で暮らす男子高校生の瀧も、同じ日、奇妙な夢をみた。行ったこともない山奥の村で、自分が女子高校生になって会ったこともない祖母と妹と朝食を取り、知らない友達と通学し、授業を受け、楽しく話しているのだ。その日から彼らは週に何日か同様の体験をするようになった。もとに戻った時、前日のことをまったく知らず、辻褄が合わなくなるのを防ぐため、お互い起こったことの日記を詳細に書き合うことになった。

ところが、ある日を境にして、そうした現象がまったく起こらなくなってしまう。不思議に思う瀧であるが、それらの日々のことが忘れられず、記憶を頼りにその村のスケッチを書いてみることにする。募る思い。飛騨の写真集まで買い込み、それが何処なのか調べるがわからない。ついに瀧は意を決して飛騨へ旅に出ることにする。そこにはミキ先輩もついてきてくれた。当てもなく彷徨った末、偶然入った田舎のラーメン屋のおじさんに、瀧が描いたスケッチをみせたところ、それは自分が住んでいた村だという。そこで瀧は衝撃的な事実を耳にする。何と何年か前のお祭りの日、彗星の破片がその村を直撃し、村人数百人が犠牲になったというのである。何とか村に駆けつけた彼は、高台から思いもかけない光景を目にする。彗星の衝突で湖に新たな窪みができ、丸かった湖がひょうたん型になっていたのである。

瀧は神社の御神体が祭られている山奥に行く。そこで彼は内から聞こえる声を頼りに三葉の心を探し出し、彼女に話しかける。「祭りの日、彗星が村を直撃し、大変なことになるんだ」。そう三葉に伝えると時間は祭りの日にフラッシュバックする。三葉は、そのことを友達に話し、何とか信じてもらい、村人を安全な場所に避難させようと死力を尽くす。それは、絶望の淵のなかでも村人と村を守ろうとする、宮司の家に生まれた三葉の心からにじみ出る思いでもある。

何年かの時が流れる。高校生だった瀧は、大学生になって就活をしている。彼が新聞を繰ってみると、彗星が三葉の村に落下した日、村人は安全な場所に避難し、多くの人が九死に一生を得た、と書いている記事が載っている。就職活動の結果は今のところ十数連敗。でも希望は捨てない瀧。一方で三葉のことはずっと気になっており、雑踏や電車のなかで三葉を探す。それは三葉となって行動した時に感じた三葉という女性のもつ可愛さ、純朴さに対する恋心以外の何物でもない。「会いたい」。瀧は心からそう思い続ける。

電車同士のすれ違いざま、雑踏のなかで、何度か「三葉だ」、と思うのも束の間、電車はさっていく。この映画は、最後に、ある路地の石段で三葉に似た女性とすれ違った瀧が思いあまって振り向きざまに「君の名は」と問いかけるところで終わる。映像の美しさ（夜空に向かって彗星の放つ光の美しさは息をのむ思いがする）、話の展開のテンポのよさ、切ない思いの描写、緊迫感、ラブストーリーを描く映画に必要な要素が詰まった、アニメーションのよさも満喫できる秀逸な映画である。きっと自分と伴侶も、実はその昔夢のなかでいく度か出会っていて、運命の赤い糸で結ばれていたのでは、と思いたくなるような説得力もある。

心理学や脳神経科学の分野で研究されてきた既視感

既視感（デジャブ）という言葉は、ずっと以前から文学や映画などに描かれており、心理学や脳神経科学の分野でも研究が行われてきた。洋の東西を問わず人間が体験する共通の感覚で、知らない土地に行った時に一度みた景色ではないかと思ったり、夢にみた知らない光景を現実に体験したこととして感じることをいう。この映画では、最初にみた夢は知らない土地での体験であったが、繰り返すうちに現実のものと思えるようになり、ついには確信に変わっていく話の展開も、デジャブの局面を表わしている。

一般的なデジャブは、「確かにみた覚えがあるが、いつ、どこでのことか思い出せない」というような違和感を伴う場合が多い。フロイトをはじめ過去の研究者はこうした体験は夢に属するものであるとしてきたが、病気と関連づける考え方もある。思考の統一性のなさに加えて幻視や幻聴は統合失調症の診断の根拠になるが、この病気になる初期段階でこのデジャブを訴えることがあるとされている。また、感情や記憶をつかさどる側頭葉のてんかん症状をもつ人にこうした現象が現われることも知られている。ただ、脳のどこの神経細胞がこうした現象をつかさどっているのかはいまだに解明されていない。

この映画の面白さのもう一つは、タイムマシンのように時がスリップするところであるが、ホーキング博士はタイムマシンの存在を見事に否定した。「これまでわれわれは一度も過去の人間や未来からの観光客に会ったことがない」というのがその理由、論拠である。昔、「タイムトンネル」というＮＨＫのドラマがあり、時の間に落ち込んだ研究者が、ジンギスカンやリンカーンに会ったりしながら、戦や事件に巻き込まれる話だ。

　多くの科学好きの少年たちは、いつかタイムマシンが人類の英知によって生まれることを確信した。一九八〇代に登場した「バック・トゥ・ザ・フューチャー」もまたタイムマシンであるデロリアンを作ってみたいという衝動を掻き立てた。

　人間には不可能を可能にしようとするあくなき願望と期待があり、失敗の連続である日々の生活のなかで、ターニングポイントである瞬間からもう一度やり直すことができたらと願う気持ちがある。受験、就職、結婚…。人生にはいくつものターニングポイントがある。

　「プロポーズ　あの日に帰って　断りたい」。何年か前のサラリーマン川柳の優秀賞をとった作品だが、あながち笑えない状況の描写に選者は拍手を送った。

　脳科学の研究の進歩も目覚ましく、アルツハイマー病やパーキンソン病の原因タンパク質は明らかにされており、根本治療の開発もあと一歩のところに来ているが、夢や心の解析は今一歩進んでいない。こうした研究は、「その時」をリアルタイムにとらえ解析しなければならないが、今のところその手段は脳波関連の電気生理、MRIやPETなどの脳画像診断に限られている。

　もっともヒトがヒトを純粋に愛したり、思いやったりする感情を科学的に完全に説明できるようになってしまうとそれを第三者が制御できるようになり、思わぬ事件が起こる可能性もある。なかなか、難しい問題が潜んでいる。

（二〇一六年十二月）

■「君の名は。」（2016年／日本／107分／監督　新海誠）

「ハドソン川の奇跡」——考える力

自動車や鉄道と比べて圧倒的に確率が低い航空機事故

さすがに日常生活の中で、自動車に乗る時、命の不安を感じることは少ない。一方飛行機に乗る時は、「今日こそは落ちて死ぬかも」と思うことが多くなった。年のせいかもしれないが、こういう人は少なからずいるはずである。イギリスのある機関の統計では、過去一〇年間に世界で起きた航空機事故による死者数の年平均は七〇〇人弱であったという。世界の人口を七〇億人とすると、一〇〇〇万人当たり約一人ということになる。一方、わが国の交通事故での死者数は減少はしているものの年間四〇〇〇人前後で、一〇万人当たりの死者数は三人ということになり、航空機事故はこれに比べて圧倒的に少ないということになる。

実際、旅客機自体が事故を起こす確率となると、二〇〇万回のフライトに一回ほどで、恐らく車の故障より圧倒的に少ないはずだ。いかに飛行機が精密にできており、その整備も徹底しているかがわかる。だから毎週のように飛行機に乗る人でも、計算上は墜落事故に遭う確率は数千万年に一度になるというから飛行機で事故に遭う人は相当運が悪いということになる。一方、わが国では特に鉄道は安全というイメージがあるが、飛行機とは比較にならない頻度で事故が起きているらしい。結局陸路より空路が安全という結論になる。確かに周りには交通事故に遭ったという人は少なからずいるが、飛行機事故に遭ったという人に出会ったことがない。

映画「ハドソン川の奇跡」（クリント・イーストウッド監督）は航空機事故のシーンからはじまる。飛行機のコックピット内から、緊急事態のアナウンスが入る。何故か飛行機は市街地に向かってまっしぐらに降下を続けている。そして遂にビルに衝突し、爆発炎上する。とその時、チェスリー・サレンバーガー（サリー）機長（トム・ハンクス）は汗びっしょりになり心神喪失状態になったかのように飛び起きる。夢だったことがわかり、胸をなでおろすが、それはまさに数時間前に九死に一生を得た体験の再現のような夢であった。

二〇〇九年一月一五日、午後三時半すぎ、シャーロット経由シアトル行きのUSエアウェイズ１５４９便がニューヨーク、ラガーディア空港から一五五名を乗せて飛び立った。ところが、離陸後まもなく鳥の群れに遭遇し、あろうことか両翼のエンジンがこれを吸い込み、エンジンが完全に停止してしまう。大都市の真上で制御不能になった機体はすぐに降下しはじめる。このまま行くと住宅地に落下してしまう。直ちに管制官に連絡を取ったサリーに、近くにあるニューヨークの二つの空港に着陸するよう指示が入る。しかし、サリーのこれまでの四〇年にも及ぶパイロットとしての経験から、とっさにそれは不可能と判断し、住宅地を避けハドソン川への不時着を決断する。彼は誰も予想し得ない絶望的な状況のなかで、技術的に難易度の高い水面上への不時着を試みる。彼のパイロットとしての技術と判断力を結集させたトライアルは見事成功する。全員生存の偉業を成し遂げたこの決断は「ハドソン川の奇跡」と呼ばれ、サリーは一躍英雄として賞賛されるはずだった。ところが、機長の究極の選択に思わぬ疑惑がかけられてしまう。

本当にそんな危険な選択は正しかったのか？　近くにある空港に即座に舞い戻ったほうがより安全だったのではないのか？　それはヒロイズムの仮面をかぶった機長の、乗客たちを命の危険に晒す無謀な判断ではなかったのか？…事故直後から三人の委員による事故調査委員会（NTSB：国家運輸安全委員会）による査問がはじまっていた。

サリー機長とジェフ副機長は一室に招かれ、NTSBの査問員と向き合う。「で、今回の墜落事故ですが…」と切り出す査問員に対し、サリーは毅然として「墜落事故ではなく、不時着水です」と答えるが、執拗に追及は続く。「で、前日、酒は飲まれましたか？」「麻薬は？」「最近、家族と何かもめごとはありましたか？」…。まるで犯罪者を取り扱うかのように矢継ぎ早に質問が続く。やっとその日の「尋問」を終え、疲れ切ったサリーは最愛の妻に電話するが何度かけても通じない。テレビはどのチャンネルも不時着の模様を克明に伝えている。何十度かかけた後やっとつながった電話に妻は優しい声をかける。「何か、あなたが遠い人になったみたい。愛してるわ」。この言葉でまた頑張れる、とサリーは思ったに違いない。ことが終わるまで彼は妻の言葉に勇気づけられ続ける。

ヒトの思考の時間を短縮できる知力と経験と技術

翌日、NTSBの査問で衝撃的な事実が伝えられる。何と、フライトレコーダーの記録では、左エンジンが微力ながら動いていたというのだ。もしそうだとしたら、どちらかの空港に戻れたかもしれない。案の定、NTSBの調査では、コンピュータでのシミュレーションの結果、左エンジンが作動していた場合、二つの飛行場に確実に着陸可能だったという結論が出ていた。何度シミュレーションしてもそういう結果にしかならないというではないか。マスコミはそれをかぎつけ、「彼は英雄なのか、それともペテン師なのか？」という論調を展開しはじめる。翌朝、サリーはいたたまれなくなり再び妻に胸の内を打ち明ける。「あなた、どうしたの？　あなたのミスじゃなかったんでしょう」。「コンピュータの計算では、空港に無事つけた可能性があるらしい。クビになるかもしれない。四〇年間の勤務経験は無視され、たった四〇秒の判断で罰せられる」「どうして、ハドソン川を選んだの？」「高度が低く、あの時は、あれがベストの判断だったんだ。愛してる」「私もよ」。妻のためにも再び自分を信じて戦わなければならない、サリーはきっとそう思ったに違いない。

遂に公聴会の日がやってくる。サリーと副機長に対して一〇〇人以上の出席者の前で、査問員からさらし者のように質問が浴びせられる。そして、フライトレコーダーをもとにした、ラガーディア空港から飛び立ち、ラガーディア空港に帰る場合と、ニュージャージー州のテターボロ空港に向かうかのシミュレーション実験をした映像が映し出される。驚くべきことにこの解析ではどちらの飛行場にも余裕をもってたどり着く結果になっている。絶体絶命。しかしサリーはひるまずこう述べる。「実に見事なフライトでした。ですが、見事すぎました。われわれは、一度も練習せずに事故に見舞われたわけです。それにシミュレーションでは、何の躊躇もなく、空港に向かっています。事故による心の動揺や、機器の状態を点検する時間など、人的要因がこの映像には抜け落ちています」。

サリーには四〇年間の実際のフライトのなかで培ってきた技術と経験があり、火急の時、どんな飛行士をもってしても、こうはスムーズにことが運ばないという確信があった。結局、サリーの主張は通り、エンジンが停止し、管制官と連絡を取り行動に移すまでのインターバルとして三五秒が設定されることになる。実際の状況を考えると三五秒でも短すぎると思われたが、結局これをもとに新たなシミュレーション実験映像が組み立てられる。するとどうだろう。ラガーディア空港に向かった飛行機は、滑走路侵入の手前で海に落ちてしまい、テターボロ空港に向かったほうは、街中のビルに突っ込んでしまうではないか。サリーの判断は間違っていなかったのだ。続けて、ボイスレコーダーの音声の再生がはじまる。そこからは緊迫感あふれる鳥の衝突の模様と、機長としての非の打ちどころのない対応が臨場感をもって伝わってくる。

そして決定的な事実が公表される。これまで動いていたと考えられていた左エンジンがハドソン川から引き揚げられ検証された結果、激しく壊れており作動できなかったことが判明する。サリーの判断はイチかバチかの賭けではなく、これまでの経験から迅速に演繹した判断をもとに行われたベストの選択であったことを疑う出席者は誰一人としていなかった。めでたし。

動物は危機に瀕すると逃げるか戦うかしか選択肢がない。ヒトはこれに考える力が加わる。その思考時間を短縮できるのは知力と経験と技術である。ヒューマニズムを追求してやまないイーストウッド監督の面目躍如たる映画である。

（二〇一七年一月）

■「ハドソン川の奇跡」（2016年／アメリカ／96分／監督　クリント・イーストウッド）

「ジュラシック・ワールド」――ヒトの学習能力

医学的な見地からのTPP問題そして遺伝子改変技術

TPPが長い交渉の経過を経てやっと合意したかにみえたが、トランプ大統領の出現によって今後どうなるのか先がみえなくなってきた。医薬品の自由化による薬価への影響、特許の有効期限による製薬会社の経営への影響など、医療に与える影響は大きいと思われるが、その評価は分かれる。Beauty is in the eye of the beholder という英語がある。日本語に訳すと「蓼食う虫も好き好き」ということになるが、「人それぞれによって物事の見方は異なり、実際にやってみないとわからない」というような意味になる。

農業部門も大きな問題を抱えている。医学的な見地からTPP問題でずっといわれているのが、アメリカなどで遺伝子技術を用いて栽培された農作物を食べて育った牛肉や豚肉が安く輸入されるようになった時、その肉を食した折の人体への影響である。自然界の遺伝子を含んだ大豆と、遺伝子改変技術を用いて作った大豆は一見同じようにみえても同じ大豆ではない可能性がある。形は同じでも遺伝子操作を行った過程で、余分な遺伝子やその副産物が紛れ込んでいる可能性もないわけではないからである。

最近の遺伝子に関する研究のトピックスの一つは、ヒトの遺伝子には二〇から二五塩基長の微小RNA(miRNA)という機能性核酸が存在するという事実である。このRNAは、ゲノム遺伝子には直接的に作用しないが、細胞の発生、分化、増殖、細胞死などの基本的な生命現象の調節にかかわっている。実際の可能性は低いのであろうが、遺伝子改変で確かに大豆はできても、ついでにmiRNAの様な機能性核酸が紛れ込み、生体に思いもかけない影響を及ぼすようなことが起きないことを祈っている。

「人間は学習しているようで、実際はいつまで経っても学習しない」。映画、「ジュラシック・ワールド」(コリン・トレボロウ監督)が語りかけているのはきっとそのようなことなのであろう。「シン・ゴジラ」がヒット中であるが、その前にアメリカの人造恐竜の話を書きたい。

イスラ・ヌブラル島の「ジュラシック・パーク」の騒動から二〇年余りがすぎ、ほとぼりも冷め、新しくオーナーになったマスラニ社は、性懲りもなくテーマパーク、ジュラシック・ワールドを作り、毎日二万人の旅行者が訪れる人気の観光スポットを作り上げていた。二〇年前の惨禍を知らないはずのないアメリカ人が怖いものみたさによくもまあ集まるものだ。

パークの運営責任者となったクレア・ディアリング(ブライス・ダラス・ハワード)は、多忙を極め、訪ねてきた甥のザックとグレイの二人の相手をアシスタントのザラに任せ、忙しく仕事をしていた。テーマパークは絶えず新しいものを作り、みせていかなければいずれ飽きられてしまう宿命をもつ。だからマスラニ社では「ジュラシック・ワールドでもっとも凶暴な恐竜を創る」というコンセプトのもと、ティラノサウルス・レックスのDNAをもとにヴェロキラプトル、テリジノサウルス、ギガノトサウルス、カルノタウルス、ルゴプス、マジュンガサウルス、アベリサウルスなどの恐竜や、コウイカやアマガエルなどのさまざまな原生動物のDNAを組み合わせた遺伝子を融合させ、インドミナスという史上最強の恐竜を誕生させていた。

まず、この新型恐竜の評価をしなければ観光客の前に出すことはできない。これを任されたのは、屈強な身体能力と心のあるオーウェン（クリス・プラット）であった。飼育エリアには、脱走しないように赤外線カメラや、二重三重の塀などを作り上げ、厳重に管理していた。

しかし、とんでもないことが起こる。さまざまな遺伝子を導入されたインドミナスは頭脳明晰なうえ、コウイカやアマガエルの遺伝子が導入されていたこともあり、赤外線監視カメラもかいくぐり、逃走してしまったのだ。皮膚に保護色機能も備えもつインドミナスは、捜索隊の追跡を撹乱し、島を縦横に歩き回る。遂に観光客の避難場所までも襲うようになり、二万人もの人々が大パニックとなる。

どんなに辛くても語り継がなければならない戦争体験

その頃、何も知らないザックとグレイはザラの目を盗んで二人だけでパークをカートで散策しながら、恐竜たちを間近でみるアトラクションにも参加していた。二人は避難するようにとのクレアからの電話を受けても、ことの重要性を理解せず散策を続け、立ち入り禁止となっている森林エリアに入りインドミナスの襲撃を受けることになる。責任感のあるオーウェン、さらには甥たちを探しにきたクレアも加わり、危機一髪のスリルあふれた逃避行が繰り広げられる。

クレアは思案の限りを尽くしたが万策尽き、インドミナスに追い詰められるが、二二年前にパークで暴れたティラノサウルス・レックスを飼育エリアから解放し、インドミナスと闘わせることを思いつく。二頭の肉食恐竜は激突し死闘を展開するが、インドミナスの力はティラノサウルスよりもはるかに強い。手負いのティラノサウルスにインドミナスがとどめを刺そうとした瞬間、起死回生の逆転劇が起こる。かねてよりオーウェンが警備隊要員として調教し、俊敏に動く恐竜ブルーが現われインドミナスに飛びかかり、インドミナスは水中に引きずり込まれ息絶える。

そして朝を迎えたイスラ・ヌブラル島では、死闘を終え再び自由を取り戻したティラノサウルスが、崩壊し無人となったパークを見下ろしながら王者の如く咆哮を轟かせているシーンでこの映画は終わる。

そもそもジュラ紀にはティラノサウルスは本当にこの「ジュラシック・ワールド」や「ジュラシック・パーク」で描かれているように獰猛で、迅速に動き、ヒトを凌駕するスピードで走っていたのであろうか。面白い研究がある。科学誌「Nature」に発表された化石から骨格を類推した、恐竜の実際の活動状況に関する論文では、ティラノサウルスは秒速五～一一メートル程度で走っていたらしい。他の報告でも秒速八メートルとするものもみられ、この論文の解析が正しいことをうかがわせるが、世界最速で走るウサイン・ボルト選手の最高速度は一〇〇メートル九・五八秒で、秒速一〇メートル超であることから、ティラノサウルスの走力はトップアスリートにはかなわないことになる。

ティラノサウルスの体重は六～八トンとされており、頭でっかち尻すぼみの体型を維持しながら迅速に体を動かすだけの筋力はついておらず、いかに獰猛な肉食獣であるといえどもわれわれ人間がフェイントをかけながら疾走すれば十分逃げられるようだ。

人間は言葉を覚え、それをツールとして教訓を子孫に語り継ぎながら進化してきたかにみえる。しかし「備えあれば憂いなし」という教訓は決して生かされていないとしか思いようのない災害での惨事が続いている。平安期から記載のある東北地方の大地震、そしてそれによる津波の被害、火山の噴火や大雨、台風の被害、もう少ししっかり学習していれば、とする意見がマスコミに取り上げられ続けているが、ヒトはその記憶を簡単に拭い去ろうとする。逆にいうと、辛い過去の記憶を幸せな出来事で上書きしなければ辛すぎて生きていけないものなのかもしれない。老化とともに必然のように物忘れ、認知症が起こってくるのは、もしかしたら「生体防御反応」なのかもしれない。

アルツハイマー病患者はインテリジェンスが高いほど発症初期に物忘れに対する自責の念が強い。そうした患者には、「物忘れは年を取った人間には必要な潜在能力なのかもしれません。昔の辛い思い出のこと、昔泣かせた彼女のこと…。忘れていいんですよ」といったりして笑顔を誘うようにしている。

しかし、戦争体験だけはどんなに辛くても語り継がなければならない。今、中東で起こっている宗教、宗派戦争、ロシアや中国で起こっている民族戦争、アフリカで起こっている部族間の戦争…いずれも一向に終焉を迎えそうにない。それらを終結に導くためには、「目には目を」の発想ではなく、戦争のもつ残忍さ、悲惨さをつまびらかにし、ヒトのもつ子孫を残そうとする本能に語りかけ続けるしかないのかもしれない。

（二〇一七年二月）

■「ジュラシック・ワールド」（2015年／アメリカ／125分／監督　コリン・トレボロウ）

「愛を乞うひと」――こうのとりのゆりかご

慈恵病院の「こうのとりのゆりかご」の実態と課題

映画「愛を乞うひと」（平山秀幸監督）は同名の下田治美の自伝的小説をもとに作られた、幼児虐待の極みのような物語である。その出自ははっきりしないが、恐らく幼い頃、虐待を受けたに違いない水商売をしている母親が、娘に執拗に虐待を繰り返す。たまりかねた台湾人の父親は、娘の手を引いて家を出たものの結核で倒れ、友人にあとを託して死んでしまう。結局娘は孤児院に預けられるといったストーリーが前半の骨子である。虐待を受け続ける娘であっても唯一頼ることができるのは母である。花火大会に誘いに来た友だちの前で、おそるおそる「母さん、お小遣いちょうだい」と頼む娘。母は娘をきっと睨み、「手を出しな」といって、タバコの火を娘の手のひらに押し当てる。さらにベルトで滅多打ちにするといったシーンをみていた友だちが恐怖のあまり思わずおしっこをもらしてしまうという壮絶なシーンがちりばめられている。

幼児虐待が行われる背景にはさまざまな要因がある。貧困、親の育った環境、夫婦不和…。それと同じように、親が新生児を「捨てる」行為もまた同様の背景があり、ある種の乳児虐待である。

二〇〇七年、熊本市慈恵病院の蓮田太二理事長が「こうのとりのゆりかご」（赤ちゃんポスト）の運用を開始した。これまでさまざまなメディアがこれを報じ、ドラマにもなり、大きな議論を巻き起こしてきた。「安易な子捨ての助長」、「出自を知る権利のはく奪」といった批判もあるなか、先生は一貫して「赤ちゃんが生き延びる権利がもっとも重要で優先されるべきである」と主張し続けてきた。

さらに、預けられた赤ちゃんのうち、乳児院で育てられるケースが多い現状について、必ずしも望ましい状況ではないと考え、同病院では早期から家庭で育てられることの重要性を訴え、養親の実子として戸籍に入れ育ててもらう特別養子縁組にも取り組んできた。

そもそも慈恵病院は、カトリックの宣教師が一八九八年に設立した、貧しい人々のための診療所が前身となっている。戦後のわが国の経済復興のなかで、日本でのカトリック教会の果たす役割は終わったとして、一九七八年からは蓮田先生が医療法人を作って引き継いだが、先生は産婦人科医であることから、二〇〇二年より二四時間体制で妊娠・育児の悩みを受けつける電話相談窓口を設置し、恵まれない環境にある母子のために「こうのとりのゆりかご」を作ろうとして活動をはじめる。

しかし、捨てられた赤ちゃんを助けるという行為に法律は厳しい。「ゆりかご」は「遺棄幇助罪」に当たるのではないかとする考えがこの設立の前に立ちはだかる。さらに、市、県の行政の規範が障害となったうえ、時の首相までが批判的な意見を述べるといったなかでの船出であった。また特別養子縁組で障壁になるのが〝出自を知る権利〟の問題である。これをどうするかについても今でも議論は尽きないが、蓮田先生はヒューマニズムを貫き前に進めた。

その活動のなかで、寄せられる相談のなかには、望まない妊娠による出産への葛藤、育児の問題が多く含まれており、特に若年妊娠の問題は深刻であることを知る。こうした問題は常に中絶の問題がつきまとうなかで、開設以来、本人、家族と繰り返し面談を続け問題を明らかにし、結果、五〇〇件に迫る命が救われるとともに、一般家庭で引き取られた子供は二〇〇件に迫ろうとするというから意義深い。

そもそも「ゆりかご」に預けられた子供たちは、まずその時点で実の親を失い、さらに施設に預けられた子供たちは、三歳で母親のように慕っていた乳児院の職員と引き裂かれ第二の母を失い、一八歳からは親という後ろ盾のないまま、社会の荒波にもまれることになる。そうした出自をもつ人の犯罪率が高いという統計まである。

蓮田先生は、「ゆりかご」に預けられた子供がこうした経緯をたどり、心に傷を負うのではなく、特別養子縁組をして一般家庭で育つほうがずっと幸せだと考えている。開設当初、県の乳児院の担当者は、「子供を育てようという人はいません。里親もいません」といっていたらしいが、どうして現在、一万組弱の家族が養子縁組を望んでいるというから驚かされる。国の財政難のなかで、こうした事業の公的負担の問題も重要である。〇歳から一八歳まで、乳児院、児童養護施設で育った場合、費用は一億一五二〇万円、民間でも七六八〇万円かかるとの試算がある。特別養子縁組の場合、公的な負担はほとんどかからないことになり、その点からも望ましいのではないかと蓮田先生は訴える。

慈恵病院がかかわり特別養子縁組を行ったケースのうち、四分の一が若年層の妊娠で、そのなかには小学校五年生も含まれている。また強姦による妊娠で、親にいえなかったという痛ましい事例もある。こうした乱れた「性」の問題を直視し、教育、啓発していくシステム作りも重要である。

「福祉」は遺伝子の間隙に刷り込まれてきた貴重な知恵

蓮田先生は「ゆりかご」を日本に導入するに当たって、「赤ちゃんポスト」として一五年前から運用しているドイツに足を運び、その実態を徹底的に調べた。ドイツではナチスドイツのユダヤ人大量虐殺などに対する深い反省もあり、命に対する思いが深い。福祉団体やNGOが国内一〇〇カ所あまりにポストを設置し、これまで三〇〇人を超える乳児がそこに預けられているという。ドイツが日本と大きく違うのは、「赤ちゃんポスト」だけでなく、望まない妊娠をした女性を支えるさまざまな仕組みがあるということだ。身元を明かさず病院で安全に出産できる制度や、行き場がない妊婦に対して出産後まで生活を支援する「母子シェルター」などが用意されている。さらに、利用した親が八週間以内に引き取りを申し出なかった場合、親権を放棄したとみなされる法律があり、子供を養子として速やかに新たな家庭に送り出すためには好都合になっている。さらに、預けられたすべての子供の生活環境が良好か追跡調査するなど、成人するまで支援している。最優先すべきは産まれてくる権利を守ることだとする考え方が徹底している。

今年の一月、わが神経内科の同門会講演会に蓮田先生をお呼びし、一時間のご講演をいただいた。少し体調を崩され、車椅子での講演であったが、最初から最後の一言までヒューマニズムに貫かれた素晴らしい内容であった。簡単な礼状をお送りしたところ、丁寧なお返事をいただいた。われわれ医局員の丁重な対応をお褒め下さった後にこういう文章が続いていた。

「私たちは有難いことに日常生活で衣食住には困っておりません。しかし、朝起きた時に限られた持ち金の中でその日一日をどのように食べていこうかと思い悩む人達がいるのも現実なのです。そのような人達を社会的規範でしばり、断罪できるものではなく、その人達の生きる道を助け、生まれた赤ちゃんを救うことが私たちの使命だと考えております。ヨハネによる福音書第八章一から一一節、『あなた方のうち罪を犯したことのない人がまずこの女に石を投げなさい。これを聞くと人々は年長者からはじまって一人また一人と去っていった』にありますように、私もこの齢になり、振り返ってみて全く過ちがなかったとは言えません。家族や周囲のものに対し厳しく当たったり、己を省みない行動を取ったこともあります。私どものところに妊娠、その他のことで悩み、相談してくる人達の中には自分の状況を恥じ、罪の意識を持った人達が少なくなく、匿名を強く望み、『周囲に知られる位なら死ぬ』という言葉が出てくることもあります。そのような人達に寄り添って少しでも力になり、前向きに生きる力を持ってもらえたらと願わずにはおられません。『ゆりかご』を知りながら貧困が故にここまで辿りつけず、赤ちゃんを川に捨て遺棄死となり、母親は刑務所に入るというケースもありました」。

「福祉という概念は、困っている人を余裕のある人が助ける」というヒトが集団生活のなかで長らく学んできた、遺伝子の間隙に刷り込まれてきた貴重な知恵である。それを変貌する世相のなかでも未来を担う子供たちのために死守していかねばならない、と蓮田先生の講演を聞きながら心から思った。（二〇一七年三月）

■「愛を乞うひと」（1998 年／日本／ 135 分／監督　平山秀幸）

「アポロ13」――当世大学事情

「栄光ある失敗」と称えられるアポロ13号の伝説

民営化された後の国立大学法人に属する大学は瀕死の重病人のようにも思える。何しろ国に金の余裕がない。だから大学への運営費交付金を減らす。大学に金がなくなるから給与を抑えるために教員を減らす。その結果、臨床活動も研究活動も窮地に陥る。とどのつまりは業績が上がらなくなる。そのうち潰れる大学が出てくるだろうと囁かれるなかで、遂に生き残ることだけを目標にする大学が現われる現状は「映画「アポロ13」（ロン・ハワード監督）に似ている」と自嘲的に語る教授もいる。では「アポロ13」とはどんな映画なのか。

この映画ではアポロ計画三度目の月面有人飛行を目指し一九七〇年四月に地球を後にしたアポロ13号のエピソードをほぼ忠実に描いている。そもそも西欧社会では「13」という数字は不吉な数字として敬遠されることも多いが、トラブルは打ち上げ前からはじまる。宇宙船の技術責任者ケン・マッティングリーが風疹感染者との接触があり、血液の抗体価も上がっていることからNASAの係官は飛行中に発症する可能性があるとして搭乗できないことを通告する。予備チームと三人ごとごっそり入れ替えるか（NASAではこのような時のために予備の三人に同じトレーニングをさせ、誰が欠けても補充が利くように訓練している）、ケンのみを入れ替えるか、船長のジムに選択を迫る。苦楽をともにしたケンを外すのは断腸の思いであったが、結局彼はケンを降ろす決断を下す。

そうして迎えた四月一一日、アポロ13号は打ち上げに成功する。順調な飛行を続けるかにみえたが、月に到着する直前（打ち上げ二日後）にトラブルが発生する。まず、酸素タンクが配線の不備から爆発し、船外に酸素が漏れはじめたのである。この時点ではまだ月面への着陸の可能性は残っていたが、酸素が減りはじめるとともに電力不足も深刻になり、そのままでは司令船での生活は難しい状態へと追い込まれていく。

取りあえず地球帰還時のために司令船を温存し、月面着陸を諦め着陸船に移り、酸素や電力を使いながら地球帰還を目指すことになる。爆発事故以来ずっとNASAの管制センターと乗組員三人との緊迫した綱渡りのやり取りが続く。使用電力量を極力抑えるため暖房も切り、船内はホットドッグで釘が打てるようになるほど凍てついていく。次に浮上した大きな問題は、着陸船には隊員が吐く炭酸ガスを除去できるだけのキャパシティがなく、そのまま行くとCO2ガスナルコレプシーになってしまうことであった。

炭酸ガスの除去に必要な十分量の水酸化リチウムをどこかから手に入れなければならない。予備の除去ボトルは船外の格納庫に置いてあるが、もはやそれを取りに行くために船外活動をするだけの電力の余裕はない。司令船内には使用可能な濾過装置の予備はあるものの、フィルターエレメントは四角形をしており、着陸船の円形フィルターには装着できないことがわかり愕然とする。このため管制官たちは、船内にあるものを使いこの問題を解決できないかと徹夜で検討する。結局あまったダンボールやビニール袋をガムテープで貼り合わせると着陸船の規格に合ったフィルター管を製作できることが判明し、飛行士たちに伝授し、この問題も何とかクリアする。一方、搭乗できなかったケンも思いもかけず襲ってきた仲間の絶体絶命のピンチを救うため、電力を節約するためのベストな方法を、まったく同じ規格で作られた地上の訓練船に籠もり、探り出していく。

彼はアポロ13号の構造を熟知していたため、さまざまな提案ができた。彼が今回の飛行に搭乗できなかったことは、飛行士たちにとって何よりの幸いであった。

さらに、予想外の問題は起こり続ける。地球帰還に向けて宇宙船の進路が外れていることが判明したのだ。これに対し、乗組員はこれまでの訓練を頼りに手動噴射で姿勢を制御し、これもなんとか切り抜ける。地球の姿がだんだん大きくなって行く。あとは大気圏の突入角度を制御しさえすれば、何とか帰還できるめどが立ったように思われた矢先、今度は月面着陸で得られるはずだった月の石の重量一〇〇kg分が足りないことが判明する。それでは当初計算・設定した軌道を大きく外れてしまうことになる。そこで急ぎ着陸船から不用品を司令船に集めてこの問題も何とか解決する。

最大の難関は大気圏再突入である。入射角が深すぎると大気圏と宇宙船の激しい摩擦で高熱を出し宇宙船が焼け焦げてしまうし、浅すぎると大気圏にはねられて宇宙をさまようことになる。そしてついにその時はやってくる。緊迫する約四分間。しかしこの問題も何とかクリアし、三人の乗員は地球へ帰還することになる。

アポロ13号が、何度も何度も突きつけられる度重なる事故や困難を乗り越え、無事に地球へ帰還するまでを描いたこの映画は、出演者の演技もさることながら、当世流行りのコンピュータグラフィクスがない時代に、当時の映像技術を使って工夫を凝らして作り上げたもので、アカデミー賞編集賞、音響賞を受賞している。その映像は今見返しても決して時代を感じさせない。

彼らが無事地球に生還することだけを目指してＮＡＳＡ一丸となって知恵を出し合い成功に導いた事実は「成功した失敗（successful failure）」、「栄光ある失敗（glorious failure）」などと称えられている。

民営化された旧国立大学医学部附属病院の瀕死の状態

かつて国立大学は、二〇〇四年に民営化され、国立大学法人となった。爾来運営費交付金は年々減り続け、この十数年近くの間に約二〇〇〇億円が削減されている。ちょうどこの映画のように、少々血を流しても、とにかく生き残ればいいと考えている大学執行部が少なからずいるのも無理はない。何しろ金がないのだ。

文部科学省は、民営化の理由を、国立大学がそれぞれの個性を生かしながら、教育研究を一層発展させるためには、これまでの国立大学のように文部科学省の内部組織であったのでは、新しい取り組みをしようとする時に、さまざまな不都合が生じるためだと説明している。苦しい言い訳である。

文部科学省はさらに続ける。国立大学の枠組みのままでは学科名を変えるのにも省令の改正が必要であり、不要になったポストを新たなポストに替えるだけでも、その都度文部科学省のみならず総務省や財務省まで上申する必要がある。これでは、大学の自由度が制約される。また、お金の使い方についてもかなり厳しい制約があり、自由に研究に用いる体制にない。また、教職員は公務員だと給与が一律に決められていて、頑張った人の給与を高くすることにも限界があり、民間企業との共同研究にもいろいろと制約がある。

そこで、こうした不都合な点を解消し、優れた教育や特色ある研究に工夫を凝らすことができ、個性豊かな魅力のある大学になっていくためには、国の組織から独立した「国立大学法人」にすることが不可欠であったといっている。これらの論法は現場にいる多くの教員が詭弁であると思っている。民営化だけならまだしも、運営費交付金の削減は、「ボディーブローのように」といいたいが、実際は瀕死の病人にダメを押すような「お達し」である。

このような状況のなかで多くの大学で教員の定数削減が行われている。その程度には差があるが一〇～二五％の教員が減ってきている。たとえば、一〇人でやっていた仕事を七・五人で行うような削減は職員を苦しめるし、何より士気が下がることはいうまでもない。特に、医学部附属病院の場合、研究、教育に加えて、診療が加わる。最近の大学病院の診療は救急医療参入が要求されているなか、教員の削減は死活問題である。ある大学の医学部長は「今はうちの大学が生き残ることだけを考えて采配を振るっている。一番先に潰れる大学にだけはなりたくない。せめて一〇番目くらいに」という。最初は半ば冗談でおっしゃっているのかと思いきや、その目は真剣であった。

かくいう私も四月から医学部長、研究部長を拝命することになった。起死回生の一打などあるはずもないが、この鬱屈した大学事情を打破するため、アポロ13号のSuccessful failureを繰り返しながら、前に進むしかないのではないか、と思っている。

（二〇一七年四月）

■「アポロ13」（1995年／アメリカ／141分／監督　ロン・ハワード）

「海よりもまだ深く」――母親と息子の絆

人生とは未練を忘却のなかに追いやり諦めを悟るあゆみ

「思い出という名の未練」という名言を吐いたのは生前、切れのある落語を噺していた頃の立川談志である。人生において遭遇する数々のシーンのなかで必然的に生まれる思い出には、「ああ、あの時ああいえばよかった、こっちの選択をしておけばよかった、苦しさにもう少し耐えていれば」などと未練がいっぱい詰められている。

私自身、これまでいく度か訪れた究極のターニングポイントのなかで、間違った選択をしていなければ別の人生があったのではないかと夢にまで出てくるようなことがいくつかある。人は結局、未練の塊のような人生を、諦めという言葉で置き換え、時の流れとともに忘却のなかに追いやって生きている。「人生とは諦めることを悟る歩みである」といっても過言ではないのかもしれない。映画「海よりもまだ深く」（是枝裕和監督）は思い描いていた人生とは違った現在を生き、思い通りにならずに蠢いている未練たらたらの中年男性の生き様をコミカルに、また共感をもちながら優しい視線で描いていて身につまされる。

篠田良多（阿部寛）は、つい最近妻（真木よう子）と離婚している。二人の間には小学生の息子がいる。彼の人生は、一五年前に「島田敏雄文学賞」というまずまずの文学賞を取った頃まではよかったが、父親譲りのちゃらんぽらんな性格、ギャンブル好きは変わりようがなく、遂に最愛の妻に三下り半を突きつけられてしまったようだ。

彼は妻にも息子にも深い未練がある。できることならもう一度やり直すことができればと思ってはいるが、根本的な生活は改まらず、あきらめの境地になってきている。今は、場末のいかがわしい匂いのする探偵事務所で働いているが、金が入るとすぐにギャンブルですってしまう生活で、養育費の月五万円ですら満足に妻に渡せない経済状態である。だから顧客に不都合な事実を突きつけ、裏金をせびったりしている。

良多の父は最近他界した。何をしていたのかは明かされていないが、大のギャンブル好きで、嘘八百を並べたて、なけなしの金を妻（樹木希林）からせびり、借金を重ねながら生きてきたらしい。だから死んでも妻の表情には哀しみや郷愁といった類のものはなくさばさばしているし、安堵感すら漂う。良多が父の死後会った父の友人の口からは、誉め言葉よりもいい加減な父の一面をぼやく言葉しか出てこない。彼は亡き父の実態に改めて驚くとともに、自分は少しはましな人生を送りたいと願うが話はそう簡単には運ばない。

姉も母親の苦労を目の当たりにしてきたこともあり、生前の父親のことは不満だらけで、父親の姿とダブってみえるような弟の生き方に、会えば文句をいう。金のない良多はそんな姉からまでも借金しようとするが、冷たくあしらわれる。

こんな時のよりどころは自分を生んでくれた母親だけだ。だから、古びた団地住まいを続ける母（樹木希林）のところに出没する。それはきっと常時金欠病のような暮らしをしているため、うまいことをいって母からお金をせびる目的もあることは確かだがそれだけではない。やはり寂しいのだ。

こういう人間は何故か優しさだけは失わない。良多は、息子と久々に会った時、少しは父親らしいことをしてやりたいと野球のスパイクを買いに運動具店に連れていく。お金のあまりない彼は、スパイクの一寸した汚れをチンピラまがいの口調でケチをつけ、値切るシーンはいじましいが共感できる。息子はおばあちゃんが好きだ。だから金もかからないし母親への点数稼ぎにと息子を彼女が住む団地に連れていく。

夕暮れ時、別れた妻が迎えに来るが、その日は生憎、九州地方に台風が上陸し関東地方に向かっていた。だんだん雨風が強くなるなか、母親は強引に彼女を引き留めて、泊まって行くことにさせてしまう。それはやはり「できた嫁」に対する未練にほかならない。

良多も別れた妻も同じ屋根の下で一夜をともにすることを躊躇するが、彼のことが嫌いではない別れた妻も泊まることが嫌というほどではない。ダメ男の良多は「もう一度何とかならないのか」と未練がましいことをいうが、「もういい加減前に進ませてよ」と突き放す。本当に未練があるのだ。

遺伝子的にも社会環境的にも特別な母と息子との関係

この世に精子と卵子が融合して受精卵が誕生する時、新しく誕生した生命体は父親由来のミトコンドリアを捨て、すべて母親由来のミトコンドリアを細胞内に抱え込む。個々の細胞の核に折りたたまれた二万個強の遺伝子は、等しく父親由来のものと母親由来のものと同数であるが、ミトコンドリアには三七個の遺伝子があり、それはすべて母親由来のものだ。しかも妊娠の一〇カ月の間、連中が一つの生命体として生活してきた絆は、父親との類ではない。だから母と男の子と女の子は同等の関係かというとそうではない。母親と息子は一般に母親と娘以上に特殊な関係があるようにみえるのだ。娘はいずれ嫁に行き、母親とまったく違った世界で生活することになり、夫となる家の論理で生活することになり「他人」と認識せざるを得ない状況になる。同性の共感はあっても所詮「他人」であることを無理やり認識せざるを得ない。だから時にライバルとなることもある。

一方、息子とて結婚すれば、母親そして母親の家庭より妻との家庭のほうがずっと大切になるが、相も変わらず、自分のコントロール下にある錯覚を抱く。いってみれば、心の中ではいつまでたっても息子は自分のものである。樹木希林が演ずる母親のように、お金をせびられても、嘘をつかれても許してしまう無償の愛をもって息子に接する年老いた母親は巨万といるであろう。それは母と息子であればこそである。

東京オリンピックの頃、日本に団地が急速に広まった。今思えば、「団地サイズ」と呼ばれた空間は各部屋も風呂もトイレのスペースも、今の平均的なマンションと比べて圧倒的に狭く、阿部寛の様な大男は風呂につかると水がなくなるほどだ。エレベーター一つない建物だったことに驚くが、当時は高根の花であった。私もいつか団地に住んでみたいと、テレビで垣間見る映像をみていた思い出がある。

ところが半世紀の時空を経て、世はマンションの時代になり、団地は古びた前近代的なノスタルジックな居住空間と変化した。今はマンションに入居できなかった老人の世帯が未練をもちながら生活しているのかもしれない。そこでは孤独死も跡を絶たない。

この映画のタイトルはテレサ・テンが歌う「別れの予感」の歌詞から来ている。恋愛の絶頂期にあるが故に感じる、いつ襲ってくるかもしれない別れの予感を、瑞々しい女心とともに歌い上げたもので、この曲がラジオから流れる。

教えて　悲しくなる理由（わけ）あなたに触れていても　信じること

それだけだから　海よりもまだ深く
空よりもまだ青く　あなたをこれ以上　愛するなんて　私には出来ない

母親は「海より深く人を好きになったことなんてないから生きていけるのよ」という名言を吐く。何事にも本気になれず執着心をもてない息子に不満を感じつつも、逆に人や物への執着を捨てれば少し楽に生きられることを、長い人生のなかで知り尽くしているこの母親は、さりげなく息子の前でそうつぶやく。正念場で体を張らない人生は実りは少ないが、その分息苦しさも少ないのかもしれない。

そもそも是枝監督は、映画のなかで食事のシーンをよく描く。この映画でも食べるシーン、食卓のシーンが多い。家族のだんらんは家族が囲む食事時であるという監督の思いが貫かれているように思える。谷崎潤一郎は、「美味方丈」という言葉を残した。料理の美味しさは、食事自体がもつ美味もさることながら、皆で囲む方丈（四角い）テーブルのなかにある。そういえば、遠足での昼食、友達と輪になって食べた母のおにぎりはとびきりうまかった。

一五年前、賞をもらった良多の小説の題は「無人の食卓」である。当時もちゃらんぽらんな生活を重ねていたであろう彼がその後の自分を予見していたかのような「卓越」したタイトルである。

良多には小説家のセンスはあるのに惜しいかぎりだ。

（二〇一七年五月）

■「海よりもまだ深く」（2016年／日本／117分／監督　是枝裕和）

「湯を沸かすほどの熱い愛」——血のつながり

「死」を本気で実感できない戦後を生き抜いた高齢者

戦中、戦後の混乱期を生き抜いてきた今の後期高齢者は、近い将来自分は死ぬかもしれないと本気で実感している者は少ないような気がしてならない。なかにはあわよくば一〇〇歳までくらいは生きてやろうとギラギラした思いをもって生きている老人がいる。がんや進行性の病気に罹患している患者の場合は、命が有限であることを実感しながら「日を折る」ような時間が流れているであろうが、糖尿病や高血圧、高脂血症などの慢性の生活習慣病で通院している患者は、薬を飲んでいる限り大丈夫という幻想のなかで生活しているような人々がいる。

そのような高齢者は、「死ぬ準備」がからっきしできていない。住んでいる家から衣服、貴重品に至るまで、年齢を考えると突然「お迎え」が来るということだってあるのに、その整理ができていない。本人名義の通帳に大きなお金を入れたまま逝ってしまうと、死後家族がお金を引き出すのにも苦労するし、家、土地の処分も大変だ。苦労して土地の名義変更がやっとできても買い手がつかず税金だけ請求されるということだってある。残された故人の莫大な写真だって困る。捨てるに捨てられないが収納に困るので、結局数枚を残して焼却したという話も聞く。

われわれの体の細胞にはアポトーシスという機能があり、新たな細胞の機能を獲得するために、古いたんぱく、器官が消滅するような仕組みが備わっている。落葉樹は秋に美しい色を残し落ち葉となったのち、春には目に痛いような青葉が生える。それは木々の遺伝子に組み込まれたアポトーシスのような機能である。ヒトは人生の秋を迎えたら、美しい落ち葉になる準備をしなければならない。

双葉（宮沢りえ）は、一年前に亭主（オダギリジョー）が蒸発し、家業の銭湯が人手不足から立ち行かなくなってしまった。仕方がないのでパン屋でパートを務めながら高校生の安澄（杉咲花）を育てているが、彼女は大きな問題を抱えている。学校でいじめにあっていたのだ。顔や制服に絵の具を塗りつけられたり、体育の時間に制服を盗まれたり…。次第に登校拒否になろうとする娘に、双葉は声援を送り続ける。「逃げたらおしまいだから」。そんな折、彼女はパン屋で突然倒れる。映画「湯を沸かすほどの熱い愛」（中野量太監督）の話だ。

双葉は運ばれた病院で、検査の結果、信じられない病名を告げられる。「膵臓がんのステージⅣで、肺、脳、神経に転移している」というではないか。そういえば最近動悸がして、右腕がしびれるようになっていた。唐突に受けた忌まわしいがんの宣告に、夕方、廃墟のようになった銭湯の空の湯船で双葉は泣けるだけ泣いてついに眠ってしまう。時間が流れ、安澄から電話がかかる。

「母ちゃん、どこにいるの。私おなかがペコペコ」

「そうだ、自分には支えなければならない家族がいる。悲しんでばかりはいられない」

双葉はそう強く思う。

その日から、彼女はやれることをやって旅立とうと心に決める。探偵を雇って亭主の居場所を突き止め、家に引き戻す。もっとも帰ってきた亭主は、浮気相手の小学生の子供、鮎子を連れて来る。一方、安澄にはいじめに立ち向かう強い心を植え付けようと必死で応援する。坂東玉三郎の言葉だが「最近の若い人は、感情をぶつけ合おうとせず、自分の感情を押し隠し、マニュアルでトラブルを解決しようとする」と警鐘を鳴らしている。ぶつかり合いながら和を探していくタイプの人間は昔より圧倒的に少なくなったのかもしれないが、双葉は気持ちを全面に出し、体当たりでトラブルを解決していく。

他のがんに比べ遅れている膵臓がんの治療法の開発

膵臓がんはその病巣占拠部位により臨床症状が異なる。六〇％は膵頭部にできるため総胆管が圧迫され、黄疸を来たし発見されることがあるが、多くの場合は、腹痛、食思不振、腰背部痛、全身倦怠感、体重減少などの一般的な症状を呈することが多いため、忙しい日常生活のなかでついつい病院に行きそびれてしまう。これに加えて膵臓は胃の裏側の後腹膜のなかに埋もれるように存在しているので、診断し難い臓器であることも発見を遅らせる要因である。双葉のようにみつかった時点で末期がんである場合も少なくなく、多くのがんに光がみえてきているなかで、膵臓がんの治療法の開発は遅れている。転移臓器としては隣接する胃や十二指腸が多いが、リンパ流や血流を介して肝臓、肺、脳、骨などの遠隔臓器に転移する例も少なくない。膵臓がんを引き起こす遺伝子として、Ｋ－ｒａｓやｐ５３の変異などが確認されており、治療戦略は立てられているが、未だ研究段階となっている。

話が進む過程で双葉は実は小さい頃、母に捨てられて育ったことがわかってくる。一方安澄は、夫が一六年前結婚していた別の女性との間の子供であったが、その母親は聾唖者で育てきれず、安澄が一歳の時蒸発していた。その時めぐり合った双葉が結婚し自分の子供としてずっと育ててきたのだった。双葉は、皮肉なことに夫と、血のつながっていないその連れ子・安澄の三人とともに暮らし、彼らを自立させるために残りの短い人生を送ることになる。双葉の好きな色は赤である。その色は彼女のように情熱的に生きる女性の象徴のように思われるが、血のつながりをもった人間と一度も暮らしたことのない双葉が、血を意識しながら、本当に心のつながった家族をもちたいという強い願いを反映したものであったのかもしれない。

安澄を演じる杉咲花がいい。何度もいじめに会い、遂に一張羅の制服を盗まれ、体操着で登校するしかなかった彼女を、同級生が「体操の時間じゃないのに体操着で来るなんて」とさらにいじめた。彼女は心臓の高鳴りを抑えてついにブレイクアウトする。ホームルームでなんと体操着を脱ぎ、下着になって、精一杯感情を抑えた口調で、こう訴えるのだ。「今は体操の時間じゃないから、私体操着を脱ぎます。だから制服返して下さい」。そして制服が戻り、にこにこして家に帰った安澄は、母にこう自慢する。「ちょっとだけ母ちゃんの遺伝子が流れていたよ」。しかし、その後、自分が双葉の子供ではないと知ることになるが、一五年の「親子の営み」のなかで、そんなことは超越できるほどこの母子の関係は強く結ばれていた。

人工知能がやがて世の中を席巻し、二〇三〇年には今ある職業の約半分がなくなると試算されているなかで、銭湯などはその痕跡すらなくなってしまうであろう。しかし、疲れ切った体を湯船につかってリフレッシュする。その湯船のなかではとりわけ活発な会話があるわけではないが、家湯のない者同士の連帯感が裸の付き合いのなかで生まれる。そんなよさがこの映画には描かれている。

どんな赤ちゃんも泣きながら生まれてくるのは、その後何十年も続く人生の辛さを予見してのことかもしれない。生きることはそもそも辛いのだ。この映画を観る多くのものが感動するのは、がんになり余命数カ月しかない辛さに共感するからではなく、「湯を沸かすほどの」熱い愛をもって育ての親を実践しようと生きる強さに、「どうしてそこまで強く生きられるのか」と感情移入するからにほかならない。

「遠くの親戚より近くの他人」——「結局、血のつながりなんて当てにならない。そんな不確定のことを当てにせずに、自分の目の前にいる近隣の他人を大事にしていざという時に備えたほうがよい」、ということをこの諺はわれわれに教えてくれている。英語の compassion という言葉は、passion（感情、情熱）をともにもつという意味で共感と訳す。ヒトにはこの共感という心が遺伝子の間隙に刷り込まれている。この「遺伝子」はとどのつまりは、人間が本質的にもっている他人を踏み台にしても生きようとする「生存の遺伝子」には勝てないのかもしれない。だからともに時間を共有し、心をぶつけ合いながら「仲間」であることを確認し合うことがいかに人間にとって大事な営みなのかをこの映画は教えてくれる。

期せずして宮沢りえと杉咲花がアカデミー賞主演女優賞、助演女優賞を独占したのは、血のつながっていない、二人の女優がいかに compassion をもってこの役を演じたかの証である。

（二〇一七年六月）

■「湯を沸かすほどの熱い愛」（2016 年／日本／ 125 分／監督　中野量太）

「自転車泥棒」——働き蟻の習性

「労働基準」など入り込む余地のない医療の現実

有名大学を卒業した妙齢の女性が、過労が原因と思われる自殺を図ったことをきっかけに、日本社会に蔓延している長時間労働が社会的問題にまで発展してきている。所属していた会社が大企業であり、家宅捜索まで受けたインパクトは大きく、多くの会社で残業の自粛が叫ばれている。「残業禁止」といったところで、日本の社会構造は急には変わらないので、家で仕事をしなければならなくなった会社員も多くなったのではなかろうか。

わが熊本大学病院も例外なく大きな影響を受けている。病院からは「極力残業するな」とのお達しが出ているが、そもそも医療は労働基準なるものが入り込む余地がない。病気の発症は時間を選ばず、患者がいるとなれば、夜中であれ早朝であれ夜討ち朝駆け、われわれ医師が労基にふれるといって患者を診なければ医療は死んでしまう。一方で時間を分担して医療ができる病院など今の日本にはない。それを国は他の職業と同じように統制しようというのだからナンセンスである。今はどこの病院も電子カルテが導入されており、深夜カルテを開くと時間外労働をしたことが記録に残るため、迂闊にカルテも開けられない状況になっている。つくづく日本という国はまじめな国民が多く、規則というものに極端に過敏であるといわざるを得ない。

過重労働の軽減にはＩＴ技術の導入が必要であるが、ある経済研究機関の試算では、人工知能やロボットの出現で二〇三〇年にはわが国の労働者の四九％が今の仕事を奪われるという。無論、「新しい時代」には新たな雇用が生まれるので、そのことイコール失業率四九％というわけではないが、その時の社会構造は一変している可能性がある。恐ろしいことだ。

世の中にニッパチ（二：八）の法則というものがある。どんな組織も実際に動かしているのは高々全体の二割であり、あとの八割はその二割に引っ張られ、ついて行っているだけだというものだ。確かに二割くらいが指揮官になるというのは妥当な数字で、全部が等しく指揮官になろうとするとうまく機能しないのは明らかである。

北海道大学のグループが行った働き蟻に関する注意深い観察によると、蟻は常に二割が仕事をさぼっているという。蟻といえば、イソップ童話の「アリとキリギリス」の話をあげるまでもなく、働き者の代名詞のようになっているが、まったく働いていない一群がいるとは驚きである。

蟻の集団を詳しく観察すると、働いている蟻のなかでも、とりわけ勤勉な蟻と普通に働いている蟻に分かれ、そうした蟻たちが全体の八割の食料を集めてくるという。さぼっている蟻とこの二群との割合は二：六：二になるという。面白いことに、この二割のとりわけよく働いている蟻だけを集めて生活をさせると、やはりそのうちの二割がさぼりはじめ、結局二：六：二に分かれるという。一方、サボっている蟻だけを集めても、一部が働きだし、やはり二：六：二に分かれるというから面白い。

このような蟻のもつ特別な習性はどのような遺伝子によって制御されているのかはわかっていないが、duty に対してもっとも過敏な一部の蟻がまず仕事に取り掛かり、さらに仕事が増えるとその次に「仕事過敏症」の蟻が続いて作業を行う。つまり、個体間の「反応閾値」の差異を利用してうまい具合に仕事が分配されているようである。

では一体蟻は何故このようなシステムをもっているのであろうか。答えはずばり危機管理である。皆がいっせいに働いてしまうと一定の時間が経過した後、同時に全員が疲れてしまい、ついに誰も働かなくなる時間帯が生まれることになる。同じ行動をとることで、同じ事故にあう確率も同じ疾病にかかる確率も増える。働き蟻には、卵の世話など短時間でも中断すると次世代に致命的なダメージを与える仕事があるため、このようなシステムは蟻の種の保存にきわめて合理的にできていると考えられる。

戦後の混乱期のイタリアを生きる一家を描いた名作

ヒトには働き蟻と同じように「勤労遺伝子」が備わっている。多くの人々は一生懸命実業に勤しまなければ食べていけないから働くのだが、経済的に余裕があっても仕事がなくなり窓際族になると鬱になる。映画『自転車泥棒』(ヴィットリオ・デ・シーカ監督)は第二次大戦から数年しか経っていない戦後の動乱期のローマが描かれている。敗戦国のイタリアではその当時の日本と同じく失業者が溢れ、主人公のアントニオも二年間もの間、失業の憂き目にあっていた。

一人息子のブルーノと妻のマリアと三人でつつましく暮らしているが、家計は火の車であった。ほとんどあきらめかけていた時、運よく待ちに待った仕事にありつくことができた。市役所からポスター貼りの仕事をもらったのだ。しかしその仕事には自転車が必要であった。一家は生活のために自転車を質に入れていたが、妻のマリアは逞しい。この機会を逃してはなるものかと「ベッドのシーツなんかなくても寝ることができる」としてこれを質屋に入れ、代わりに自転車を取り返す。いよいよ仕事がはじまる。

颯爽とポスター貼りをはじめるアントニオ。しかし迂闊にも夢中で壁に向かってポスターを貼っていた隙に若い男に自転車を盗まれてしまう。アントニオは必至で犯人を追いかけるが自転車の速さにはかなわない。はるか彼方に遠ざかる犯人、そして途方に暮れるアントニオ。彼はこれでは生活できなくなる、と慌てて警察に駆け込むが、事件ばかりのローマの警察は、証拠もなく雲をつかむような話にまともに相手にはしてくれない。彼は次の日から考えられるありとあらゆる手段を使って自転車を探し回る。友達とブルーノとともに中古自転車の市にでかけて、自分の自転車が売りに出されていないか、もしかしてバラバラにされ部品になっていないかなど、生きるために必死で探す。なけなしの金をはたいて占い師にまで相談するが当然そんなものは屁のツッパリにもならない。

ところが、ある時、偶然にも自転車を取り戻す千載一遇のチャンスが訪れる。ばったり自転車泥棒に出くわしたのだ。アントニオは自転車を取り戻そうと追い詰めるが相手もつわもので、気を失った振りをして道に倒れこみ、周囲のヤジ馬たちにも詰め寄られ、結局自転車は出てこないままその場を後にせざるを得なくなる。

シーツまで売って取り戻した自転車が出てこないとあっては仕事も続けられないしマリアにも合わせる顔がない。ずっと一緒に自転車探しをしてくれたブルーノの苦労も報われず不憫だ。思い余ったアントニオは、ついに越えてはいけない一線を越えることになる。路地に放置されていた自転車を盗んでしまったのである。人気のない場所といっても大都市ローマである。あっという間に人が集まってきて取り押さえられ、彼は警察に突き出されようとするところまでいくが、その場に居合わせたブルーノの涙を前に群衆は「子供の手前、そこまでしなくても」という気持ちになっていく。アントニオは罪の意識と結局自転車を取り返せなかった無念さ、そして何より息子の前で罪を犯しさらし者になってしまったみじめさに涙を流す。少なくとも息子の前では強く正しくあるはずべき父親が、もっとも権威を失った瞬間である。しかし、デ・シーカ監督は優しい。最後はブルーノが父親の手をしっかり握りしめ、夕暮れの雑踏のなかをとぼとぼと家路に向かう場面で終わるのだ。

この映画は戦後の混乱期に理屈ではなくとにかく生きるために、そして愛する家族を養うために何としても働こうとするアントニオの思いが切々と描かれていて心に迫る。彼は要領は悪そうだが善良な市民であり、ひたむきに生きようとするが、うまくいかないその切なさが全編を通して描かれている。この映画もまた戦争が生み出した貧困というものをリアルに描いていて心に残る秀逸な名作である。

今の中東の難民の多くもきっとアントニオ一家のように絶望のなかでも一縷の希望をもって生きていこうとして、ゴムボートで危険を冒して地中海を渡っているのであろう。Far east に住む日本人もこうした人々を救うために、少しは痛みを分かち合わなければならない時が来ていると心から思う。

（二〇一七年七月）

■自転車泥棒（1948 年／イタリア／ 88 分／監督　ヴィットリオ・デ・シーカ）

あとがき

この度、月刊誌『Medical QOL（メディカル・クオール）』に連載している〝開業医のための「誤診しやすい」遺伝性疾患の話〟の最近の数年分の連載エッセイをまとめて医歯薬出版から出版いただくことになった。この連載が本になるのは五冊目で、嬉しい限りである。巻頭言を書いてくださった同誌の阿部編集長のお言葉にもある通り、随分時間が経過した。メディカルQOLのスタッフから連載のお話をいただいた当初は、「1年くらいでネタも尽きるだろう」、とたかをくくっていたが、意外にも一回の休載もなく、ついに今年200回も続く運びとなった。（全く想定外の「快挙」である。）2001年4月からおよそ17年にわたり、このコラムのために書き続けたことになる。「無事之名馬」という発想で考えると、内容はともかく、これは大したことだということができる。その間、私の身辺もいろいろと変化が起こった。開始当初は熊本大学大学院生命科学研究部、病態情報解析学分野（検査医学）の講師だったが、やがて教授へと昇任し、今から6年前に神経内科学分野の教授に異動した。また、今年の4月からは、医学部長、研究部長を拝命し一段と忙しくなった。その都度連載をやめようと悩んでいるうちについに200回を迎えた。感無量である。

「会議とスピーチとスカートの丈は短いほどいい」というのは普遍的な事実だが、年寄りほどスピーチが長くなるのと同じように、長く医師、研究者を務め、生きてきた時間も長くなると、「伝えたい、書きたい」と思うことがこんなにも溜まっていたのかと改めて驚いている。「私のエッセイを楽しみにしている」と、全く知らない医療関係者や開業医の先生が声をかけて下さったり、お電話を頂戴したりして、このエッセイの愛読者層が思ったより多いことに驚いてきた。

連載のお話をお受けしたときは、どのような形で遺伝性疾患を紹介するか迷ったが、私にとって映画鑑賞は何より大切な趣味であり、その中には病気、遺伝、遺伝子の要素がいっぱい詰まっているため、映画と関連して遺伝性疾患を紹介するとより理解が深まるのではないかと考えた。それが高じて、ヒトの体の仕組み、進化の歴史、人生論まで発展した。幸い、映画自体にも興味を持ってくださり、「あの映画、見ましたよ」とご連絡下さる読者の方がいたのも励みになった。

中にはどう見ても駄作としか思えないものも少なくなく「今月でおしまいにしようか」と思い悩んだこともあった。しかし、そうしたときに限って、編集者の中込典子さんがお褒めの寸評をお送りくださって、またその気になって次号を書き、これだけの時が流れた。

私が映画館に初めて足を運んだのは、4歳の時であった。両親に連れられて家の近くの場末の映画館で『鞍馬天狗』を観た。白黒の映画で、ばったばったと小気味よく悪人を切り捨てていく鞍馬天狗の恰好よさに心奪われ、母に風呂敷とおもちゃの刀を買ってもらい、庭でその気になって殺陣の練習をしたのは遠い想い出で、思い出しては苦笑いしている。私が住んでいた、別府の繁華街から10キロほど離れた亀川という地区は、「田舎」で、別府の中心部に行くとき、地域の住民は皆「別府に行く」と言っていた。そこは別府文化圏ではないのだ。丁度、イタリア映画『ニューシネマパラダイス』のように、当時の映画館は住民の憩いの場であり、結構客が入っていた。主に邦画を上映していたが、市川雷蔵、小林旭、石原裕次郎など男の生き様を漠然と学んだ。私はテレビ隆盛期に小中学生時代を送ったため、そのあおりをもろに受けた映画産業の衰退を目の当たりにしてきた。あっという間に亀川の映画館はパチンコ屋に姿を変えたし、別府の繁華街の映画館も減っていった。そんな中で、私が中学生くらいの頃まで中心街には、よくアメリカ軍の軍艦が寄港しており、それを当て込んでか小さな洋画館があった。兄は文学青年で、数々の翻訳本に触れる機会もあったし、定期的に購読していた映画雑誌『スクリーン』は衝撃であった。そうした洋画館で、その雑誌で垣間見たハリウッドやヨーロッパの名作映画、特にその中に出演している女優の立ち振る舞いを目の当たりにして心を奪われ続けた。

熊本大学の学生になった1970年代、熊本には名画館が3軒あり、そこでも名画を堪能した。特に「テアトル電気」という映画館は名画3本立て500円で観ることができた。金欠病の学生の私には、その値段が有難く、足しげく通った。しかしこれも『ニューシネマパラダイス』のようにいつの頃からか廃館となり、今は駐車場になっている。

「遺伝する」ということは親の遺伝子によって規定される形質を受け継ぐ、という極当たり前の摂理だ。それはそもそも子どもにとって誇りであるべきである。しかし、親の持っている病気の遺伝子を引き継いでしまった場合、子どもの想いは複雑であり、親は罪悪感に苛まれる。この世には様々遺伝性疾患がある。中には治療可能なレベルにまで研究が進化してきたものもあるが、未だに当事者には冷たい視線が送られている。結婚、就職など人生のターニングポイントでこのことが影を落とす局面がある。ヒトは親も、持って生まれた体質も、そしてそれを規定する遺伝子も選ぶことができない。体調を崩し思い悩み病院へ行き、検査の結果、遺伝性疾患に侵されていることを告げられた時、多くの人がまず第一に思うことは、わが身のことより、果たしてその病気が最愛のわが子、孫に遺伝するかということである。曾野綾子が『誰のために愛するか』に確かに記したように、燃える火の中に取り残されたわが子のために、親は無心で助けようともがくし、肝臓の難病を患うわが子には、ごく自然に自分の肝臓を差し出そうとする。親は子どもの生命の危険にかかわることは全力で守ろうとする。それはヒトの進化の過程で、遺伝子の間隙にすり込まれ、継承されてきた「遺伝情報」のひとつで、ヒトはそれを「愛」という言葉で表現する。ヒトの親になるということは、そういうことなのだと思い知ったのは、上記のような遺伝性疾患に長らく深くかかわってきたからに他ならない。本書で紹介した遺伝性疾患を扱った映画、こうした慕る想いを描いた映画はまだまだ沢山あるが、そうした映画が観るものの心を捉えて離さないのは、人が愛という「遺伝情報」を共有しており、人の命は有限だからに他ならない。

何年か前のNHKの大河ドラマ『天地人』は、上杉景勝を終生支え続け、上杉家の滅亡の危機を救った直江兼続の一生を描いたドラマであった。兼続は6歳のとき、親元を離れ、お城勤めになる運命を背負うが、その時母と離れ離れになることをむずかった。その時母は、「義」というもの、人生というものをわかりやすい言葉で優しく兼続に語り掛ける。「もみじは秋になると、樹々が冬、そして来るべき春に備えて力を蓄えるために散るのです。だから紅葉はかくも美しいのですよ。あなたも殿様のための立派に奉公をして紅葉になるのです」。

実際には紅葉のような美しい老人にはめったに会えるものではないが、私もいい映画をいっぱい見て、さらに心を成長させ、美しい紅葉に近づく努力をして、丁度細胞がアポトーシスというメカニズムで新しい細胞と入れ替わるように散っていきたいと願っている。

きっと100年も200年も続く瑞々しい愛などありえないのだろうし、老化とともに瑞々しい感性も衰えていき、愛だの恋だのとお互いを強く意識しなくなるのは、人にとって好都合な生態防御反応であり自然の摂理であることは言うまでもない。超高齢者が、メラメラと恋心が燃え上がり、逢瀬を重ねていたのでは、とどのつまり心筋梗塞か脳血管障害を起こし、大変なことになるのは必定である。ある有名な病院の院長先生が「家内にとって私は腹違いの長男のような存在です」と言っていたが、言いえて妙な表現である。「いつも気になる存在だが放っておいても大丈夫」。家内にとって自分はそんな存在だと言いたかったのかもしれない。恋は有限だからはかなくも美しい。だからこそ、有限な中での生への営み、葛藤を描く映画は尽きないし、観る者の心を捉えて離さない。今後も可能な限りそうした映画を紹介しながら、数々の疾患と募る想いを書き記していきたいと希っている。

この本の表紙の装画は義妹である伊藤道子さんが、歯科医師としての仕事がお忙しい中、本の中身を鑑み、素晴らしい絵を描いてくれた。この場を借りて深謝申し上げる。医歯薬出版の岩永勇二さんは、今回の出版の最初から最後まで様々な点でご高配を賜り、心から感謝している。

平成29年12月吉日、冬の朝日が差し込む神経内科教授室にて

安東由喜雄

安東由喜雄（あんどう　ゆきお）

大分県別府市出身，熊本大学医学部に進む．在学中5年間地元のラジオ局で番組をもち，映画の鑑賞眼と話芸を磨く．卒業後，神経内科学を志向し第一内科に入局．1996年，客員教授としてスウェーデン・ウメオ大学に留学する．2006年より熊本大学大学院生命科学研究部病態情報解析学分野（検査医学）教授，2012年より同神経内科学分野教授，現在は医学部長，研究部長．稀少疾患の代表的疾患，アミロイドーシスをひたすら研究し，2016年まで厚生労働省アミロイドーシス研究班長．ついに2016年世界アミロイドーシス学会理事長となる．

スウェーデン honorary PhD 賞，日本検査医学会賞，神経治療学会賞，小酒井望賞，熊日賞などを受賞．

著書に『映画に描かれた疾患と喪失感』（マネージドケア・ジャパン），『最新 アミロイドーシスのすべて』（医歯薬出版）など．

座右の銘は，「チャレンジして失敗を恐れるよりも，何もしないでいることを恐れよ」（本田宗一郎）

装画　伊藤道子（ひまわり歯科院長）
装幀　伊藤　守（イトーデザインスタジオ）

本書は株式会社マネージドケア・ジャパン編集の月刊誌『MEDICAL QOL（メディカル クオール）』2013年3月号（No.220）～2017年7月号（No.272）に掲載されたエッセイ“開業医のための「誤診しやすい」遺伝性疾患の話”を一部修正のうえ，発表年月順に収録したものです．なお，初出誌での掲載号数は各エッセイの末尾に記載しております．

映画に描かれた疾患と募る想い
——安東教授のシネマ回診 ISBN978-4-263-73180-2

2018年1月1日　第1版第1刷発行

著　者　安　東　由喜雄
発行者　白　石　泰　夫
発行所　医歯薬出版株式会社
〒113-8612 東京都文京区本駒込1-7-10
TEL. (03)5395-7640(編集)・7616(販売)
FAX. (03)5395-7624(編集)・8563(販売)
https://www.ishiyaku.co.jp/
郵便振替番号　00190-5-13816

乱丁，落丁の際はお取り替えいたします　印刷・教文堂／製本・皆川製本所